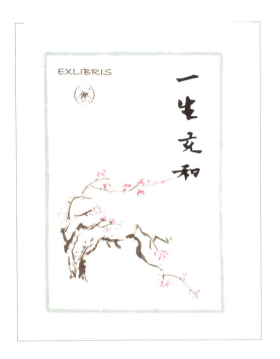

一生充和

王道 著

生活·讀書·新知三联书店

Copyright © 2017 by SDX Joint Publishing Company.
All Rights Reserved.
本作品版权由生活·读书·新知三联书店所有。
未经许可，不得翻印。

图书在版编目（CIP）数据

一生充和／王道著．—北京：生活·读书·新知三联书店，
2017.4
（大家雅音）
ISBN 978-7-108-05767-9

Ⅰ．①一⋯　Ⅱ．①王⋯　Ⅲ．①张充和（1913—2015）—生平事迹
Ⅳ．① K825.78

中国版本图书馆 CIP 数据核字（2016）第 184025 号

责任编辑	王振峰
装帧设计	蔡立国
责任校对	常高峰　张国荣
责任印制	张雅丽
出版发行	生活·讀書·新知 三联书店
	（北京市东城区美术馆东街 22 号 100010）
网　　址	www.sdxjpc.com
经　　销	新华书店
印　　刷	北京隆昌伟业印刷有限公司
版　　次	2017 年 4 月北京第 1 版
	2017 年 4 月北京第 1 次印刷
开　　本	635 毫米 × 965 毫米　1/16　印张 23
字　　数	180 千字　图 143 幅
印　　数	00,001-10,000 册
定　　价	48.00 元

（印装查询：01064002715；邮购查询：01084010542）

一九四四年，张充和就手在重庆画了一幅《仕女图》。此画由其师沈尹默先生的诗句引起：『四弦拨尽情难尽，意足无声胜有声。今古悲欢终了了，为谁合眼想平生。』充和由此画了这幅古代仕女怀抱琵琶的写意图，后来陆续又有章士钊、汪东、乔大壮等名家在画作上题词。此画后来历经波折，最终还是回到了张充和手里。她一直悬挂在家中，睹物思友

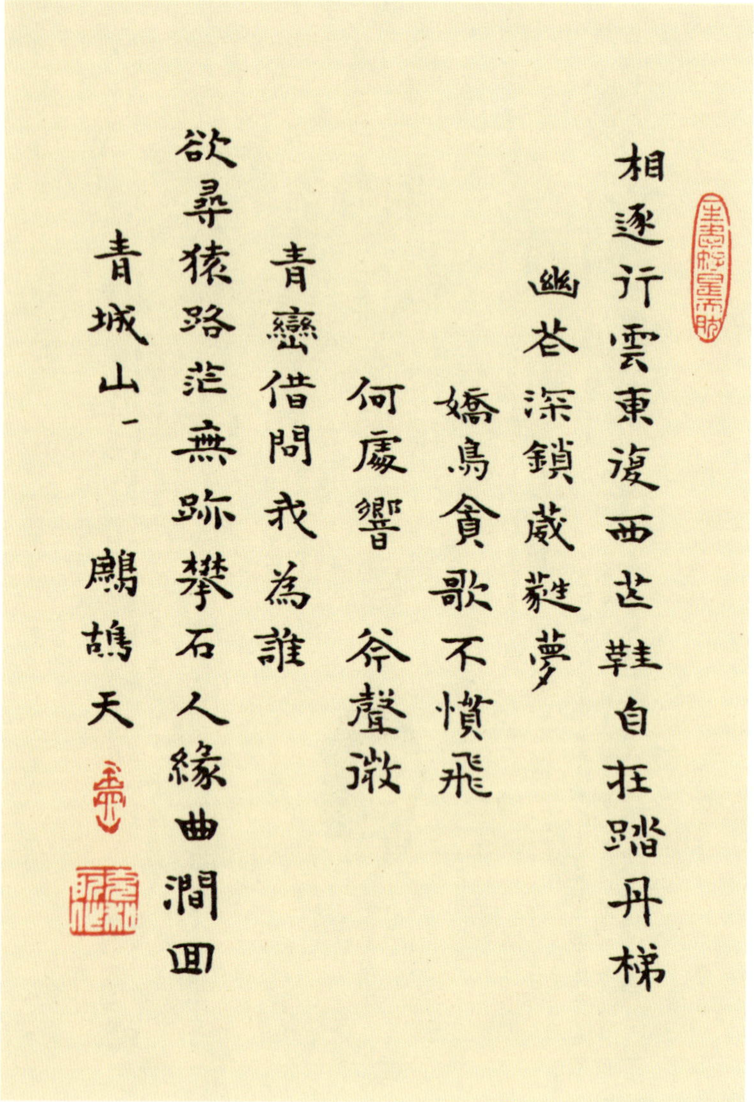

相逐行雲東復西芒鞋自拄踏丹梯

幽苔深鎖葳蕤夢

嬌鳥貪歌不憤飛

何處響　谷聲微

青鸞借問我為誰

欲尋猿路迷無跡攀石人緣曲澗回

青城山一　鷓鴣天

抗战时期，张充和先来到四川成都，与一众曲友聚会拍曲，后曾因个人情绪去了青城山闲游。此作应该写于一九三八年，题名『青城山』则点明了写作的地点，后收入《桃花鱼》

当年选胜到山涯
今日随缘遣岁华
雅俗但求生意足
邻翁来赏隔篱瓜

小园

张充和女士一生无论到哪里，似乎总有一种「小园情结」，她会想方设法营造一方属于自己的自然世界。小园情结于充和女士来说，既是个人意趣的追求，也是自我世界的再营造，更是她「随意人生」态度的自然流露

这幅「古色今香」是张充和于一九八八年应耶鲁大学华裔画家画展所题，字体苍古、道劲，过目难忘

十分冷淡存知己
一曲微茫度此生

充和

「十分冷淡存知己，一曲微茫度此生」，这是张充和的名句。查证下来发现写于一九四六年的重庆，有当时的硬笔手稿为证。后来，她书写的此联被董桥先生收藏。董桥在《张充和的伤往小令》一文中赞张充和的工楷与诗词有着《纳兰词》里「鸳鸯小字，尤记手生疏」的矜持孙过庭的书法理论《书谱》一直为中外学人关注，张充和和临写多年而不辍，渐入佳境。二十世纪九十年代，张充和女士与在耶鲁大学任教的傅汉思先生合作出版了《书谱两种》，一书一译，"妇唱夫随"，相得益彰

書譜卷上 吳郡孫過庭撰

夫自古之善書者漢魏有鍾張之絕晉末稱二王之妙王羲之云頃尋諸名書鍾張信為絕倫其餘不足觀可謂鍾張云沒而

幼年时，张充和在合肥曾拜吴昌硕的弟子朱谟钦先生为师，学习书法。据说朱谟钦当时从各地考古现场取得第一手的碑拓给充和练字，确保原汁原味。张充和很是感恩朱谟钦老师，特为女儿取名「以谟」纪念。后来，张充和随沈尹默先生学书，沈尹默先生告诉她要向「娘家」学，即从传统、古书中取法。张充和一直坚持临古碑帖，这幅临北魏张玄墓志铭的作品，是充和晚年写就，足见功底

有些诗意昨宵雨急歔上危岑
佇立輕雲不解化龍蛇祇貼鬢
凝成珠飾 連山千里一天遙 碧
望斷過壺邊翼鑑拏老樾歷千
年應解道个中消息
鵲橋仙 充和

乳滯咿呼傍笛譁秋千樾下
學遊園小兒未解臨川意
愛唱思凡最後篇
小園即事之九

张充和的画,山水点染,设色讲究。沈龙朱先生曾撰文回忆:"我还见过四姨画的工笔山水横幅长卷,看她极其细致地研磨翠绿颜料,用极小的尖毛笔为山势的边缘描金,那份持久耐心、细致、考究用色叫人佩服!"

台湾历史学家逯耀东先生同时还是一位美食家，他的美食著作《寒夜客来》的封面绘画及内页插图中出现了张充和不多见的山水画作，一派江南的悠然，有一种明人的淡雅和宁静

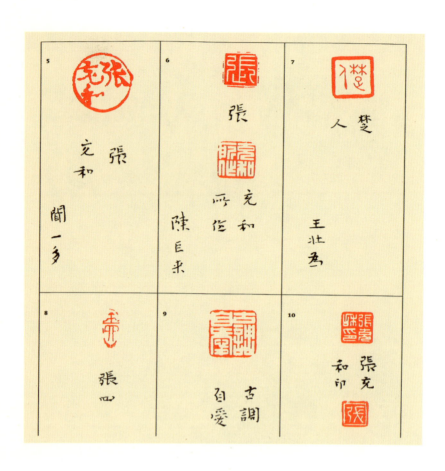

除了继承祖上收藏古墨外，张充和还留心收藏了家族遗留下来的印章，其中不乏吴昌硕、赵穆等名家之作。这些古物伴随充和到了国外后，更是成为她思乡的慰藉。充和也很喜欢篆刻，她刻的印章和闲章都雅致十足。祖上的印章也成为她创作篆刻的凭据和参考

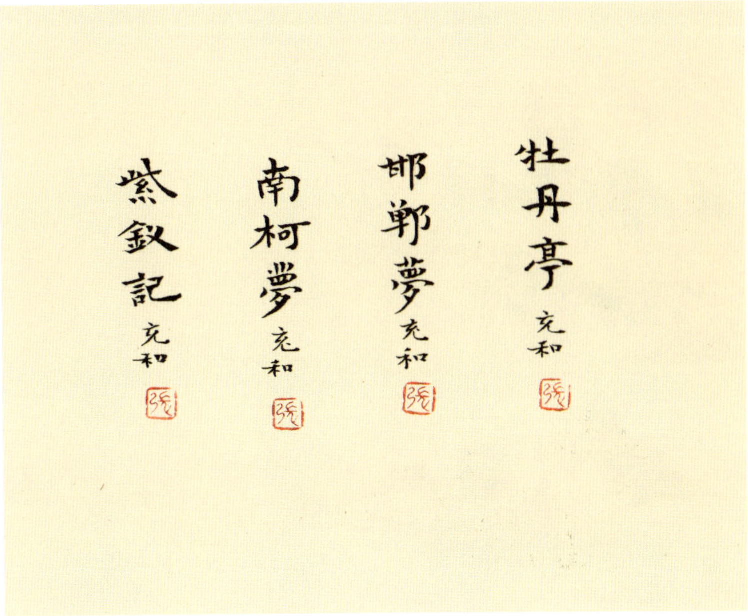

牡丹亭 充和

邯鄲夢 充和

南柯夢 充和

紫釵記 充和

二十世纪九十年代，苏州昆曲名家顾笃璜先生在编辑《昆剧传世演唱珍本全编》一书时，有意请张家四姐妹题写「昆曲四梦」题签，即每个人题写一本，后来这件事就全部交付给了张充和。张充和于病中提笔，书写清丽、洒脱。目前这纸题签原件已经不见，欣慰的是曲友手里还留着当时的复印件

张充和喜欢看画,也喜欢画画,但她一直很冷静地看待自己与绘画的关系,从她的家信中可见,她把绘画一直当成业余的爱好。或许正是这种「置身事外」的态度,让她的画作看起来别有写意,恬淡幽静

著名学者郑培凯先生与张家颇有渊源。早期在美国执教时,他偕夫人鄢秀女士常去拜访张充和。后回国任教,每去苏州,郑先生都会偕夫人前往九如巷张家拜访。郑培凯深谙张充和女士的书法和昆曲艺术。「一生爱好是天然」是张充和最为喜欢的一句曲词,郑先生认真写来,配以张大千为张充和所绘的仕女图,韵味十足

張克和印

目 录 ◎

第一章　合肥：永远的龙门巷 …… 1

第二章　苏州：倚舷低唱牡丹亭 …… 29

第三章　上海：海上音信 …… 79

第四章　青岛：病余随笔 …… 105

第五章　昆明：云龙庵往事 …… 121

第六章　重庆：无愁即是谪仙人 …… 149

第七章　北平：沈宅姻缘 …… 175

第八章　美国：走出仕女图 …… 199

第九章　京都：木器之菊 …… 283

第十章　贵阳：白头他日定重逢 …… 293

尾　声　为惜流光挽夕阳 …… 321

附录

附录一　张充和个人年谱简编 …… 333

附录二　张充和在北美大学里演唱昆曲 …… 336

附录三　张充和诗词题目录 …… 343

后记 …… 346

第一章　合肥：永远的龙门巷

张充和与三个姐姐不同,她出生在上海,时为1913年5月17日[1],此刻中国最繁华的都市非上海莫属。三个姐姐相继在合肥出生,但很快都离开了老家合肥,随父母迁徙到了上海、苏州;而充和出生后尚在襁褓期就被叔祖母抱养,回了合肥。从此,充和的一生就充满各种迁徙,她几乎走遍了大半个中国,后来又去了世界各地,只是无论到了哪里,她始终乡音不改,总是操着明显的合肥音与人对话。她像一只被什么线牵着的风筝,总盼望着有回家的一天。但实际上她再回合肥时也是被迫的、避难式的,当她匆忙离开时,也从未想过,她再也回不去了。于是充和选择了一种最原始的方式怀念——写作。

充和的写作从来与作家梦无关,那只是一种发自内心的抒发方式,是一件自然而然的事情。[2] 1962年6月28日,年近半百的张充和从美国致信大弟张宗和:"我已写了好几篇与我自身有关系的小故事。第一篇叫《送礼》,是你的干妈李太太派老钟干由杭州到上海来送礼,是在我出生以前,说是她福气大,若生儿子,就算是她的。不想又生了个我,于是钟干带了金锁片(后在成都由我卖了给孙老伯[3]看病)等又回杭州。这个故事我已向人谈过,他们说是生动,所以写出了。将来也是我自传的开宗明义第一章。"[4]

关于充和"逆迁徙"回老家合肥,曾有几种说法,一种说法是充和的奶妈高干干[5]因为奶水不足,提前离开张家。但后来这位高干干又回到了张家,成为带张家三子定和的保姆。就这个说法,张充和的五弟张寰和先生和高干干的后人都说,高干干奶水不足是事实,而且当时是她自愿离开张家的,但这似乎还不是充和被抱走的主因。

在上海租住的大宅院里,长女元和见证了一些事情:

> 四妹充和是在图南里出世的,奶妈扬州人,姓高,未到断奶之期,她丈夫高同一定要她回去,常来吵闹不休,没奈何,大大只好让高奶妈回去了。奶妈走后,还没有找到新奶妈时,

第一章 合肥：永远的龙门巷 3

张充和被叔祖母识修收养后在合肥张公馆生活。之后识修女士又收养了一个侄子为子，充和称他为成龄叔。这是叔侄两人在合肥张公馆的合影，也是目前可见识修女士对两个孩子的照顾和宠爱。虽然这位叔叔并无大名，但其后代多出人才，充和一直与成龄叔的后人保持联系，亲如一家

> 四妹啼哭,大大不放心,亲自抱着她在我们房中走来走去哄她,不觉时时擦眼泪。当时我大大肚里还怀着大弟在。亲奶奶在对面楼上厢房见到这个情况,就差女工下楼接我大大到她房中说:"大少奶,我命苦,儿子、女儿去世不说,连外孙也死了,你如果不嫌我命硬,就把小黑子给我,好不好?"我大大拭去眼泪说:"二妈,人是'生死有命'的,二妈肯爱怜她,要她,是她的福气,我怎会嫌二妈命硬哩?"就这样一言为定,小四妹便是亲奶奶的孙女了。继而三房分家,亲奶奶决定回合肥城里张公馆老房子住,因此四妹也去了合肥,由钟干干带大。[6]

充和被收养看似偶然,但说到底,应与张家的家风有关。张家兴起的第二代[7]相继去世后,张冀牖、陆英夫妇除了照顾父辈遗留下来的母亲、婶婶,还要照顾同族旁支的婶婶、婆婆,元和叙述的"亲奶奶"即张树声次子的配偶,也就是李蕴章的女儿识修。

在淮军历史上,将领、望族之间联姻已成旧俗,这也符合中国人所谓的"门当户对"。李鸿章与张树声分别为淮军一号、二号人物,两家族几代联姻,亲上加亲。李鸿章的四弟李蕴章的女儿识修嫁给了张树声的次子张华轸(云林)。张华轸几乎没有功名,去世也早,他去世后不久,妾张廖氏殉节饿死[8],张家为她修了牌坊,并在每年纪念她,作为正室的识修也对她行叩拜大礼。识修原本有自己的芳名,只是已经没有人记得了,识修是她皈依佛门后的法名。在李家,李蕴章是一位留守者,没有官职,没有功名,有的只是对家族事业的坚守和打理。这位几乎眼盲的名门之后,却在乡里留下了不少斯文的美名和助人的功德,他最大的贡献就是对家族后代的教育,其中包括对识修的教育。这将间接影响到识修对于自己后代的教育。

没有人知道识修为什么会皈依佛门。在那个年代,一个女人在她丈夫、丈夫的侧室、女儿、外孙相继去世后,恐怕会措手不及,甚至会失去人生的方向,佛门可能是再好不过的心灵栖息地。但是识修只是一位居士,她还照常打理着家族留下来的家产,如各地的房产、典当行。张冀牖、陆英视她如母,张充和在上海出生前后,她正在张家租住的家中。此时,正好也有个李家人专程从杭州赶来探望临产的陆英。此前在合肥,张家已经连续生了三个女儿(有一个男婴夭折),作为家里的长孙、长孙媳,压力可想而知。这位李鸿章家族的后人也是热心,带着用黄金打造的长命锁片提前来道喜,说要认腹中孩子为干儿子,还有点打赌似的说肯定是个男婴。张家自然乐于答应。

事实令人意外,那位李家人匆匆离开张家而去,从张充和的回忆中可见,金锁片并未带走。后来张家大弟张宗和出生,还是成为他们的干儿子。这个小小的细节,似乎注定了张充和要成为更地道的合肥人。

充和出生后不久,陆英更忙碌了,除了要照顾五个寡妇婆婆外,还要照顾四个女儿,尤其是尚在哺乳期的充和,奶妈常常奶水不足,母亲腹中又有了孩子……这无疑加剧了身为长孙媳的母亲的压力。这一切,识修看在了眼里。

识修提出收养充和,把她带回老家合肥去。张冀牖、陆英是孝顺这位叔婆婆的,他们深知识修的寂寞,无所寄托,因此就爽快地答应了。当然,识修恐怕也不是想好了才这么做的,可能是触景生情,临时起意。大家庭的和睦,缘于互相着想。

当识修提出要找人为充和看看八字时,陆英说不必了,"命是她自己的,别人妨不到她",随手找了个手链,系在充和手腕上,目送她离去。[9]

很难穿越时空去理解陆英当时的心情。从张充和后来隐约的记忆中可知,这是一位隐忍、慈爱的母亲。就连识修都从心底里佩服她。在充和八岁那年(1921年10月16日),她的母亲在苏州去世了,当时充和正身穿红花夹裤在葡萄架下由医生把脉。一个佣人拿着电报跑进来,识修看完就哭了。识修把充和的红花夹裤翻过来给她穿上,里子是白色的,识修紧紧搂着充和哭着说:"乖乖,你从此要做个没有母亲的孩子了!……你要好好的听我话,你……母……

亲是个好媳妇,……以后,……再也没有她……她了!"[10]

至此,充和才真正明白,在祖母识修以外还有一个母亲,此前她总是以为自己是祖母所生:"我这才晓得我另外还有个母亲,但是在我晓得有母亲时,母亲已经死了,我看见祖母也哭得那么利害,我也跟着哭了,祖母又拍着我说:'孩子,乖乖,不要哭,你不是说你是我生的吗?你是我的孩子,我爱你!你不要哭吧。'祖母又叫佣人把我抱回床上去,说:'这里有风,哭了不好,怕病才好又要被风吹坏的。'现在我已长得比祖母的手杖要长一尺多了。祖母墓上的草,我以为一定不会有毒虫的。假使现在要有人问我:'你是谁生的?'我还要说:'祖母。'不过,我明白还有一个,也是生我的,叫做'母亲',因为她们都爱我的。我看见每个小孩子的母亲或祖母总是爱他们的。"[11]

幼年的充和在合肥时似乎总是体弱多病,此后她不管是回到苏州、到北平上学还是抗战时避难在后方,都有明显的"病史"。在重庆避难的曲家卢前说起充和:"她从小跟奶娘长大的,一切生活方式都属于'闺阁式'的,爱梳双鬟,爱焚香,爱品茗,常常生病,多少一些'林黛玉'的样儿。"[12]很难说清楚张充和体弱多病源于何因,但她当时意外地离开父母,不见得就是不好的事情。耄耋之年的张充和自述在她之前和之后各有一男一女两个婴儿夭折[13],在那个医学不发达的时代,婴孩夭亡是寻常之事,就算是富贵之家亦不例外。从科学的角度,一个母亲过于频繁地生育也不利于恢复健康,因此充和由识修带回合肥专门抚养,或许正是属于她自己的命运。

晚年时张充和女士还以此开玩笑说:"我上面是四个女的,红的,下面是六个绿的,男的,我说我们是牌九里的天门。"[14]

公馆时光

在张充和的自用印章中,有一个印文为"楚人",在诗词中她也会自称"平梁人"。这些隐约而出的古典,多多少少也透露出了合肥的历史。[15]

在近代史上，伴随着淮军的兴起，合肥的城里乡下出现了大大小小的隶属于淮军将领及眷属的府邸、宅院、祠堂、公馆，还有学校。他们开始履行"书香门第""诗书传家"的家训。李蕴章在教育上肯花大钱，他让女儿识修读书，还为女儿请了最好的私塾老师，甚至一度识修还对家教生出了好感。这是新时代到来的先风，还是旧时代到了一定程度之后的再萌芽？

合肥龙门巷，一个在更新的时代消失了的老地名，这是一个曾经显赫的地方，李鸿章家族、张树声家族在此地均有宅院、祠堂。张家宅院名曰张公馆，有热心人曾专门考证寻找，但最终也只查出该巷位于安徽日报社旧址一带。最后一个从张公馆搬出来的张家人张煦和，与张充和颇为亲近，当初识修先收养了充和，后又收养了张煦和的父亲张成龄，严格来说，他们同属识修这一房。

张煦和温文尔雅，是一位知名画家，还曾参政议政多年，对于张公馆与龙门巷的消失，他更多的是无奈和不堪回首。他曾喃喃地说："我是最后一个搬出来的……"[16] 1971年，张宗和致信在美国的四姐充和："我56年（1956）回去没有到合肥，但是听家乡人说合肥变化最大，老城几乎全变了，现在的路都是新路，什么小书院大书院巷口等地名早已不见了，自然更不要说什么龙门巷了。"

龙门巷张公馆，张充和在这里生活了十七年，这里的每个细节，一草一木，一个仆人，一个故事，一个传说，一只鹅，一声日常的呼唤，都会牢牢地印刻在充和心头。曾经，她觉得这个公馆很大，大到她永远都走不出去，可是一旦走出去，她才发现，自己再也回不去了。只是耳畔常常会想起这样有趣的对话：

"你是谁生的？"

"祖母"。

他们总是大笑一阵，我只是莫名其妙的望着他们，心里说："这有什么好笑？难道你们不是祖母生的，还是从天上落下来的？"我一直不晓得祖母而外还有什么人？[17]

那一年充和四岁。

在花园里，站在祖母面前，没有祖母的手杖高，祖母采了四朵月月红——花名，戴在我的四条短的发辫上，因为花园里没有镜子，我只得向地上看我的影子，只见牛角似的发辫每个上面添了一朵花的影子，我欢喜得直跳跃起来。我跑到许多深草处寻找野花和奇异的草，祖母向我说："孩子，丛草处，多毒虫，不要去！快来！你乖，来！我替你比比看到我手杖哪里？"我跑了去，祖母替我比一比，然后叫我拾一块碎碗来，在手杖上刻了一个痕，又向我说："今年这样高，明年就有这样高，后年就和手杖平了。"我开心极了，一心就想长到祖母的手杖高。[18]

树高秋深，书房外的梧桐枝繁叶茂，充和读《孟子见梁惠王》时总喜欢借口方便去捡拾梧桐子，两个小口袋装得满满的，并以成功骗过了先生、祖母为乐事。

充和喜欢自然远远胜过都市，朦胧的孤寂像是生着白绒的狗尾草，令人生出一种隐隐的挠着的痒。充和看见影子里的发辫更活跃了，她也加快了小步子。只是此时，一个慈祥的声音响起来："孩子，丛草处，多毒虫，不要去！"

小时候的充和黝黑瘦弱，常跟着祖母出入庙宇庵堂，从小就耳濡目染并亲身感受着祖母识修的慈心善行。张家四子宇和回忆，"姐弟十人中，充姐和我分别在姐妹和兄弟中行四。两人都过继给人，后来都又'归宗'。她给二房亲奶奶当孙女，去了合肥。我给本房徐姨奶奶做孙子，仍在苏州。过继后都受到宠遇。合肥情况不详。只知道她总是不断的换新衣服。原来亲奶奶信佛，乐善好施。见到衣着破烂、单薄的女孩就把充姐衣服送人。寒冬腊月，棉袄裤从身上现扒下来是常事。可怜我们的四姐只好躺在被窝里，等裁缝赶好新

二十世纪三十年代，张充和在合肥与张元和（左二）、张宗和（左三）窦祖麟（右一）合影。此处应该是合肥龙门巷张公馆，时间应该是抗战时期。窦祖麟是张家孩子的好朋友，一起创办《水》杂志，充和在美国多次与窦家通信联络

衣后才能下床。我的待遇好像并不突出,只是早餐咸鸭蛋吃腻了可以掏去蛋黄,填满肉松罢了。值得一书的倒是小时候唯有我有名片,印有张宇和三个大字、五寸长的大红名帖。当时家中姨奶奶辈分最长,逢年过节亲戚送礼,答谢要孙子的名帖。充姐去合肥后联系很少,三哥定和曾写信给亲奶奶要充姐照片。亲奶奶回说:'不必寄了。你四姐又黑又瘦,像猴子一样,你看看猴子就行了。'……与充姐再次会面是八岁送姨奶奶灵柩回乡。木船经运河、长江、巢湖到合肥。走了一个月,经过一点也记不清了。送殡时四姐带我坐一顶四抬大轿,怕我坐不住,预备好多陈皮梅,不时塞给我一颗,只有这印象最深"[19]。

寂寞梧桐

20世纪初是激荡的时代,革命的气息无孔不入。昔日捍卫政权奋力平叛的淮军后裔突然沦为合肥旧宦,甚至一度受到冲击,不得已而迁徙。当新的时代渐渐着陆后,时局并不稳定,但淮军后裔大多选择了隐,或隐于商,或隐于教,或隐于家。因此,他们逐渐褪色的大宅门后的光阴也显出了寂落。

充和不能想象张公馆兴盛时期的场景,几位看上去差不多的祖母,她们曾虔诚地追随着自己渴望功名的夫君;新生代的成长,迫切要复兴家族新的气象;各房的亲族来回走动,长辈、平辈该称呼什么都要先好好想一想,以免弄错。家族之间,不时地会有婚丧嫁娶事宜,虽不再是旧时,但礼仪并未尽失,一切按部就班,不偏不倚。家族人数总体在增加,主仆数量总让人数也数不清,人与人之间甚至会有隔阂、矛盾,但令人欣慰的是,看上去一派平和。张家已经到了祖辈定下的"和"字辈,其中也包括在这里出生的充和的三个姐姐,他们更有义务把平和之气保持下去。

这一切都与充和无关了,只是她不知道,已经迁徙出去的母亲正在异乡煞费苦心地维持着这一切。

在充和早期的散文里,我们几乎能够看到张公馆的结构和设置脉络。

> 经过长巷到书房去,院子里的两棵梧桐树,正在结梧桐子呢。一个月形门的花台,我只要一下了课后,便上去攀着天竹、碧桃、绿梅树玩。书房里面的墙壁上,不知是谁画了许多猫、狗、老鼠。我写的许多字都凌乱一地,一个钟也停住了。在外房是先生的寝室,一张空床上结满了蛛丝。她们——岳、竺也常到这里来玩的,三个人只低了头故故在辞纸堆里找寻些不紧要的东西。后院的巴蕉都离披着,我们出来后,本想到书楼上,大祖母、三祖母以前住的故宅里,可是不成功,已经租给别人了。门闭着紧紧的,只得望了一望门便回来。还有祠堂里是最想去的,那是我们唯一捉迷藏的好地,可是也不能够了,也是送给红十字会做救济院了,也只得由门的缝隙张了一张就回来了。[20]

西园、大园、花园、住房、书房、门房、厨房……充和生活在这样的独立的大宅院里,她总是弄不清楚这里的具体格局,她以自己独有的方式为它们排列命名,并试图在这个偌大的府地营造自己的小天地。有时候,她会和小伙伴爬上西园里的草堆,草堆和屋顶一样高,他们去看美丽的晚霞,玩累了就在石桌石凳上玩过家家。有时候顽皮起来就采来一大束诸葛菜的紫花装饰在充和的头上、身上,她会舞动起来,在被高高院墙围起来的天空下,仿佛自己变成了小精灵或是花仙子。

但是充和并不拘泥于玩这些孩子们的游戏。在略显孤寂的环境下,她的情感世界显得有点早熟。她喜欢去院子里的公共大厨房。

经过一个半圆形的短墙走进大园,由大园穿过冬青树的门,就到了公共的大厨房。充和总是在饭后走进大厨房,去那个神秘的所在。

> 我小时吃过午饭或晚饭后最喜欢到厨房里。那儿简直是个说

书场。佣人们中有出人头地的，能看点七字唱的书；或者跟过我曾祖去过两广，去过北京——那时还叫北京呢，故仍其旧——去过台湾的；或以其才调哄动人，或以其经历哄动人。大家围着一个人，就聚精会神地听讲了。洗碗的油着手站在旁边来听，他忘了洗碗；刷锅的也拿着锅把子来听，他忘了刷锅；没吃完的也端着饭碗来听，他忘了吃饭。我这时正坐在呆我家近七十年的张福身上。他十三岁到我家，如今八十二岁了。他正在讲"长毛"杀人，讲怎样从城墙上跳出，怎样混在尸中得以逃生。我听得害怕了，从他身上跳下，我（找）带我的钟妈。她到下房去了。（我）从人丛中预备攒出去，在我脸旁现出一只怪手，我叫了起来，折回身又跑到他身上坐着，情愿再去听讲杀人，死尸，而不愿想到那只手。众人都凝神听讲，她垂着那只怪手，也静心听讲。我不敢看她脸，可是眼睛总不依脑子的吩咐，不时总要看她一眼。她要算是这厨房中最漂亮，最年轻（当然除去自己是孩子）的一个了……[21]

热衷听故事是每个孩子的好奇心使然，但能够将故事延展到自己的整个青少年成长期的却是极少数。身高不过大人站立垂手位置的充和，自从听到了关于那个女人的手的故事后，便再也难以释怀。"指头也并不多，也正和其他人的指头数目一样，就只是中指和食指整个儿向后转，永远是卷着。手心手背鼓起来像个高桩馍，可想象得到的怕人，至少是把个孩子吓住了。"[22]

这其实是一个已婚女人与铜匠牵手私奔的故事，原来的丈夫远远发现后，就对他们开枪了，子弹结结实实地打在了漂亮女人的一只手上，筋骨尽毁。他们都骂这个女人，骂她不要脸，还骂铜匠失德，骂他活该挨枪子。充和不解，因为在她眼中，铜匠一向和善、友好、热情，为张家打了很多的用具，还抱过她呢，"难道我也会挨枪子吗？"

十几年后，已经成年并离开合肥的充和突然在采买昆曲铜锣的时候再次见到了这只"可怖"的手。只是此时，有点物是人非，残手女人已经变成老练世故的老板娘。直到付完钱走出店门，充和还是没能记起女人的脸,只是清楚地记得那只残缺的手。他们,不过是万千夫妻中的寻常一对,只是,枪虽能打伤她的手,却让他们的手牵得更紧了。

充和对于童年的回忆总是让人生出一种梦境来,她真诚而出奇的笔触常常令人真假难辨,那些人物鲜活而生动,让人确定他们真实地存在过,他们一直都留存在充和的心里,至死不渝。有一个佣人的男孩,是充和小时不多的玩伴之一。他们无拘无束,不分身份:他可以拉着她的手去后园摘黄瓜,摘扁豆,可以摘下无名的小花戴在充和身上、头上,他为她制作手工风筝,像飞机一样飞翔和鸣叫……某一天,他离开了张公馆,十一年后再归来,充和依旧认得他,只是这个人见着她就扑通跪在地上磕头。

> 你这么恭敬叫我冷,你这么胆怯叫我怕,而你又这么稳重端庄是在叫我老了。你向我磕这一个头,相像于坟前磕祭奠的头。是谁把一大堆、一大堆美丽的,天真的,无贵贱阶级的,无男女界限的儿时生活埋葬起来了?我明知道你不肯葬埋,我更不忍葬埋,是谁呢?是谁大胆地把它驱逐到乌有?是谁把我们间的友情捣毁了?我们并不曾吵过呀![23]

他不说话,也不笑,只是恭恭敬敬地向她献上从乡间带来的土特产,除了一些吃的,还有两盆绿梅,他已经嫁接好了,但他还是提醒她该如何养护。枝头上花苞累累,眼看着就要开放了。但充和并不在乎这些,她渴望那个旧日的他再回来,或者说她渴望那些美好的日子能够重现。只是一切都变了,变得更清晰了,更残酷了。儿时的充和无疑是寂寞的,但她尚未感知,随着年事渐长,她像感受四季变化一样分明地明白了这一切。

> 既不该你是男的,又不该我是女的;既不该你是贫苦人家的儿子,又不该我是有钱人家的小姐。更不该的,一万个不该

的，是我们不该长大了。年龄会断送我们的友谊，葬埋我们的友情。[24]

当一切都回不去时，充和才发现那些回不去的才是属于自己的寂寞。

或许正是因为回不去了，充和才会牢牢地记得那些本该模糊的细节。她对公馆里的一草一木都刻骨铭心。很多年后她还记得："书房前院除去海棠、天竹、桂树、碧桃、绣球外，还有两棵高出书楼的梧桐树，两树头相接，到了夏天枝叶茂盛，一院子的清阴，书房里也非常凉快，这两棵梧桐树同这房子有同样的年纪，大概有一百二三十岁了。从我们祖父起就在这屋子里读书，楼上是储藏书的地方，我在那两棵梧桐下，足足消磨十年。"[25]

1918年新年一过，五岁的充和开始正式入学（即入私塾），跪下磕头，先拜孔子像，再拜先生，再拜祖母识修。书房的建筑显得古老而枯寂，从充和的祖父辈起，这里就是家庭私塾课堂了，至今楼上还储藏着祖父遗留下来的大批古籍。课堂窗外种植着各种植物，还有两棵高出书楼的梧桐树。这两棵梧桐浓荫遮日，足有百余年历史了，据说是皇太后赏赐给张家的，虽然已经改朝换代了，但这种因赏赐而生的传奇仍然是盘桓在人们心头的无上荣誉，好像平庸无奇的大树突然被镀了一层闪闪的金光。只是，充和不稀罕这些，她在上了四五天课后，突然厌学，那些四书五经、方块大字并不能勾起她的兴趣，她以赖床的方式抗拒上课。善良的钟干干负责照顾充和的起居，她为充和穿衣服，充和总是不予配合，后来钟干干喊来了识修。

充和总是没法拒绝祖母识修，她身上的慈爱总有一种无言的魔力和威信。充和乖乖起床，但眼里开始蕴生出泪水来。等到她跟着祖母走过了一段长长的巷道到达书房时，眼泪还噙在眼窝里。充和退着走向书房，祖母在前面挥手示意她快进去。充和再也忍不住了，她不得已仰起头，映入眼帘的是两棵高大的梧桐树，阳光被它的枝叶过滤得支离破碎，充和觉得嗓子里有咸咸的东西，吐不出咽不下，就卡在那儿，眼泪吧嗒吧嗒地坠落，她用手帕去擦拭，总是擦不干净。她终于进入了课堂。先生正捧着水烟端坐在那儿，照例是学新字、温习旧课。

充和暗想："我不懂为什么一定要读书，读书真不是快乐的事。"她认为最快乐的是找小同伴去捉迷藏，去挖树根下的细泥土做罗汉、做兔子。她记得有一年冬天下大雪，她用雪做兔子，惟妙惟肖，白白的外表，简直像是活的小白兔。充和带着冰凉的"兔子"去屋里的炉子旁取暖，接着，"兔子"就神奇地消失了。为此充和哭了，有点伤心，祖母笑她，还不允许她再出去弄雪，担心她会冻着。

充和觉得大人的世界与孩子的世界是隔离的，泾渭分明。

> 午饭后，走过长巷，孩子的心头有说不出的寂寞，因为那长巷，成天不见阳光。索性一点不见也就不觉得怎么样了，可是偏在正午前后，从高墙与屋檐相接处，有一条又细又长又非常耀眼的太阳光落在地上，高墙有的地方凸出肚子，光线于是也随着细了。钟妈牵我的手，各人漠不相关，她垂着眼皮似乎在温习她几十年来的辛勤。我有时昂着头看那光线的来源，有时撒开她的手，走过每根柱子都以一只臂膀去抱一下。大人永远同孩子是隔膜的，明明大人亦是从孩子长大的，应该多懂得孩子点。可是恰恰相反。就是在这样情形下，我比一切孩子都寂寞。[26]

此时充和的父母率一众家人已经迁徙到了苏州，三个姐姐都住在了一所园林式的旧宦宅院里，她们在同一个课堂里学习，在一起游戏，下课后跑出去捡拾树上掉下来的杏子、枣子，还有玉兰花。她们让家厨把玉兰花油炸，吃起来脆生生的，像极了油炸慈姑片，不同的是玉兰花有着一股花的芬芳。她们不能想象充和那时的寂寞，晚年时的大姐元和似乎开始懂得了。她记起了充和自述的一次小闹剧，充和小时在合肥有自己的专用马桶，马桶小小的，不过大人鞋子大，每天都有人帮她清洗干净晾在外面，有一次充和好奇心起，就把一只脚伸进去了，小马桶口小腹大，脚伸进去易，拔出来难，充和想甩甩不掉，后来她就势"穿"着小马桶走来走去的，看得大人们笑了，她自己也乐了。[27]

  这或许是充和抵抗聊赖时光的一种方式。她更多的时候是把目光从"大人的书本"上移开，去观察周围的事物，譬如植物，譬如墙缝。"在我的窗子外面是个小小的院子，院子里一丛芭蕉，一个小小的花台，花台上只剩下一些百合花，很条理地生长着。西边是一列檐牙，东面是座高高的风火墙，对面也是垛高墙，墙的高处有个楼窗，那是三楼的梯口的一个窗子，二楼的梯口的窗子不开在这一边。所以看上去只有一个小小的窗子在这面高大的墙上，似乎很不合适。窗子上有许多精细的格子，格子上糊着纸，多年也没人去换它。当太阳从西边射到这格子上时，可以见到灰黄色的旧纸在晚风中微微地动着。由破纸处看进去，里面是乌漆黑黑的，那上面我始终没去过，即使二楼也没人住，只堆着些皮箱木箱，我有时也混在他们中上去看拿东西，收东西。可是三楼都不曾去过，大人们平常也不上去，只是在过年时，结好三四个人上去拿挂灯，拿铜器、瓷器、桌围、椅披，以及一切过年用的东西。我要去也没份儿。说那上面有大仙爷爷，不能去。"[28]

  这幢楼曾经是大小姐们的闺房，充和的姑姑们在上面刺绣、闲读、绘画。那时张家正处高位，代表着望族神运的通常是家里有狐仙传奇。有一次，充和的二姑姑把绣花棚子闲在一边去做别的事，没半天工夫，那没绣好的花已完全绣好了。仙姑们时不时地现身以此解除大小姐深闺里的寂寞无趣。久而久之，传奇就成为历史，历史也变得愈加传奇。相同的是，人们一如既往地对仙姑们怀着恭敬，之前是设立牌位祈祷，现在是放在心里敬畏。姑姑们随着张家的势与运逐渐淡出了公馆宅院，但不受人间控制的狐仙传奇已经留存。充和听去过的人人叙述得活灵活现：她们在窃窃私语，她们走路还有轻微脚步声，她们还在笑呢……透过那年迈的建筑外壁裂出来的墙缝，充和总是生出一些幻觉，她把自己送到了姑姑们的年代，她自己亲眼看到了狐仙，还与她们一起嬉戏。她快乐极了，她感觉到了自己的真实，仙姑美丽的脸就映在古老陈旧的窗格上。她突然发现那张脸像二姑，即识修心爱的女儿，二姑已经去世多年，仙姑莫不就是二姑？此时一只斑鸠突兀地落在窄窄的窗台上，在它身后，正藏着一只大猫，虎视眈眈。

充和与这个墙缝对峙了十年。直到有一天，它着火了，整体垮塌，烧成了一片废墟。由此，充和生出了不破不立的决绝：

> 只有一棵众人认为不祥的绣球，还年年白着头，它太老了，它看一院花木同归于尽，它看这房子的主人一代一代的死去，它实在是棵不祥的树，它看我长大已经是最不祥的事，可是它将永远不祥下去。看着，看着我们的一家，看着这世界，也许还会看到比它更老的梧桐变成棺材板，看一切到了粉碎。[29]

古佛识真如

当充和稍微长大一些时，识修开始为她四处物色好的老师，其中有六安的才子、举人左履宽，有考古专家朱谟钦，前者曾教授充和古文、诗词，后者是吴昌硕的弟子，负责教授充和书法。当她的三个姐姐已经接触数学、英文、政治、美术等现代课程时，充和仍在学习如何为古文断句，如何临摹各种派别的古老碑帖，如何读准一句诗词的音律。

识修为了请到名师，不惜多花几倍的薪金，她要确保他们真心教授；她对充和寄予厚望，她不希望充和因为被自己抱养而在学业上落后。朱谟钦曾在政府博物馆工作，但识修给了他足以养活全家的薪金。当他听说哪里又发现了什么古碑时，就会跑过去拓回来，他要让充和临摹第一手的拓片，确保古色古香的笔法神韵。

初始，充和并不是那么热衷习字，她常常捡起墙壁上脱落的白粉块在方砖上写字、绘画，她觉得这些都不是什么难事。她甚至一度不喜欢陈旧的私塾先生念叨的旧词:"吟余改抹前春句,饭后寻思午响茶。蚁上案头沿砚水,蜂穿窗眼咂瓶花。"而这正是昆曲《牡丹亭》里陈腐的私塾先生陈最良的台词。这句台词萦绕在充和耳畔足足大半生。

看轻归看轻,但充和从来没有停止对古典事物的好学。不到十岁她就跟着识修学吹箫,尽管她的小手指还够不着。识修拿出自己吹了二十七年的箫,把工尺谱一个个标注上去,在教她吹箫的同时还为她讲"吹箫乞食"和"吹箫引凤"的典故。这或许就是充和日后结缘昆曲的发轫,只是她自己当时还不知道,这些启蒙学习会为她带来多大的推力。正如同她当时也想不到,她所学的古文、诗词、书法会为她带来多大的助力,她成功获得代表着现代教育模式的最高学府的录取名额,正是得益于这些看似不合时宜的"旧物"。

不知道从什么时候开始,充和索性心安理得地爱上了一切的"旧物",而且一旦决定了,就是一辈子的事。"朋友说:'什么时候我跳到一个更新的世界里去。'我说:'我要回到更旧的世界里去。'两个人做朋友若是永远在一个世界里,那趣味就永远是透明无色淡而无味的白开水了。我时常找朋友,向线装书中,向荒废的池阁,向断碣残碑中去找朋友,他们会比这个世界中的朋友叫我懂得更多的东西。在夕阳荒草的丛中,我读着那残缺的碑文,仅仅只有几个字,我读来读去,比读一首最美的诗句还感动。"[30]

距离张公馆不远的地方有一座古老的寺庙——明教寺,整座寺庙就坐落在数米高的古教弩台上。充和仰着头,望着寺门,听大人为她讲述久远的战争史。寺后有一地名逍遥津,古为淝水渡口。相传曹操大将张辽在此击败孙权,此前孙权率军十万攻打合肥不下,退兵而去,后有"张辽威震逍遥津"。前有教弩台,充和写道:"一见到凋残与破落,我便觉得拉不回来的一切过去都离我仅仅咫尺了。"[31]让充和感兴趣的是寺内听松阁的楹联:"教弩耸高台不为炎刘消劫难,听松来远客谁从古佛识真如。"后来,充和作文时曾以"真如"为笔名。大殿内两侧的十八罗汉塑像也令充和好奇,祖母曾告诉她数罗汉算命的秘术，既可以看到前世，也可以看见来生。只是充和带着孩子的好奇默默验证之后，还是觉得这种模拟穿越不过是一种心理把戏，要成为什么样的人，主动权还是在于自己。

但是充和也会相信一些东西，充和曾在佛门见过一位年轻女子，她已经修行了十二年。在她十四岁那年的一天夜里梦见了未婚夫来向她辞行，次日早晨她就换上了素衣孝服，当晚就得到了未婚夫的死讯。她心如死灰，从此遁入佛门。但在这年的春天，她突然开悟，"这天她又把主位送回堂前，同祖宗打伴儿去了，她竟忘了法师的话，不，她竟不信法师的话，只由于一点小小的嫉妒心，她把什么都忘了。或曰'风动'，或曰'幡动'，或曰'风动幡'，佛曰'非也，仁者心自动耳'"[32]。

因识修常常走进佛门，充和得以接触到更多的修行人，其中有一个小盲女还成为她的挚友。位于今天桐城路的月潭庵，虽然早已经失去了往日的古朴，但禅意还在，一代代修行人积累的善业慈悲还能依稀找到些许踪影。庵内楹联上依旧写着："月光皎洁禅心寂，潭影澄清色相空。"只是询问师傅何在，答曰："只在此山中，云深不知处。"

小盲女是一个没有来路的弃婴，而弃婴也常常成为传奇、神话的开端。1918年腊月，五六岁的充和正在张公馆里享受温暖的时候，一个几乎与她同龄的小女孩却被人丢弃在了张家祠堂前的雪地里，她冻了两天两夜都没有死去，也没有被饿死。她天生佛相，吉人自有天相。张家人发现后把她抱进屋里，喂养她，给她人间温暖，可是这个小女孩只是哭，好像是在渴求另外一种什么。她需要妈妈，她的双手在空中乱抓，她的眼睛看不见这个世界的任何物质，一点点阳光都看不到。

后来小盲女被送进了残破城墙下的月潭庵，自此她成了四十岁当家尼姑的弟子，她也有了自己的"家"。

充和常常随着祖母进入月潭庵，她把小盲女当成自己最好的朋友："自小我们是朋友。朋友并不需要两对眼睛互相对着啊！她穿我的衣服，玩我的玩具。她摸我的手自不会说是别人，摸到别人的手再不会说是我。就是这一点，我们够朋友。"[33]

她们一起攀爬山坡、城墙，充和拉着她的手，轻轻地引着她。她们在一起讨论最多的是颜色。小盲女知道天是蓝的、云是白的，知道充和的衣服是紫罗兰色的。这些颜色都是充和告诉她的，但是她从来不会弄错颜色，在她心里早已经为这些丰富的色彩分门别类，清晰如在眼前。因此充和总也弄不懂："一个生下来就瞎的人会知道什么颜色呢？"

每次跟在祖母后面来到庵堂，充和默不作声，悄悄地把手伸给小盲女，她一摸就知道是充和。充和带着一把小团扇，她拿着小盲女的手指触摸着画面，一一介绍着流水、山石、云、童子与客人。每当有人来，小盲女便会拿出充和送她的团扇一一指点，介绍流水、山石、云、童子与客人，每次她都要纠正别人说画面里有三个人，还有一个在云深处。在充和离开合肥很多年后，小盲女不论冬夏都要去频繁地抚摸那把团扇，只是她不再轻易去触摸别人的手，生怕摸到一只有点像好友的手。

二十世纪七八十年代，史学家杨联陞辗转海外多地，偶与充和来往偈语。充和曾有"人生若相见，相见海成桑"之句，她的偈语令众多学者惊叹[34]，有人赞她"忽叩禅关，诸天震掉"。而这一切，得益于充和儿时与小盲女的游戏，当时她以讲述颜色故事置换小盲女唱佛诵的声音，所谓"颜色同声音的贸易"，彼时的《香赞》《八仙》一直融入到充和的寻常生活和艺术血脉里，为她看似单调、孤寂的童年平添了些许的禅意。而那些隐藏在充和稚嫩声音里的颜色，也久久地释放在小盲女的心里，释放在瞬息万变的月潭庵和合肥城内外的山山川川。

识修为充和精心构筑着一个固定的课堂，也无意中为她开辟了移动的第二课堂。识修的信仰无意中给了充和哲理、禅意和悲悯。与此同时，充和在汲取这一切的时候，也在释放一些什么，那些释放的，或许也可以称为修行。

充和十七岁那年的春天,一生行善的识修去世,享年六十七岁。[35]

识修给充和留下了不菲的遗产,其中就包括充和从来没有动过的土地田产,而她自己是否知道,她才是祖母最宝贝的遗物?

龙门巷突然惆怅起来。张公馆突然空了,那些原本由充和与祖母识修点滴积累的人间填充突然坍塌了。尚未成年的充和无所适从。她只能跟着浓郁的惆怅走向未知。但有一条是清晰的,她要离开这里了,要回到久违的"家"去,一个她生活了十七年的地方将成为故地就此隐去。

时间总是一拖再拖,离别前的几天,一两个难得的小伙伴为充和饯行,充和借此以酒消愁,却带来更多的愁绪。谁都不敢提到祖母识修。"头一天的晚上,有两个从小儿一起长大的朋友在我的床上睡,三个人何曾合一合眼,谈心也没有谈,不过可以明白,各人都是一腔惆怅。"[36]

一大早起来,三个小影子游荡在偌大的庭院,熟门熟路,却像是故地重游。一切植物是盛夏前的欣然,看上去却过早地显露出了颓唐。就连一只呆头鹅也像是知道了什么,盲目地伸长了脖颈,却不发出一声哀鸣。

看门的老头儿依旧起得很早,他无意中长叹几声,一如平时的表情,但那叹声里分明是有了清晰的方向。古木屹立,树影婆娑,时光就像是充和刚来的样子,如梦如幻,梦幻难分。三个孩子悄悄地立在晨曦初破的花影下,默然地诉尽了各人的惆怅。

我写的许多字都凌乱一地,一个钟也停住了。[37]

永远的龙门巷

充和再回龙门巷时,正是兵荒马乱之际。国土沦陷,人心凌乱。短短数年,充和的经历坎坷而丰富,她已经渐渐成熟了。她随着父母(继母韦均一)和众多姐弟一起回到了合肥,一个总是落在她笔端的旧地。但敌军很快占领城市,龙门巷待不了了,继续逃往乡下——张老圩子,那是处于合肥西部山区的地方,是张家崛起的胜地,也是一个长久存在于生活在异乡的张家人心里的概念。

1938年的春节,张充和与父母、姐弟过了一个难得的团圆年。一时兴起,家族的昆曲嗜好活跃起来,一场《春香闹学》在张老圩子里开演,角色以大姐元和、四姐充和、大弟宗和为主。[38] 当敌军又深入进来后,他们索性躲进了山里。后来张充和离开合肥,远赴西南。那是她与父亲最后一次见面,没多久父亲就在肥西山里染疾病逝,当时只有继母和继母的小儿在他身边。充和后来一遍遍抄写继母为父亲作的悼诗,抄得工整、细致、认真,有别于她任何一次书法。

抗战时期,张充和辗转多地,其间遇到了不少与张家祖辈有关的后人,每每提起他们的事迹,总会勾起张充和的龙门巷情结。后来她专门作了《张华奎传》,还多次提到了张树声兄弟间的逸事。当她身在龙门巷时,祖父的概念就是苍老的建筑和积尘的古籍,曾祖的概念也不过就是一面陈设于角落的褪色的"树"字营军旗。

新千年时,定居美国多年的张充和又开始怀念起了龙门巷,并对少时诗作自注:

父女师生各不同,前朝学士诲蒙童。
饭前午后昏昏态,粘页《春秋》读不通。
(矮四爷我叫爹爹;粘页,《左传》两页相粘,老师糊涂点下去。)

"人之初"罢说经纶,圣道而今仍未亲。
潜上书楼尘一寸,自藏架后泣香君。
(二爹爹藏有传奇小说等,我偷看。)

三朝联对十朝文,顽叔肠空眉不伸。
呵写冻窗题困字,师生相与救枯贫。
(我为其对对子,老师为他作文。)

子曰诗云日不穷,层楼高翠出双桐。
前庭去探前朝事,树字军旗掩壁虫。

福祸何关仙与妖,烧香捉捕两无聊。
书声引得狐儿至,但饲刘家玉带糕。

(亲奶奶供狐仙,而朝奉们捉狐妖;刘东泰之玉带糕,至今仍未见他处有卖。)[39]

如非张家知情人,恐怕很少有人看得懂张充和的特指自注。诗中所称"父女"之父,实为识修在收养充和之后又收养了一个侄子,充和称他矮四爷,又叫爹爹。亲奶奶即祖母识修,她心怀敬畏,在张

一九三七年,张充和女士随家人逃往老家合肥,先到城里张公馆,后又去了肥西县乡下的张老圩子。这张照片应该是在那个时期拍摄的。曾听张寰和的夫人周孝华女士提及,当时去乡下除了轿子就是乘坐这种独轮车,一走就是一天,看上去好玩,实际上乘坐时很不好受。照片中可见天气较热,张充和还是一袭旗袍,风采不减。

公馆里供奉狐仙，而张家聘任的管事"朝奉"则试图抓捕狐仙。对于供养和捕捉，充和都觉得似乎没有必要，因为保持自然不是更好吗？而她去国几十年还是放不下一味普通的糕点，四处寻觅而不得，就算是觅到了恐怕也早已不是当年的味道了。

1972年12月7日，张充和在美国致信大弟宗和提及合肥："我前日在《重建中国》见到合肥工业发展情形，好不兴奋。照片上有电视及其他轻工业，还有大卡车。"充和已经能够接受一个不一样的合肥了，她甚至觉得这种变化是积极的、理想的、必然的。她毫不掩饰自己内心的激动以及对旧地的热切怀念。

只是直到去世的那一天，她却再也没能回到合肥。

欣慰的是，龙门巷的故事还在延续。识修在外面慷慨施舍，在公馆里也是善心十足，她把用不着的房子租给需要的人，对于实在困难的，就免除他们的房租，她还把家里的房子送给红十字会作为救济院。她容许佣人们带着孩子工作，只是一旦孩子大了，尤其是男性，他们就要离开张公馆。张宇祥就是其中的一位——充和笔下久别再见后冲她磕头的男孩，他的母亲张干干照顾充和多年。

抗战胜利后，张宇祥来到了恢复后的苏州私立乐益女中，校长是张充和的五弟张寰和。此时张充和已经去北平工作。张寰和见他书法很好，就安排他在学校当文书，随后他的孩子也进入乐益女中就读。说起他的书法，还得益于充和当年的馈赠。虽然充和不能接受他们之间的身份隔阂，但在他们分别时，她仍旧给了他笔墨纸砚，并赠言他好好练习写字。他回去后把四小姐的话奉若圣旨，潜心练习，成为日后谋求生计的特长。在很长一段时间里，他的后人都会提起这段故事，并感恩四小姐充和的慷慨。

有段时间，汪曾祺先生笑着问张煦和："你的几位姐姐抗战时在云南，那时就听她们讲家乡话，前几年在美国见到充和，她在那里生活六十多年了，怎么还是讲家乡话？"充和曾自称她的话是"半肥（合肥）半京（北京）"[40]，正如她去国半个多世纪仍保持说汉语一样，这种语言"固执"或许正是她怀乡的一种。

犹记得充和惜别龙门巷张公馆时的场景,她和小伙伴来到私塾先生的寝室,一张空床上结满了蛛丝。三个人只低了头找寻些什么。她们四处走着,想进入一些房间里去,却发现很多房间都进不去了,不是租给了别人,就是送给了别人。门都锁着,只有一条条暗色的缝隙。最后,充和失落地对着黑黑的门缝往里面张望了一下,就决绝地离去了。

1986年,张充和与张煦和漫步在到处是拆迁工地的苏州街头,有意无意地询问着龙门巷的变化。当消失的必然消失时,铭记也就开始了铭记。"我们在河边慢慢走,看着对岸留下的风景,她很长时间没说话。我对她说:'有空带汉思回去看看,我陪你们到各处走走。'她说汉思早就想去看看了。这时,她突然停下来对我说:'煦和,回去看什么呢?过去老的东西一点都没有了。老年人大多怀旧,总想看看过去的老东西,总怀念童年、少年生活过的地方。'"[41]

时光再倒回1930年,那时充和从合肥回到苏州家中,她写了"破题儿第一遭五律":

> 黄叶乱飞狂,离人泪百行。
> 今朝同此地,明日各他方。
> 默默难开口,依依欲断肠。
> 一江东逝水,不做洗愁汤。[42]

注 释

1 据张家年谱,并以张充和自述比大弟张宗和年长一岁为依据。
2 充和从来都不认为她的文学作品有多好,甚至开玩笑地说是"吐痰",随时吐,随时就丢弃了。
3 孙老伯,即张宗和前妻孙凤竹的父亲,抗战时期在四川生病,张充和当了金锁为其看病。
4 1962年6月28日张充和致张宗和的信。
5 干干,合肥方言,即保姆。
6 张元和:《我有才能的大大(续)》,张家内刊《水》。
7 第一代为张树声,官至直隶总督(署),第二代为张家"云"字辈,如张充和的祖父张云瑞。
8 见《肥西张公荫谷后裔谱资料汇编》,张旭和编辑,2005年2月。
9 张充和自述视频采访资料。
10、11 张充和:《我的幼年》,《乐益文艺》,1933年。
12 卢前:《卢前笔记杂钞》,中华书局2006年版,第19页。
13、14 2009年10月15日采访视频,应该是接访诗人郑愁予。
15 司马迁在《史记》中说:"合肥受南北潮,皮革、鲍、木输会也。"合肥有过大繁华,自古又是军事要地,归来归去,似乎合肥人更愿意把自己归为楚人。春秋战国时期,合肥在楚、吴、越间徘徊,但他们骨子里仍是楚的血脉。到了南北朝时,又设平梁郡,可能即张充和自称"吾乡平梁"的渊源。到了盛唐时期,合肥又称庐州,庐剧的历史也是渊源颇深,年逾百岁时,张充和还能吟唱庐剧,可谓乡音不改。
16 1986年,张充和回到苏州,与张煦和漫步街头,有着说不完的话题,张煦和曾写道:"往回走了几步,她问我:'合肥的街道房屋也是这样拆的吗?'我说比这改动大多了,现在市区扩大,马路拓宽,新建了很多楼房。四姐也一定怀念合肥的张家老宅,她在那里生活了十七年,度过了童年和少年时光。我曾读过她写的一篇关于老宅的文章:'老宅很大,有几十间房屋,阁楼上有二三个书房,大批藏书,名人字画,随便翻阅。大小花园里,鲜花四季开放,翠竹、梅花、桂花,各种树木散发着袭人的香气。有家庭教师精心指教诗词书画,给生活、学习带来无限快乐!能不怀念吗?'四姐问我:'奶奶在大门口栽的两棵广玉兰树现在还好吗?那不是一般的玉兰树,它有很多故事可讲。'我告诉她,'文化大革命'中,东边那一棵因在树上乱拉了很多电线早死了，另一棵最近不知什么原因也快死了。自我们搬出后，老房子全拆了，前几年大门厅还在，后来因要盖楼也拆了。文物部门告诉我，张家老宅主要房屋的木料，作为文物全部保护了起来。四姐说：'那有什么用呢。张老圩还在吗？'我说在，现在是肥西县一所重点中学。她点点头。"（张煦和：《曲终水流——怀念充和四姐》，2015年7月17日。）

17、18　张充和：《我的幼年》，《乐益文艺》，1933年。
19　张宇和：《四姐和我——兼"论"我们的书法》，张家内刊《水》。
20　张充和：《别》，《乐益文艺》，1933年。
21、22　张旋（张充和笔名）：《手》，《中央日报》，1937年1月19日。
23、24　乔留（张充和笔名）：《隔》，《中央日报》，1937年2月24日。
25、26　季旋（张充和笔名）：《梧桐树下》，《中央日报》，1937年2月5日。
27　张元和：《我们大家的迷你趣闻》，张家内刊《水》。
28　季如（张充和笔名）：《墙缝》，《中央日报》，1937年2月17日。
29　季旋（张充和笔名）：《梧桐树下》，《中央日报》，1937年2月5日。
30、31　张充和：《凋落》，《中央日报》，1936年12月26日。
32　张旋（张充和笔名）：《她》，《中央日报》，1937年2月20日。
33　张充和：《扇面》，《中央日报》，1937年1月21日。
34　2013年，翻译家、合肥人刘文飞在美国拜访张充和，说到兴起，年近百岁的充和情不自禁地唱起了佛诵，唱了好几分钟。"她吟唱的佛教诵经声让我震撼：震撼之一是，一位近百岁的老人竟有如此温润、纯净的嗓音，宛若天籁；震撼之二在于，常在佛教寺院听到录音机反复播放那枯燥诵经声的我，一直无知地以为佛教音乐难以称之为真正的音乐，但听充和先生吟唱她童年偷学到的诵经声，却顿时让我对佛教音乐刮目相看。"（刘文飞：《耶鲁访张充和》，《文汇读书周报》，2014年3月7日。）
35　张充和：《二姐同我》，其中记述"一九三〇年，祖母春天过逝"。
36、37　张充和：《别》，《乐益文艺》，1933年。
38　张旭和：《九伯烧蚊子》，张家内刊《水》。
39　张充和：《张充和诗词选》，张家内刊《水》。
40　同是合肥人的刘文飞先生在异国听到这种乡音，感到无比亲切："充和先生说着柔和的汉语普通话，大约是民国时期的'国语'发音，但其中却又显然掺杂着合肥口音。在合肥上过中学的我，便试着与她用合肥话交谈起来，她显然很是惊喜，谈兴似乎更浓了。"（刘文飞：《耶鲁访张充和》，《文汇读书周报》，2014年3月7日。）
41　张煦和：《曲终水流——怀念充和四姐》，2015年7月17日。
42　引自张家内刊《水》，张定和抄录。《二姐同我》一文中又写作"不作洗愁汤"。

*　说明：书中所引诗文、书信、日记等均存原貌。

第二章 苏州：倚舷低唱牡丹亭

从一开始，充和就是一个过客。

1920年春，七岁的充和第一次回到苏州家中。

古老的护城河流淌到胥门城墙，此处有一座万年桥屹立了数百年，由纪念伍子胥的老胥门入城，步行过一座三五步的小桥，直接进入寿宁弄。这里曾是苏州旧宦望族的居住地，虽日渐衰落，但固有的气息还在，尤其是那些精致的园林式宅院。寿宁弄八号，正是张冀牖一大家子的租住地，房东曾是像张家祖上一样显赫的官员。

这里有亭台楼阁，有水榭假山，有果树繁华，还有一只仙鹤活蹦乱跳的，只是看到张家的孩子们之后惊吓不已，被房东赶紧带走了。但这最后的一幕却一直留在张家孩子们心里。因为这里是他们的乐园，永远的乐园，尤其是母亲健在的时候。而这处居所，正是他们的母亲陆英在怀着孩子时挑选到的。

充和到来，最高兴的莫过于三个姐姐了，"我们三个大姐姐欢喜得要命。小四妹神得很，她小小年纪，临碑临帖，写两个字，还真有点帖意，我们三个大姐姐都不及她。虽然我们也在书房里念了些四书五经、诗词歌赋。我们不但念司马迁的《史记》，还念王孟鸾老师教的白话文"[1]。她们的距离从一开始就拉开了。此前，充和几乎没有读过白话文，更不知道姐姐们口中谈论的新文化运动，以及时髦人物胡适是哪位先生。"她虽然只有七岁，可是她在合肥有两位老学究教她念古文。古文的底子不比姐姐们差。可是姐姐们知道胡适之，她就不知道。我们的新文学比她高。"[2]

充和回来的时候，正赶上陆英发起的一个认字小运动，即让三个女儿元和、允和、兆和分别教自己的保姆认字，像比赛一样，一举两得。后来又衍生到大带小，即让三个姐姐带妹妹、弟弟们一起认字学习。允和负责的是充和，这个鬼灵精怪的小先生郑重其事地先为学生四妹起了学名"王觉悟"，还用粉红丝线绣在了充和的蓝色书包上。绣完后，小先生得意洋洋。充和不干了！

第二章 苏州：倚舷低唱牡丹亭

二十世纪三十年代张充和在苏州九如巷张宅前留影。终其一生，她对于在苏州的家都很有感情

充和:"我为什么要改名叫觉悟?"

允和:"觉悟吗,就是一觉醒来恍然大悟,明白了一切。"

充和:"明白了什么?"

允和:"现在新世界,大家都要明白道理,要民主,要科学,才能救中国。"

充和:"就算你起的名字没有道理也有道理,我问你明白道理的人,你为什么改我的姓。我姓张,为什么要姓王?大王就是强盗。成则为王,败则为寇。强盗也要觉悟,老百姓可不是要吃苦。什么王觉悟,我不稀罕这个名字。""还是老师呢,姓名都起不通,哈哈!"

允和:"把书包还我,我不当你的老师了!"[3]

允和后来写道:"我拿了一把小剪刀,一面哭一面拆书包上的'王觉悟'三个字。'王'字好拆,'悟'字也不难拆,就是'觉'字不好拆,是有二十笔画的繁体字。"[4]允和拆完了书包,暗暗觉得这个学生不乖,对老师不尊敬,越想越气,越气越觉得委屈。一旁的母亲陆英就说允和:"这么大人还哭,小妹妹都不哭,丑死了。"[5]

一晃六七十年过去,耄耋之年的"师生"再见面时谈及此事,允和坦陈:"小四妹真正觉悟了,她成了我的老师。我的旧诗词做不过她。"姐妹俩在沈从文家中掰手腕,沈从文与元和见证,悬腕习字的充和明显占了上风。

"闹学"风波没多久,姐妹俩又和好如初了。这应该是得益于陆英的协调。在园中的大花厅里,允和开始教充和绣花,只是教的方式比较独特。"她教我在一块缎子上绣花,我从未拿过针,她完成后,算是她教我绣的,到处给人看。钟干干夸我,更夸她教得好,她高兴,我也高兴。其实到现在我还不会绣花,正如我不会算算学一样。"[6]

但是充和回来不在乎这些,她开始懵懂地感受到了另外一种情感。

梦里不知身是客

在寿宁弄大院里，有两个单独的书房，只是隔窗对望，却不能互相连通，它们分别是张冀牖和陆英的书房。张冀牖平时深居简出，在筹划着自己的教育事业，眼前的大花厅被改为大教室，正是他计划起步的见证。陆英则掌管着整个家庭的运转，从日常生活到理财投资，再到协调孩子们的矛盾、保姆之间的关系等。她干练的身影，以及有意无意地对自己的照顾，让充和似乎明白了一些什么。

当充和渐渐长大后，一直照顾充和的叔祖母识修常常带着她往来苏州、合肥，因为苏州也有她的宅院，把充和带到苏州张家后，她自己就回到了苏州南园李家别墅。

识修在刻意为充和与母亲相处制造机会，最初的相见，充和印象深刻：

> 十五年前的一个晚上，偶然因兵乱同母亲相聚了；又在那一年秋天的一个早晨，我又必然地要离开母亲。她同我坐一辆洋车到车站。两月的相聚，已很相熟了。记得那日到苏州时，别人告诉我："你快见到你妈妈了。"一个从小就离开母亲的孩子，已经不大记清母亲是怎样一个人了。又听见别人一路上提到妈妈长，妈妈短。明知妈妈是个爱孩子的妈妈，但究竟不知妈妈能不能马上会熟习起来，因为实在我不大认识她。比见到一个陌生的客人还陌生，还怕难为情，就因为她是妈妈，所以才觉得难为情。
>
> 见到面时，她并不像别人的母亲一样把孩子抱起来吻一下。这时我的心倒不跳了，站在她面前像个小傻瓜。她将我覆在额前的头发轻轻的理着，摸着，目不转睛地瞧着我，似乎想在我的脸上、我的浑身上下，找出她亲生孩子的记号。她淡淡地问长问短，问我认过多少字，读过多少书，我像回答一位客人似

在少年充和的内心里,「母亲」是一个纠结而复杂的称呼,她觉得很近,但分明很远。这是充和母亲陆英女士目前可见唯一的一张个人照,据说拍摄于二十世纪二十年代初的上海,当时张家还租住在上海。照片上陆英神采奕奕,衣饰时尚。这是一个时代的定格,也是一位大家族母亲的旧影,这张照片曾带给张充和很多的惦念

的回答她。晚饭上了桌，把各样菜分在一只小碟子里让我吃，我最喜欢吃青豆红烧童鸡。[7]

久别重逢，母亲对充和的偏爱是不言而喻的，毕竟这样的相聚只是暂时的，陆英格外珍惜这样的机会。

  自然每天饭桌上，我面前是一碟青豆红烧童鸡，带我的老妈妈不明白，说："厨房里天天开红烧鸡，真奇怪！"
  "还不是你家小姐喜欢吃，是我招呼的。"她笑着说。
  过中秋节，我所得到的果品同玩意都和众姊弟一样。当我午睡醒来时闻到一阵阵香味，睁开眼四处一看，见床前的茶几上有那么一个小小的绿色花瓶，瓶中插两枝桂花，那是我比他们多得的一样中秋礼物。[8]

作为孩子，永远也不会想到意外的事情，他们觉得一切都是永远的，譬如与姐弟的相处，譬如眼前的母爱。对于充和来说，此时苏州的家，已将她无形中隔成了"客"，只是这"客"又不同于寻常之"客"，大家总是带着随时要离别的气息款待着充和，尤其是时刻处于离别边缘的母亲。

  九月的天气，赶一早七点钟西行火车，母亲同我一辆洋车，我坐在她身上，已不像初见时那么难为情了。她用两手拦住，怕我掼下去。一路上向我嘱咐千百句好话，叫我用心念书，别叫祖母生气。
  平门内一带全是荒地，太阳深深躲藏在雾中不出来，树林只剩下一些些树杪，浮在浓雾的上面，左右前后都是白茫茫的一片。我覆在额前的发上，被雾打湿了，结许多小露珠，从脸上淋下来。母亲用手帕为我拭干了，同时自己也拭了拭。
  上了火车，她在月台上看我，我坐在车椅上，头平不到窗子,她踮着脚看我,却没有哭出,泪水在眼里打个转身。

在晨雾中我们互相看不见了,不知是雾埋葬了我,还是埋葬了她。[9]

次年,秋雾再起时,陆英辞别人世。

在陆英去世五十多年后,在美国的充和与宗和通信时无意中又提起了旧事:"大大死时我双手捧着她头进棺材时的情景也还记得,而且一想起来手还感到凉(死人之凉似乎和别的凉不同)。大奶奶死我才四岁,大大死我才八岁,四岁八岁时的一些其他事情却又记不得了。"[10]

宗和还抄写了他写于1931年10月22日的日记给四姐充和:

> 后天是旧历九月十六日——是大大的忌日,至今已整整十年了。我还记得我那时才八岁,现在呢,已十八岁了。好久好久我几乎忘记了大大,现在我不禁又想起她来了。我已经不很清楚以前的一切,我只记得大大没死前的几天,我到她床面前去,她总是对我说:"大狗,你别进来,这儿味道重。"使我永远不能忘记的是大大临终前的话语,那时我们都在哭,她见了对我说:"现在别哭,你哭的日子还在后头呢!"自然,没有母亲的儿不只是在母亲死的时候需要哭,母亲死后,他需要哭的时候更多呢。临死的人说的话终不会错的。

> 爸爸今天晚上从上海回来了,我不知道他会不会想起后天是什么日子。我还记得十年前的后天,爸爸坐在床边上睁大了眼睛呆呆的望着躺在床上那个人,那时他心里是如何的难受啊。

充和以为,"说起感情,事隔多年,若是冲淡呢,有的人可以,有的人不可以,但是可以升华到另一方面去"。后又"再说年龄,一个阶段有一个阶段的好处,抓不回来的过去,好处亦并不比现在好,不过是有距离了便觉得好了。我总以为人的成长并不是一岁到十六岁,而是三十岁仍然是在成长，长的是什么呢？是知识智慧，人与人的了解"。[11]

在回信给宗和时，充和说，不管从事什么工作，她都会选择与她的两个孩子在一起，陪伴他们一起成长，只是对于当初的母亲，她心里是理解的。

同聚同欢不易逢

当充和再次回到苏州时，张家的家已经从租屋寿宁弄搬到了家居九如巷，时为1926年。识修带着充和前来躲避兵灾，想必是与当年发生的北伐战事有关。

三个姐姐和已经略微懂事的大弟宗和热烈欢迎充和的到来，他们带着充和去游玩苏州的山水，去观前街吃小吃，去附近的大公园里参观图书馆，还一起穿着泳装下到内城河里游泳……一切都让充和感到新奇，在短暂的快乐相处之后，转眼就到了要分别的时候。三个姐姐要为四妹办一个特别的饯行会。她们跑到二楼的"闺房"里，关起门来。

> 也许不到一月，我们就要回合肥，三个姐姐在晚上，关起楼门，办了四个碟子、一壶酒为我饯行。我们谁也不会喝酒，只举举杯做样子。但二姐就真的喝了几口，即时倒在床上。大姐说："今天送四妹，不可无诗，我们四人联句，一人一句就是一首诗了。"大姐先来一句"更深夜静小楼中"，第二句该是二姐，可是她呼呼地睡着了。三姐向我挤挤眼睛笑着说："她做不出，装睡了！"她可真醉了，叫也不醒。大姐说："三妹接第二句吧！"三姐接"姐妹欣然酒兴浓"。大姐接了第三句"盘餐虽少珍馐味"，我接"同聚同欢不易逢"。现在看来，这首诗真是幼稚。但当时我真感到真正我有三个姐姐对我这么好，还给我饯行。夜间都睡静了，我是第一次百感交集不能睡。[12]

二十世纪三十年代初期，张充和在海门垂钓旧照。张充和从合肥回到苏州后，常随姐姐们出行，大姐元和曾随海门好友凌海霞女士到过海门任教，想必这一时期充和曾随之前往游玩。后来，张充和与凌海霞一家颇有交情，如与凌海霞兄、收藏家凌宴池一家保持了很多年的联系

　　第二天，大弟张宗和得知四个姐姐作诗酒会后，因未能参与很是遗憾，直到很多年后致信在美国的四姐时还旧事重提。当时他十二周岁，正处于要表现诗文才华的少年时代，他表示不服气，就即兴作了一首长短句："天气寒，草木残。送妹归，最难堪。无钱买酒饯姐行，只好对着酒店看。无钱醉，无席餐。望着姐归不能拦。愿姐归去能复来，相聚乐且欢。"充和说："我看了又高兴，又感动。回合肥把三首诗给我的举人老师左履宽看，他说宗和的最好。"[13]

　　1962年7月9日充和致信宗和时还夸奖他的少年诗作，"现在十一二岁的孩子哪能成句"。她还认为，"宗和其时十三岁（虚岁），因没有读多少旧诗，所以没有旧诗老调。我们略读了一些，就无形中染了老调。以后他偶然做些，都无旧诗习气"。只是此时已经成家

第二章 苏州：倚舷低唱牡丹亭

二十世纪三十年代初，张充和在苏州虎丘山下骑马，英姿飒爽

立业的宗和却无诗兴了,"1926年你随亲奶奶逃难来苏,住在南园上,那时我在沧浪亭县中读书,常到你们住处去玩,那儿有一块草地,门对子是'门对沧浪水桥,通扫叶径一条'。我们出进走河边小门,大门口平列粪缸十余,颇煞风景。我自己作的钱行诗只记得'天气寒,草木残,……无钱买酒钱姐行,只好对着酒店看'等几句。现在要我作诗也作不出来了"[14]。话虽如此,一个月后的夜里,宗和又忆起了与四姐在苏州相处的点滴,不禁来了诗兴:"忆若垂髫日,阿姐来探亲,设宴荷池畔,饼果齐陈列。意欲丢纸片,谁知弃饼屑,茫然若有失,肝肺为之裂,婉言劝大狗,转悲又喜悦。其后又十秋,阿姐避兵灾,随亲来吴地,欢然大快哉,低声问阿弟,何以呼继母。月下教吹箫,楼前颂诗书。寄迹在南国,门前有对联,门对沧浪水,户通扫叶庄。下学嬉河边,此景更难忘。临别寄诗词,天边草木荒。……"[15]言辞之间,姐弟情深,不言而喻。

先一步从合肥返回苏州的四弟宇和记得四姐刚回到苏州时的懵懂,"亲奶奶[16]过世,充姐又回到我们中间来。当她十七、我十二岁时,个子差不多高,站在一起,爸爸居然问起我俩谁大。后来回到苏州,充姐参与水社。定和记录:'大家一起踢小皮球,四姐不懂规则,就派她做守门员,水社和九如社比赛,九如社前锋高奕鼎带球勇往直前,将球射向球门,水社守门员充和像猴子一样动作敏捷攫球在手,紧抱不放。高见有机可乘,急速冲去,将张女士连人带球挤进球门。裁判判定九如社得胜一球,我们真高兴,而张女士却茫然不知为什么输了。'"[17]

在苏州,三个姐姐与充和的交往虽然是聚少离多,但每到暑假,她们都乐意回来陪陪充和。对于姐姐们的事情,充和总是很热心,譬如充当二姐允和与周有光的"小红娘"。"耀平[18]兄请我陪他三姐去向爸妈求婚。三姐[19]非常文雅,客气地说了很多求婚应说的话,我一句也不懂。爸爸是个重听,妈妈[20]也不会这一套,两人只微笑,微笑就算是答应了婚事。后来耀平兄送我一件红衣,称我为小天使。他们在上海结婚,曲友们还叫我唱《佳期》,耀平兄看着曲本,以后

第二章 苏州：倚舷低唱牡丹亭 41

二十世纪三十年代，回苏州不久的张充和与父亲张冀牖、小弟宁和在苏州合影。宁和与充和同父异母，继母韦均一与充和同样爱好昆曲，相处融洽。很多年后，张充和到美国后，还一直惦记着小弟宁和，并与汉思去看望他全家

二十世纪三十年代初,张元和与张充和在苏州合影。

充和与昆曲结缘最深的应该是元和、充和。自接触昆曲后,她们终生未曾远离。元和的昆曲艺术,可谓得了老辈曲师的真传,与名角顾传玠先生的结合,更是成就了一段昆曲佳话。最了解大姐的昆曲艺术的,莫过于在美国的充和了,她们身上有着同样的艺术气息,但又有着明显的精神差异。充和的弟子陈安娜女士说,她们身上有一种中国人「从一而终」的精神

他向二姐说,如果四妹懂得词义,大概不会唱了。其实唱清曲,题目应景就行。上台表演又是两回事。"[21]

等到作家沈从文前来苏州寻找三姐兆和时,充和又是另外一种的"调皮"。由于前一次暑假时已经有些熟悉,寒假沈从文第二次来时,充和对他已经印象深刻:"穿件蓝布面子的破狐皮袍子。我们同他熟悉了些,便一刻不离的想听故事。晚饭后,大家围在炭火盆旁,他不慌不忙,随编随讲。讲怎样猎野猪,讲船只怎样在激流中下滩,形容旷野,形容树林。谈到鸟,便学各种不同的啼唤,学狼嗥似乎更拿手。有时站起来转个圈子,手舞足蹈,像戏迷票友在台上不肯

这张照片大概拍摄于二十世纪三十年代，大姐元和坐在镜前，凝神静思，张充和站在远处，映成镜中人，颇有点不辨『元充』的戏剧意境。张寰和做注：『（元和充）假作忆充妹，实则彼在镜外也。』

下台。可我们这群中小学生习惯是早睡觉的，我迷迷糊糊中忽然听一个男人叫'四妹，四妹！'因为我同胞中从没有一个哥哥，惊醒了一看，原来是才第二次来访的客人，心里老大地不高兴：'你胆敢叫我四妹！还早呢！'"[22]

奇妙的是，后来沈从文还间接成为充和与傅汉思的"红娘"，而充和在流离多地时一直得到沈从文和三姐的照顾。后来，当很多人为沈从文放弃了小说而惋惜时，充和却撰文感叹："他说他不想再写小说，实际上他哪有工夫去写！有人说不写小说，太可惜！我认为他如不写文物考古方面，那才可惜！"1978年，沈从文致信张充和，谈道："这三十年里，人类历史所少有的风雨，我们都平平安安度过来了，在最糟糕的情形下，不仅支持过来了，我还能就新的本业，做了一大堆零星事情，都是属于物质文化史中的冷门空

二十世纪三十年代张充和与周晓平（又名周小平）在苏州。晓平为周有光与张允和的公子，张充和一直与二姐家保持着密切的联系。在重庆时她得知晓平遇险后，异常担心，彻夜不眠。二姐的第三代、晓平的女儿和庆赴美后，两家更是常常团聚，张充和喜欢姐姐们的每一个后代，他们的到来，都会带给张充和别样的快乐

第二章　苏州：倚舷低唱牡丹亭　　45

二十世纪三十年代，张充和抱着龙朱与大弟张宗和在苏州。龙朱是与四姨相处时间比较长的晚辈，他见证了四姨在北平写字画画的勤奋，也见证了四姨在云南拍曲时的场景，更见证了四姨与四姨父汉思的浪漫恋情。他总是默默地关心着四姨，尽量不去打扰她，曾有人请他邀请张充和题写与沈家有关的书名，被他以"四姨年迈"婉拒了

白点。……至于放弃了写作,当然可惜,为之惋惜者大有其人。……可是我自己却早即料到,会有这一天的。"事实证明,困苦交加之中的沈从文在文物研究方面成果斐然。在沈从文去世后,张充和题写的碑文"不折不从,星斗其文,亦慈亦让,赤子其人",令人唏嘘兴叹。

此时回到苏州的充和发现,她已经有了六个弟弟,她喜爱每一个弟弟,当然包括继母所生的宁和。三个姐姐中,元和与充和相处最久,两人在异国他乡相伴到老。

张家孩子们在一起总是其乐融融,这也是他们在任何境遇下都有的特质,这既得益于张冀牗先生的家教,更是他们各自后天的修养。张充和女士在很多年后无论是回忆哪位亲人,都会流露出对这种气氛的回望和怀念。张兆和女士在婚后曾带着长子龙朱回到苏州九如巷娘家居住了一个学期,这是一九三五年夏兆和女士与大姐元和(右一)、四妹充和(左一)、大弟宗和的合影

慈父如母念亲恩

父亲，在充和心里多少是比母亲更立体的称呼。1972年6月，充和曾致信大弟宗和讨论父亲对孩子的教育，说像他那样太过于放手不一定合适，但凡事总要看两面，作为一个教育先行者，充和认为父亲还算是称职的。她曾专门撰文提及：

> 祖父给爸爸取名"武龄"，字"绳进"。爸爸嫌这名字封建味太重，自改名"冀牖"，又名"吉友"，望名思义，的确做到自锡嘉名的程度。他接受"五四"的新思潮，他一生追求曙光，惜人才，爱朋友。他在苏州曾独资创办男校"平林中学"和"乐益女中"。后因苏州男校已多，女校尚待发展，便结束平林，专办乐益女中。贫穷人家的女孩，工人们的女儿，都不收学费。乐益学生中有几个贫寒的，后都成了社会上极有用的人。……爸爸既是脑筋开明，对儿女教育，亦让其自由发展。儿女婚姻恋爱，他从不干涉，不过问。你告诉他，他笑嘻嘻的接受，绝不会去查问对方的如何如何，更不要说门户了。记得有一位"芳邻"曾遣媒来向爸爸求我家大姐，爸爸哈哈一笑说："儿女婚事，他们自理，与我无干。"从此便无人向我家提亲事。所以我家那些妈妈们向外人说："张家儿女婚姻让他们'自己'去'由'，或是'自己''由'来的。"[23]

平时，爸爸总是在自己创办的乐益女中忙碌，学校与张家一墙之隔，穿过一个雅致的月洞门就过去了。家里的院落就成为充和与弟弟们的乐园。"爸爸不大来这个院子里，他有他自己的庭院，那是一片大操场，一条长廊，三十间教室。他有个梦，在那个大庭院中，有他的牡丹，有他的菜蔬，也有他的茑萝。他时而也来我们的庭院看看，可是他全不关心。不过月亮出来了，他会在石子路上踱来踱去，也许正在做诗，也许正在打算把我们的梭龙松或石榴树移栽到

苏州乐益女中创办人张冀牖先生一生倾心于教育事业，他的四个女儿都曾在乐益女中就读，当充和回到苏州家中时，最感温馨的应该是张冀牖先生。作为父亲，他曾用心培养女儿们的昆曲爱好，但同时也鼓励她们走出去，接受新学。可惜的是，抗战时期张冀牖因病早逝，未能看到女儿们的成就。很多年后，张家四姐妹回忆起父亲，是亲切的，温馨的，又是遗憾的。这张照片应该是拍摄于一九三五年或一九三六年，张冀牖与元和（后左立）允和（前右蹲）丫、兆和（后右立）丫、充和在苏州九如巷合影

他的庭院去。"[24]

看着充和依偎在父亲身旁的合影，让人生出一种慈父如母的错觉。父亲总是一脸的微笑，他与孩子们做游戏、捉迷藏，有时还玩恶作剧吓唬孩子们。有一次，他扮鬼似的躲进充和的房间里，还把门反锁起来，充和以为遇见强盗了。对于父亲，充和是充满着留恋的，她听从父亲的安排，进入乐益女中学习新课程，实际上她很不喜欢数学、政治，甚至想过逃避。"1930年，祖母春天过世，我十七岁。秋冬之际回到家中。这次是真正回家了。但是姐姐们已都去上海进大学，我一个人在楼上一间房住。最大的转变，我得进学校，按部就班。是爸爸的意思应该要接受普通教育，问题是在英文和算学上。二姐介绍她中学算学老师周侯于，从四则教起。我在乐益小学六年级读几天，就读初中一年级。一年后'一·二八'事变，我们一家去上海。"[25]

张冀牖不希望充和成为一个闺秀式的女子，正如他身体力行鼓励所有的学生接触新事物，敢于打破一些什么。他常常饱览时政报刊，他很清楚，时代在进步，辉煌的家族史已经属于过去。因此张家女儿们的婚姻，他统统放手，张家四姐妹的婚姻无一不是自己做主的。充和很大程度上认同着父亲的教育理念，抗战后她陪着父亲回到久违的合肥张老圩子，还为他演出他最喜欢的昆曲节目。

抗战结束后，父亲已病逝多年。充和拿出了存款，当掉了自己的首饰，与姐弟们一道恢复父亲创办的乐益女中。她亲自书写了校名，悬挂在巷口的显眼处。她还跟着姐弟们一起在校义务任教。四姐妹中，姐姐们都在上海读了大学，只有充和充满挑战性地报考了北京大学，并被破格录取。

1938年10月13日，父亲张冀牖在合肥老家病逝时，只有继母韦均一和小弟宁和在他身边。

正规新学毕业的韦均一比张冀牖小十岁。当初韦均一嫁到张家时可能并没有考虑那么多，只是当她真正要面对时，才发现远比想象中要难得多。一个没有做过母亲的年轻学生，如何与九个孩子相

上图:张家创办的苏州乐益女中开设了很多新式的课程:戏剧、美术、体育,但同时还注重实践,常组织学生们外出游览山水,写诗作画,并在校内开设了烹饪、花木等生活实践课程,培养社会和家庭的实用人才,锻炼学生们的创造力和动手能力。图为抗战胜利(二十世纪四十年代)后,在张家十姐弟努力下复校的乐益女中的校园即景,学生们在踩缝纫机学习手工

下图:叶圣陶先生一家与张充和女士一家为世交,两家在苏州的家距离也不远,叶圣陶曾送女儿叶至美入乐益女中读书。两家在抗战时期仍保持着密切联系,相互照顾。叶圣陶与沈从文相识也比较早,二十世纪三十年代中期,两人在苏州相聚时,相约游览灵岩山。照片中叶圣陶着长袍、戴礼帽,身后手扶眼镜者为沈从文,旁边跟着张兆和女士,图中右侧戴帽穿裙女子则为张充和(照片为沈龙朱先生提供)

处？在她陆续生的两个孩子夭折后，她变得更加敏感和易怒了，常常回娘家，或者由张冀牖陪着去上海住一段时间，主要是看戏。他们都喜欢昆曲。

因为与亲生母亲没有太多的相处，没有对比，充和应该是与继母相处比较融洽的一个孩子。充和了解父亲的温和与包容，每当父亲与继母发生了不快，父亲总是会跑到充和的房间里去讲述一番。宗和的日记曾记述道："有十点钟了，我到家，在通乐益的门口坐了一个人，好像是妈妈。我问她为什么坐这里，她说：'等你爸爸。'我上楼看见爸爸在四姐房里，正讲他俩吵起来的事。爸爸央着我们下去，请妈妈回来。妈妈不回来，一定坐在门口。爸爸去了，说了几句好笑的话，把大家都引笑了，四姐更笑得厉害。我们把妈妈拥进爸爸的屋子坐着。"楼上楼下又恢复了往日的欢乐和温馨。

张冀牖去世后，韦均一茫然四顾，写下了大量的悼诗。[26] 1946年10月，抗战胜利回到苏州后，张充和将韦均一写作的十四首悼诗全部以毛笔手抄出来，工整地写上"母亲大人旧稿"。

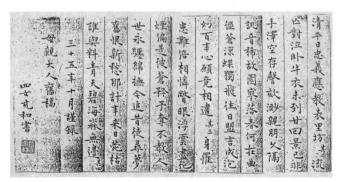

一九四六年十月，张充和回到苏州，毕恭毕敬地抄写了母亲大人（韦均一）的十几首悼念诗词，抄写的过程也是对父亲大人早逝的痛惜和怀念

韦均一(中间坐者)与张允和、张充和、张兆和以及张元和(左起)

忆往昔，张充和与韦均一论书画、唱昆曲，还一起演出了一次田汉的剧作《咖啡馆一夜》，充和扮演女友，韦均一扮演房东，几位家庭演员的一句句苏州道白，逗得大家笑不可抑。比充和大十四岁的韦均一总是会想法让充和多接触昆曲，在很多年后充和还记得继母的用心，称之为知己。在充和临离家赴京时，韦均一为充和画了两幅画：一幅是《仕女笛子》，据说画中人正是充和，神态安详，画面清静；一幅是山花小品，青山红叶，杜鹃花开，题名"遍青山啼红了杜鹃"，正是《牡丹亭》里的唱词。

也正是因为昆曲，才让充和与继母走得更近一些。

赏心乐事谁家院

张家的昆曲可以追溯到张树声时代。时任江苏巡抚的张树声驻守苏州，据说曾养着一个可以唱全本《牡丹亭》的昆曲班子。到了张华奎一代，他收集了不少昆曲剧作，如《牡丹亭》《西厢记》《桃花扇》等，充和曾在合肥老屋得见，只是当时她并不知道那些古籍是可以唱出来的。

叔祖母去世后充和彻底回到苏州常住，此时父亲已经把昆曲课开进了家庭和校园里。充和的三个姐姐都曾学过昆曲，张冀牖请来了著名的"传"字辈演员及他们的老师到家里来教昆曲，不但自己的女儿学，女儿们的同学和好朋友也跟着一道学。就连弟弟们也跟着模仿，后来大弟宗和就成为著名的曲友。充和对昆曲也是一见倾心。有时候张冀牖兴趣来了，还要上妆扮相走上一圈。韦均一更是一个痴迷的曲友。

耄耋之年的充和记得，她学昆曲的老师有好几位，先是乐益女中的陈老师，只知道他姓陈，学的是小生戏，同学们一起学。后来充和就跟着"传"字辈中的佼佼者——沈传芷、张传芳学习。充和记得，"沈传芷老师什么都会，他会小生，他父亲也是很了不起的人。他教我的时候，就是把一个新旧派的曲子拿来教我唱，每次唱完以后就用笛子配,每次都是这样学,他是第一个教我闺门旦的。花旦那是张传芳教的"[27]。沈传芷的昆曲得承家学,祖父沈寿林、父亲沈月泉、伯父沈海珊、大叔沈斌泉、小叔沈润福,皆为清末苏州昆班名角。沈传芷面相清润,温文尔雅,善工正旦。沈传芷唱腔咬字清脆,嗓音和润,具戏工正旦的嫡传唱法。他还自己钻研和设计身段:《琵琶记》中的赵五娘、《烂柯山》中的崔氏、《风筝误》中的柳夫人,排练并主演了师辈未授的传统剧目。沈传芷一度活跃在上海大舞台,后昆曲日渐凋落,他曾辗转京沪津等地传授昆曲,因他既能撅笛,又善表演,颇受曲人追爱。充和与沈传芷的配合堪称天衣无缝,令人入戏其中,久久不能出离。后来充和常常演出的《思凡》

张家客厅曾为昆曲的舞台,张家孩子在厅堂习曲,他们的朋友也可以前来学习。许振寰女士早年在张家一起学习昆曲,后来成为重庆曲社的活跃分子,曾与俞振飞合作演出《断桥》,获行家好评。图为二十世纪三十年代,张元和女士(左)与许振寰女士在苏州九如巷张家厅堂演出昆曲《牡丹亭》

充和从合肥回到苏州后即开始学习昆曲,并于二十世纪三十年代参加了苏州幔亭女子曲社与道和曲社,师从传字辈老师沈传芷、张传芳等学戏,并师从名笛师阿荣学吹笛,自此再也没有远离过昆曲。

这是一九四七年道和曲社在苏州仓米巷举行的丁亥花朝曲叙的合影,前排坐者左三为张充和,后排左六为宗和先生,坐中名家荟萃,如王季烈、张紫东、樊伯炎、宋选之、宋衡之等,后来不少曲友与张充和成为挚友

则是得自张传芳的教益。

充和的老师阵容中还有赵阿四、李荣生,他们都是清末曲师张云卿的弟子,尤以笛子著称。李荣生生旦净末丑都会,而且完全不用本子,全都记在了脑子里,"有时候很滑稽,他有他的一种卓越办法,他喜欢那个人他就给你吹得好,你要唱得好,他比你还好,你要唱得坏,他比你还坏,他把你拖出来,他是最聪明最聪明的,他一吹笛子我们大家都喜欢他,但是有人也怕他,这个老师我最喜欢"[28]。

身处昆曲的发源地苏州,正赶上名角云集,专业的曲友也多,这让充和受益匪浅。她善于向每个有特点的老师学习,这培养出她既能吹笛子又能扮演各种角色的多面功底。1931年初秋,苏州成立了第一个女子曲社幔亭曲社,当时由曲学大师吴梅先生题社名,在苏州怡园荷花厅举行曲叙后正式成立。成立大会上,参加名单中张家有张元和、张允和、张充和、韦均一四人。韦均一曾担任过社长并捐助活动经费,当时的报纸还刊登了张家女公子张充和登台表演

二十世纪三十年代,张充和与好友许文锦在苏州合影。充和从合肥回到苏州后,她的姐姐们都出去上学了,但她有个很要好的同学,叫许文锦,与张家离得很近,后来成为充和挚友。许文锦出身杭州名门,母亲早逝,后来她嫁给了图书馆学者钱存训先生,并到美国从事教育事业。再后来,许文锦与张充和在美国相聚。张充和在家信中多次述及许文锦的情况,并与许文锦延续青年时期的诗词唱酬。沈从文、张兆和访美时,最后一站的送行工作还是钱存训、许文锦代劳的

的消息,唱的是《琴挑》。

也正是因为在苏州学习昆曲,张充和才得以结识吴梅、樊诵芬、吴荫南、张锺来、王季烈、蔡晋镛等众多著名曲友,后来这些曲友的名字都被收录进她的《曲人鸿爪》里。就连她后来在美国的昆曲助理之一尹继芳,也是从苏州走出去的著名的"继"字辈演员。

昆曲,忽然让充和发现了一个不同的自己,她觉得像自己,又完全不像自己,常常沉醉其中。有一次充和在苏州家里演出,她的好友、作家章靳以专程从上海赶来看她的戏,充和唱的是《芦林》。她在手抄昆曲谱《思凡·芦林》里记述道:一次靳以由上海来苏州,余正理《芦林》,传芷撅笛。余因一曲未完,并未欠身让座,靳以即

一九五七年,张充和写给同在美国的好友许文锦的词(并抄录给宗和):"《小字蛮笺问短长,天教作嫁为人忙。明知烛蕊频频嚼,闲煞幽花细细香。腕似雪,剑如霜,何时同舞晚天凉。而今烂漫无愁日,输与君家雁一行。"

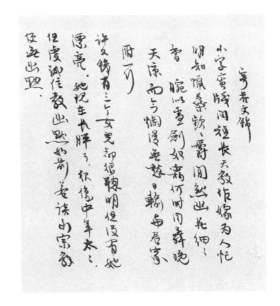

自坐在桌旁听曲。听至"安安的母亲",忽泣不成声,泪下如雨。今抄此曲待理,仅以此纪念靳以。世人皆知其为作家而不知其为昆曲知音。

昆曲,让充和发现了一个不同的世界。因为昆曲,充和变得不一样了。她像是一下子找到了很多朋友,而且是知心的朋友,堪称知己。在乐益女中,她实际意义上的闺蜜只有许文锦[29]一个。她们一个新派,一个古典,然而新派仍有传统气息,古典自有时尚气质。有一次,适逢乐益女中同乐会,大家纷纷出节目,还有抽奖、聚餐、联谊等活动。许文锦的节目是滑稽舞蹈,张充和的是清唱昆曲,当时的报纸报道称"一则笑足喷饭,一则韵能绕梁"。

"不到园林,怎知春色如许",充和最喜欢拍曲的地方是园林。曾祖父张树声入主苏州后,首先就去修复了兵燹后的沧浪亭。充和多次回苏州,总会徘徊在此,与吴中先贤像对视,或对着她喜爱的书法家文征明之像凝思。充和所处的苏州,大多数园林处于颓废状态,但昆音袅袅,不绝于耳。"良辰美景奈何天,赏心乐事谁家院",

在美居住近三十年后，二十世纪八十年代初，张充和女士回到苏州，她去了不远处的沧浪亭。她喜欢园林里的一草一木，一碑一亭。当她走到文征明刻像前，不禁驻足，有一种与文征明对视的意境。在美国家中，张充和一直珍藏着一幅文征明的画作，并致信大弟宗和说常在一个人的时候拿出来欣赏。宗和大弟还一直担心地追问：「卖了吗？没卖吧！」

或许处于这种繁华落尽后的断壁残垣、寒花荒草之中才更能体会到戏曲人物的心事寂寥。

充和总是善于在这种略显颓势的废园里寻找属于自己的安谧和思索,让她充分感受到人间的不易和悲悯。有一次,她跟着姐弟们回到另外一个园林城市:母亲的娘家扬州。那里有外婆家的冬荣园,处在繁华的东关街,陆家的望族之后还在,挺拔秀美的建筑结构还在,但已然是颓废的势头。随后在跟随食素的舅妈们参观一处崇节堂[30]时,充和有了不一样的感受:

  外号中一人有三四间房屋,还可以带女佣人。石太太领我们去她隔壁一家,那里住的是个中年寡妇,是个痴子,她叫门叫了半天,里面没有应声。我从门缝向里一张,见院中站着个穿尼装的女人。站在那里,若有所闻地,但对着门笑了也就假装不闻的样子。后来石太太忽然记起有个机关,便把门上有个木钉一扭,门闩便拔开,我们一拥而进。我担心她会赶我们出来。她挽(绾)一个道髻,头发乱松松地蓬着,见我们进去,就好像什么都没看见似的。地上堆一堆碎纸、破纸盒,她手中正扭一张报纸,扭了再扭,扭碎了还在扭,也不嗔,也不笑,也不说话,瞪着对眼尽看着我,我倒有点给她望怕起来了。大舅妈告诉我:她从前是扬州最美的女人,丈夫死了,许多男人追求她,她都不肯嫁人,妯娌想出刻毒的计策来逼她嫁人。把她气痴了。现在除了装束不合时外,眉目间仍然是秀美之极。还没有像内号中的女人,年纪轻轻脸上就绣上皱纹了。石太太看我们僵立在那儿,大家望着她,怕她生气,便拍着她的肩指着大舅妈说:"你认得不认得,她是陆家的大太太,是你以前最喜欢的大太太,你认得不认得?"

  她不摇头,也不点头,向大舅妈死盯着望,石太太又说:"她们都以菩萨的心肠来看看你,你要发欢喜心,不能生嗔恨。听见了没有?"

这是张充和于二十世纪三十年代在苏州天平山景区的留影。在张家五弟寰和先生的印象中,四姐很喜欢山水,小时候就带着他到处玩。有一次从苏州乘船去杭州,正好一夜到达。当时去的是西溪,秋雪庵、茭芦庵的芦花遍地飘舞,落在庵堂、树上、水面上,美极了,当时四姐还背了诗词

第二章 苏州：倚舷低唱牡丹亭 61

二十世纪三十年代，张充和着旗袍在苏州狮子林留影。张充和对于园林总有着别样的眷恋，她在荒废的园子里寻找残碑断字，她在尚未修复的园林里清唱昆曲。在园林里她与古人凝视，像是找到了全新的世界，徜徉不去

她又望望我们，于是笑了，像一面尘封的镜子忽然拭明亮一样，笑得又透澈，又明媚。我们到此都松一口气。又到她灶房去看看，没一点柴米，锅台上放一双破鞋。太阳攒进破纸窗爬在锅台上。冰冷冷的三间空房，吃饭是人送给她吃的。

我们出来时，那位十五年前的美人，仍然站在那原地方，石太太讲了许多关切的话，要她不要冻着，要她当心着门户，她似听非听地仍然在扭那破报纸。出门时石太太告诉我们她多年没见到这个笑了。

管理先生要请我们厅上坐坐，我们没进去，只在外面看了副对联是"堂中一粟，无非寡妇脂膏，莫暗夺子孙衣食；廊下诸孤，总是人家儿女，要时存父母心肠"。不知为什么，我嗓间有个东西哽着，似乎希望有个慈悲公正的巨灵，我向他先哭诉一番，然后再陈说这种办法完全错误的。[31]

充和的母亲陆英出自扬州大户，其外祖父陆静溪任职盐官，富裕程度可想而知。据说陆静溪本是合肥人，后做官迁到扬州，后来尽管陆家渐渐衰微，家业却依然殷实。但是陆家人也难逃崇节堂这种旧思想的束缚。只是对于这样一个旧时代的产物，充和是带着新思想去观察、去理解的，企图进入她们真实的内心世界。充和比一般人要深知这些女性的苦衷，她不禁发问：是什么造成了这一切？试问，在这样的蒙昧和束缚之下，有谁不会变成痴子呢？这样的反思颇有些戏剧与人生的意蕴，她似乎朦胧地懂得了人生与戏的关系。她记得唐伯虎写过这样的诗句："他人笑我太疯癫，我笑他人看不穿。"到底是谁疯癫了呢？充和自觉也只是朦胧地懂了，还需要求索，在现实中，也在她的戏剧里。

抗战胜利后，充和在1946年回到苏州的拙政园，此地已成为国立社会教育学院，负责收留战时求知若渴的有志青年。这里名师云集，如陈礼江、顾颉刚、谢孝思等。此次返苏后，充和一度代课任教。在这里，充和浸润在水磨腔的幽雅和神韵里，她汲取着，也释放着，

第二章 苏州：倚舷低唱牡丹亭 63

一九三六年，张充和（前排蹲者左一）随大姐元和（立者左一）、二姐允和（后右一）、五弟寰和（后右二）在扬州陆府与外婆家的亲人合影。张充和的母亲陆英出身扬州名门，住在东关街冬荣园。或许是因为与母亲相处极少，充和对扬州很有感情。她去过多次，并写过几篇与扬州有关的散文发表

同时也丰富着。她留下了一首词《战后返苏昆曲同期》："旧日歌声竞绕梁，旧时笙管逞新腔。相逢曲苑花初发，携手氍毹酒正香。扶断槛，接颓廊，干戈未损好春光。霓裳蠹尽翻新样，十顷良田一凤凰。"

正在此时，联合国教科文组织派专家到中国探访昆曲现状，国民政府令教育部接待，充和被指定为之演出，其搭档不少是"传"字辈的演员。戏是《牡丹亭》之《游园》《惊梦》，而赞助这次演出的不是别人，正是乐益女中，此形式多少也算是告慰了低调的"曲人"张冀牖的在天之灵。这次义演，连着演出六场，充和唱到最后吐出鲜血。多年后她致信宗和还心有余悸，只是喜爱的依然喜爱，一直爱到了骨子里、魂魄里："休将哀乐问前因，袖掩春愁敢是春。省识临川词曲意，一日歌舞一日新。"

1991年初春，年近耄耋的充和与傅汉思回国探亲，听闻苏州大学办了昆曲的本科班，她与先生欣然前往，并走上讲台，娓娓道来，学生们如沐春风，后来他们还在校园里一起拍曲。充和热情地参与着，并认真地记录着："委屈求全心所依，劳生上下场全非。不须百战悬沙碛，自有笙歌扶梦归。"她想起了自己大半生的昆曲之旅，寒寒暑暑，现在终于起了春意。

2004年秋，那一年充和九十一岁，依然杜丽娘："没乱里，春情难遣……""继"字辈演员金继家和以《西厢》："彩云开，月明如水浸楼台……"苏州怡园再次迎来了充和的昆音。苏州不少曲家都曾与张充和女士拍过曲，在山塘街、在怡园、在留园、在昆曲传习所、在大学校园、在昆曲博物馆等地。拍曲时的充和认真、投入、诙谐、雅丽，总是令人怀念。

也就是这一年，在昆曲弟子陈安娜、助理尹继芳等人的帮助下，张充和在苏州开始系统地录制昆曲。录制的地点在古色古香的十全街附近，一录就是一整天。充和经常为一个调子要琢磨好多次。但是她会时不时讲点笑话，逗得大家哈哈大笑，满室轻松。午饭是五弟媳周孝华在九如巷家里烧好，然后骑着三轮车送过来的。录音时的充和经常穿着旗袍，肩披一方黑色的披肩，面容清秀，举止优雅，嗓音清亮。当她一亮嗓子,大家已经不记得她的具体年龄了。曲音婉约、精致、古典、细腻,富有变化,但又是那么正统,不容置疑。后来,这昆曲十六首被刻录成碟,通过现代手段传播,成为很多专业演员和曲友的有声教材。

录制结束,尹继芳的母亲蒋玉芳(苏剧代表人物)邀请张充和到家做客,饭桌上准备了时令的阳澄湖大闸蟹。充和不紧不慢地吃完蟹肉后,又用大闸蟹零零散散的壳,拼出了一只完整的"蟹"。众人惊讶,充和得意。

2011年,年近百岁的充和女士又想起了家乡苏州,只是她已经不能再回来。她要了一个心愿,她想给予家乡她的所有,她钟爱的所有。她特委托弟子陈安娜女士赶赴苏州,带去了她的三件宝贝:一套点翠头面、一件盘金绣斗篷、一本手抄昆曲谱,全部捐献给了苏州昆曲博物馆。点翠头面和斗篷都是充和于20世纪30年代在苏州学习昆曲时特别定制之物。点翠工艺繁复,精致至极,呈现出稀见的湖蓝,却又不失自然的拙朴。这套点翠头面约三十余件,全部是货真价实的贵金属配以翠鸟背羽,而盘金绣斗篷一亮相就惊艳夺目,红色丝绸底料上,逼真的五爪龙与大片海水纹彰显出工艺的精湛。昆曲手抄曲谱《寄子》出自《浣纱记》,工楷端丽秀美,充和显然知道主角伍子胥在苏州的奋斗史。陈安娜女士说:"充和老师说,要把最好的珍藏留给故土,留给懂得珍惜的人。"

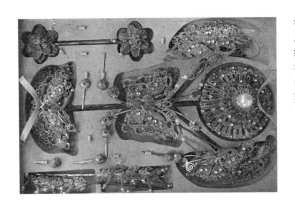

张充和于二十世纪三十年代在苏州花重金定制的点翠头面。这种精湛的工艺是用罕见的翠鸟之羽镶嵌在金属上。这套点翠头面约三十余件,做工精致,保存完好,非常珍贵。二〇一一年,张充和将之捐赠给了苏州昆曲博物馆,后来这件点翠头面还成为苏州剧装戏具技艺传承人学习传统工艺的典范

东阁无忧

> 我们的庭院是个长方形的，在这块长方形的地面上常常会有几个人布置它，在地面上可见到那几个人的爱好同个性。
>
> 家里的大人们简直不问事，莫说这小小的庭院吧，就是谁把整个家捣毁了也无人来过问。于是小庭院就让我们来布置。多年来我们都在外面读书，所以庭院早已荒芜了，草长满院，我们都携锄怅望，再也找不出旧时栽植耕耘之工了，再重新开垦吧。不知哪里来的那么多砖块瓦砾，废了一日半的工夫才把砖瓦块拾去。我们提议不堆在角上，如果留它们在这院中，既不美观，将来还是散了满院的，于是费点事，把它们请到瓦砾山上去。我刚刚新病初愈，不担任搬运工作，只把砖瓦块拾在粪箕里，让他们搬去。
>
> 从堂屋门前的阶台下是一条碎石子路，直通到大门前。我们嫌太简单，假使大门一开就可以看到中堂里面了，在长方院子的三分之二处扎一道竹篱笆，篱内成正方形。篱外剩下一口井，四弟还预备在井的对面一块地上种一畦菜。
>
> 姊姊是爱花草的，她栽两棵牡丹在阶台的两旁，她爱富丽，所以两边种牡丹，以壮观瞻。两旁开两个花畦，种各种花草。[32]

这是张家在苏州的庭院。充和立在东阁窗前，望着月光下的庭院，看见姐姐弟弟们忙碌的成果，心里充满着无比的留恋。这个她住着的二楼，这个被称为"东阁"的地方成为她永远的居所。父亲和妈妈吵架后曾来此"避难"，姐姐们曾来此开诗酒会，弟弟们曾来此顽皮捣乱。最重要的是，她终于有了属于自己的独立世界。

只是她总是离去，又回来，回来，又离去。直到有一天，新婚后的她带回了异国新郎傅汉思，一位温和儒雅的学士。四姐充和第一次"回娘家"，又带回了洋人先生，当时家里人是有些隐忧的，因为也不知道将来他们会怎么样。家里人特意做了一碗粉丝汤，类似杂烩汤似的，准备试试傅汉思的筷子功夫，其实也想试试他的性格。没想到他用筷子很利索，而且汉语说得很好，看得出来他的善良和开朗。从此充和远赴大洋彼岸，忽然发现，她离"东阁"越来越远了。

1953年秋，九如巷张家迎来了一位特殊的客人——诗人卞之琳。他已经不是第一次来到张家。卞家所在的南通与苏州一江之隔，卞之琳回家总会到苏州看看老朋友。1936年秋卞母去世，卞之琳办完丧事后即到苏州与张充和见面，还在园林里散步留影。那一年，他们还游览了苏州天平山，看无尽的秋色，看山峦青光，看芦苇飘飘，看时光荏苒，两位诗人的交流总是充满着不尽的遐想。

但这一次来，更朝换代，人去楼空。形势一片大好之下，独自畅游的诗人却显得有些失落。张家人到底是理解他的，把卞之琳安排住进了充和的旧屋。"恰巧被接待住进旧友张充和旧居我过去熟悉的、她曾独自住的一间楼室，当时室内空荡荡的，还没有人占用过。秋夜枯坐原主人留下的空书桌前，偶翻空抽屉，赫然瞥见一束无人过问的字稿，取出一看，原来是沈尹默给充和圈改的几首诗稿，当即取走保存。"[33]卞之琳自述："多年后，经十年动乱，却还幸存。"1980年，卞之琳访美时还不忘将这些旧物带上，奉还物主张充和。

卞之琳已经不是第一次帮着张充和收集、整理旧稿了，只是这一次他还特别撰文记录过程[34]，还对充和的昆曲做了点评："《浣溪沙》末句'倚舷低唱牡丹亭'，原为'驻篙低唱牡丹亭'，充和曾面告我，过去罗庸教授看了，不以为然；一个'低唱牡丹亭'的闺秀居然撑篙！但我认为充决不止是杜丽娘式的人物，虽然擅唱《惊梦》《寻梦》诸曲，但也会撑篙淘气，这倒正合她不同凡俗的性格。不知识者以为如何。"[35]卞之琳曾说他爱昆曲是受了一位好友的影响，在他的《题王奉梅演唱〈题曲〉》一文中即有一阕："夜雨幽窗不可听，挑灯闲看《牡丹亭》。人间亦有痴于我，岂独伤心是小青！"坐对空屋，卞之琳怅惘难眠，他一定记起了抄写过的充和的《浣溪沙》：

一九三六年,张充和与诗人卞之琳合影,地点应该是在苏州。当时卞之琳曾回海门老家料理母亲后事,后转到苏州与张充和见面

长记天平笑语声,
登山随处问花名,
共题一字两心情。

夹岸垂杨春昼绿,
到船斜日晚风晴,
倚舷低唱《牡丹亭》。

2004年秋,充和回国办书画展,回到苏州小住多日。回美国后她致信五弟说:"苏州仍然是老家,小小的屋子,总还是温暖的,最可喜的是见了第四代。可见这屋子是甜蜜的,不知何时再能团聚?"

那是张充和最后一次回到苏州。

张寰和犹记得临别的场景。一家老小送至九如巷口。秋风乍起,梧桐叶落。长者近百岁,小者尚牙牙学语。寰和的孙子将车开到面前,拄着拐杖的充和一遍遍摩挲着小重孙的小手,她吻着他绯红的小腮,

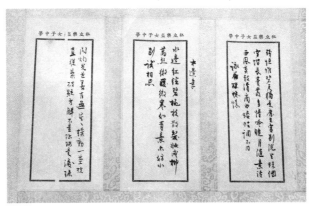

张充和早期写了很多诗词，从使用的是乐益女中早期的信笺看，这些诗当写于二十世纪二三十年代。当时张充和从合肥回到苏州家中，也就是张士诚的皇废基的所在地。时光荏苒，再回旧地，母亲已经去世多年，应该说会引起张充和很多的感想。此为新发现的三首诗的手迹，内容为：

咏蟋蟀

残垣惟碧瓦，犹是废王宫。
别院生蛛网，空阶长蔓丛。
多情吟晓月，随意话西风。
莫鼓清商曲，蟋蛄调不同。

水边章

水边红绽碧桃枝，散发妆成柳万丝。
微暖微寒如有意，未妨小别试相思。

无题

闪烁光芒若有无，星星摇动一茎扶。
直从叶破疑方解，不是珍珠是泪珠。

轻呼他的名字。转而向五弟、五弟媳、侄子、侄媳等人告别，在拥抱颤巍巍的五弟寰和时她已经不能自抑，灰白的头发在秋风里稍显凌乱，身后斑驳的青砖墙颓废地立着，那是与昔日的东阁相同的年岁和色调。

坐在车子里的充和一直半低着头，脸上挂满了晶莹的泪珠，车窗大开着，窗外立着一家老小，时间静止了。那天是 2004 年 10 月 20 日的午后，张寰和在日记里写道："今天是四姐和大嫂离开苏州的日子。来时欢欣，去时黯然。……临别时，全家老小送到巷口，依依不舍。上车前，她一一吻别，连声呜咽地说：'明年再来，明年再来……'车动了，她在前座默默地望着向她挥手送行的亲人们，她眼圈红了……"

向她挥手的，还有昔日无忧的东阁。

1930 年，张宗和在日记中写道：

一九七八年,张充和女士回到苏州,在九如巷口与许多亲友合影。亲友中有来自北京的三弟定和先生,有来自安徽的镕和先生,也有来自贵州的侄女,还有苏州九如巷的守井人张寰和先生一家。充和女士总是很享受这样的亲情聚会,她会记住每个亲人的情况,并尽可能地帮助一些有困难的亲人

第二章 苏州：倚舷低唱牡丹亭

二十世纪八十年代初，张充和回到苏州，在沧浪亭与张镕和合影。张镕和的父亲曾同被识修抚养，张充和一直视镕和为亲弟弟。张镕和成为张家和字辈中唯一的军人，黄埔军校毕业后参加了抗日远征军

二十世纪八十年代，在昆曲名家沈传芷家中，张充和撅笛，沈传芷唱曲，师徒再续曲缘。张充和曾在家信中多次提及对沈传芷的敬仰和感谢，说她的昆曲艺术多得益于沈老师的教导。她每回苏州，都会拜望恩师

苏州九如巷张家小院里有一口古井,可谓见证和滋养了张家几代人的成长:孩子们饮用井水,以井水灌溉花木,后来还以《水》命名了家庭杂志。对于这口古井,从美国回到苏州的张充和女士更是感觉亲切,她坚持要自己以水桶打水,要再尝一尝家中井水的滋味

一九八七年,张充和女士与傅汉思先生回到苏州九如巷,与五弟张寰和先生(后右)、五弟媳周孝华女士合影。每次住家,周孝华女士都会尽可能做她喜欢吃的苏帮菜和家中的传统菜式,令充和很是难忘

和四姐一块上青年会去剪发,等了好一会才有人来替我剪。四姐已经剪好了,我还没有理好。等我剪好,四姐好像已经睡着在一张女子理发处的长凳上了,我只好把她拖起来。吃过饭,祖麟来了,三姐四姐我和二弟就一齐到郊外去举行 picnic,因为祖麟教了四姐的算数和三姐的世界语,所以她们得请他一次。先到合作农场去买了吃的,再到景德路买水果和换钢板夹,然后一直从护龙街到平门。在城上举行 picnic,搬了些坍下来的城砖当椅子,把白脱、馒头、牛油、果酱一齐拿出来大吃一顿,站在城墙上看看火车和帆船……[36]

这是充和刚从合肥回到苏州常住的开端,她已经彻底融到这个

第二章 苏州：倚舷低唱牡丹亭

二十世纪九十年代，张充和女士在苏州盘门景区老城楼留影。每次回到苏州，她都会去多看看那些古建筑、老园林。照片拍摄者为张家五弟寰和先生

二〇〇四年，张充和在苏州中国昆曲博物馆举行个人书画展，这是她在嘉宾签到簿上签到，这张照片形象地抓拍到了张充和书法的悬腕之妙。据说摄影师正是张寰和先生，充和身后为张寰和的夫人周孝华女士

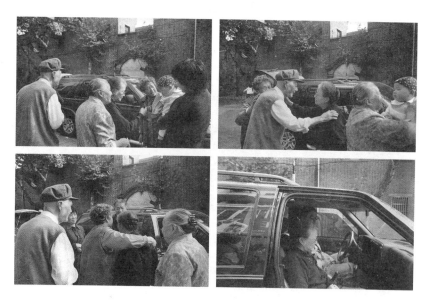

张寰和先生与周孝华女士永远记得四姐充和最后一次回到苏州时临别的场景。一家老小送至九如巷口。秋风乍起,梧桐叶落。长者近百岁,小者尚牙牙学语。寰和先生的孙子张致元将车开到面前,拄着拐杖的充和一遍遍摩挲着小重孙的小手,她吻着他绯红的小腮,轻呼他的名字。终于,充和女士坐进车子里,但她一直半低着头,脸上挂满了晶莹的泪珠。车窗大开着,窗外立着一家老小,时间静止了。那天是二〇〇四年十月二十日的午后,充和女士最后呜咽地说:"明年再来,明年再来……"

具有血缘关系的大家庭,风轻云淡,自自然然。她有了属于自己的家,自己的闺阁,那是她的一个小小的梦。她帮助姐弟们一起编辑家庭内刊《水》,她发现乐益女中的毕业生哭哭啼啼留恋着母校。她从未想过自己会离开这个温馨的庭院。直到有一天,她发现时代激变,"东阁"远去,她像是被梦叛逆似的推了出去。但她到底是固执的、坚持的、自主的。

2014年冬,张寰和先生溘然长逝。

2015年初春,几乎处于弥留之际的一百零二岁的充和女士与弟子陈安娜有过这样的对话:

安娜:"汉思在哪里?"
充和:"汉思啊,汉思在加州。"
安娜:"你在哪里呀?"
充和:"我在苏州。"[37]

注 释

1—4　张允和：《王觉悟闹学》，张家内刊《水》。
5、6　张充和：《二姐同我》，张家内刊《水》。
7—9　茹（张充和笔名）：《晓雾》，《中央日报》，1937年3月3日。
10　1973年8月23日张宗和致张充和的信。
11　1973年11月13日张充和致张宗和的信。
12、13　张充和：《二姐同我》，张家内刊《水》。
14　1962年7月23日张宗和致张充和的信。
15　1962年12月9日张宗和致张充和的信。
16　识修。
17　张宇和：《四姐和我——兼"论"我们的书法》，张家内刊《水》。
18　周有光的原名。
19　周有光的三姐。
20　张充和的继母韦均一。
21　张充和：《二姐同我》，张家内刊《水》。
22、23　张充和：《三姐夫沈二哥》，张家内刊《水》。
24　真如（张充和笔名）：《我们的庭院》，《中央日报》，1937年3月10日。
25　张充和：《二姐同我》，张家内刊《水》。
26　例如：九日西风欲断魂，玉楼人远掩重门。白杨瑟瑟悲秋晚，黄土斑斑遍泪痕。愁雾弥蒙迷去路，纸灰零乱向前村。一块自是埋忧地，恩怨而今概莫论。点点寒花拂晓霜，心旌常自扰横塘。归来愁对难圆镜，人去慵翻谩嫁箱。弱质敢称中馈主，使君不愧至情王。若逢家国清平日，忠义应教表里坊。
27、28　周兵、蒋文博主编：《昆曲六百年》，中国青年出版社2009年版，第246—247页。
29　中国书史、图书馆学著名学者钱存训的夫人，曾帮助先生在抗战期间转移大量珍贵古籍到美国，后赴美从事教育工作。
30　崇节堂又称贞节堂、保节堂等，是以慈善、赈济的面目出现，由官府拨商税和商人捐资，收容留置贞女、节妇入堂，也有的为了寡妇不再嫁人而生活计，颁证发给她们的生活费。
31　旋（张充和笔名）：《痴子》，《中央日报》，1937年4月17日。
32　真如（张充和笔名）：《我们的庭院》，《中央日报》，1937年4月17日。
33　卞之琳：《合璧记趣》，张家内刊《水》。

34 20世纪90年代初期,张家三弟定和为四姐整理诗词时发现了下文,遂作记:"文中'一间楼室'是我家苏州寓所庭院的北房楼上的一间'东阁'。该屋后来拆除改建高楼,但1953年'当时楼还在',苏州市政府借用,因此之琳兄才有'被接待'住入之可能。……四姐说,她做的诗不死乞白赖要收存,随做随扔,就像吐痰,吐了就算了。因此就有了丢留在故居不闻不管之事,也就有了之琳兄'翻空抽屉'巧遇并被'取走'之事。下兄文中述及四姐'撑篙''驻篙',不仅可能,而是确有其事,这正是她的'淘气'和与人'不同'之处。"(张定和整理:《充和诗词选》,张家内刊《水》。)
35 卞之琳:《合璧记趣》,张家内刊《水》。"依"字有可能是"倚"字之笔误,在此照录。
36 1973年,大弟张宗和致信四姐充和,特地为她抄写了一段1930年8月31日的日记。
37 陈安娜:《恩师张充和仙逝前后》,2015年6月21日。

第三章 上海：海上音信

1931年夏，充和再回上海，刚好是她成年，只是她仍旧怀着不可名状的忐忑。乱世之际，充和出生在这繁华世界。时过境迁，再回旧地，她仍需要时间去熟悉、去发现。

再回上海，充和正赶上一所实验中学的兴办，这所学校对她影响深远。她的二姐允和就在这所学校任教。"我在乐益小学六年级读几天，就读初中一年级。一年后，'一·二八'事变，我们一家去上海。我斗胆考务本[1]，居然考取高一。以后转学光华实验中学，是二姐与她同学们办的。二姐也是其中老师。她住老师宿舍，我住学生宿舍，那是她同耀平兄还在恋爱时，我同她不常见。"[2]

此时充和已成年，她想发挥一些什么。她必须跳出合肥的藩篱，对她来说，苏州只是一个过渡，上海则是一个跳跃。

中　学

光华实验中学是一个全新的学校，它的主办方是光华大学，同级别的有光华大学附属中学。当时，光华大学教育系主任朱有瓛撰文指出："我们希望养成手脑并用、人格健全的国民，使得他们渐渐长成能够应付这严重的未来，我们不敢忘记中国过去办理新教育之失败，我们更不敢忘记如今的国难是日深一日！实中在国难中产生，这尚未周岁的婴儿诞生便逢着这样的遭际，这是时代赋予的伟大使命。"光华大学的先锋、开放以及实验性，是为民初教育的一道风景。很多年后，周有光、张允和还对校长张寿镛的教育理念津津乐道。张寿镛在办学时为维护教员罗隆基的言论自由，直接上书蒋介石重申"公民资格"，请求"言者无罪，闻者足戒"。

光华实中的核心人物是教务主任廖世承[3]，他有个著名的教育理念，即办学者把"智者、愚者、程度高者、低者、知识丰富者、缺乏者，强纳之于一炉"，必会使教授困难，效率低下，程度下降，天才埋没。他曾在《中等学校的学级编制》一文中呼吁："我们办教育的人，当随处替学生设想，减少他们时间和精神的浪费。"在20世

二十世纪三十年代,允和与充和在上海合影。从充和第一次回到苏州寿宁弄家中,到她去上海就读中学,再到抗战时期在重庆相聚,姐妹二人一直联系紧密。即使后来张充和赴美,她们共同的昆曲爱好仍引出了很多的佳话

纪30年代初的上海，廖世承的话具有先锋性，他倡导学生"德智体"共同发展的理念无疑也是具有前瞻性的。

因为二姐允和在光华大学任教，充和提前获知了光华实中创立的消息，早早报名，从而成为这所新学的新生。开放、严谨的校风，不拘一格的教学模式，充分调动了每个学生的兴趣和积极性，让充和身处在这所学校感到释然。她感到父亲办学的不易，想起自己在乐益女中的种种不适，她突然发现自己已经有了悄然的转变，不知不觉中，她成为学校里的积极分子。再看看二姐，当年那个号称要做她老师的丫头，还为她取名"王觉悟"，现在已经成为名副其实的老师，而且身兼数职，国文教员、学校女同学会总务，还管着一个昆曲小组。学校对允和的评价是"热心办事，颇能称职"。

在报考光华实中前，充和不时与二姐通信，一方面对忙碌的二姐怀着关心："我在为你发愁呢，我怕你将来做了先生，会给学生窘住，又愁着你身体太小，站在讲台上不像，如果近视眼的学生，我想除去你那一峰高鼻子以外，他是不会看见你的。"[4]一方面请她放心，自己已经准备好了。后来证明，充和的担心是多余的。二姐在光华大学忙而不乱，工作非常突出，她组织文艺演出，参加演讲，照片常常因此登上上海的时尚杂志，还不时以诗歌表达自己的微妙情怀。[5]从光华大学毕业的文学学士高昌南，在光华实中担任英文教员，对于允和的诗歌颇为欣赏，还发表在《光华实中校刊》上："允和先生的点点滴滴，读过的人都说好，它不仅是有趣的随笔，而且是哲理的明言。其中深意，读者自己去找吧。"

这位高昌南先生后来还翻译了一些英文文学经典。正是他鼓励充和动手翻译作品，可能是充和身上的某些灵性感染了这位英文教师："充和是一个活泼有为的孩子，她像屠格涅夫《前夜》里的海伦，也像莎翁戏剧中的 Rosaline。济慈这篇文章，是我督促她译的。略知西洋文学的人，济慈，当然晓得。"[6]

济　慈

　　在光华实中期间，充和不时参与公共活动，并热心动笔，如校董廖世承在新校址奠基仪式上的讲话即是张充和记录的，洋洋洒洒千言。廖世承在战后失利的情况下看到了中国基础教育的差距，并力主改革学制和课程，至今沿用的"六三三"学制即有廖世承的贡献。充和在记录这些的时候也看到了新学的希望，她愿意跻身其中。在英文老师高昌南的鼓励下，充和翻译出了小泉八云写作的《济慈诗论》。

　　小泉八云原为欧洲人，生于希腊，后因家庭变故流落日本，没想到在日本找到了写作灵感，后来还娶了日本妻子，终老于此。充和身处上海之时，正是小泉八云的作品广泛传播之际。小泉八云笔下的济慈充满着诗意的悲悯，既有可观的阐述，也有温情的关怀。"济慈写诗时很早，在1817年第一次出诗集时，他还是个孩子。他有一点点钱，这点钱够他生活，因此他能免于冻饿，这冻饿的困苦，是无宽裕经济而想从事文学者所不免的……"[7]

　　济慈出身不好，父亲管马房，家中经济窘迫，但他却固执地坚持自己的理想。这一点，打动了张充和。她自己同样是固执的，她在感觉无望的时候，还是敢于去坚持、去争取。譬如现在，崇古的她却又尽力争取融入现代学校的机会。同时，济慈贫病交加的身世对比他超人的天才和纯洁的情绪，也成为充和倾心关注并深有同感的一个原因。充和从小多病，但她从不放弃健康的情绪。

　　　可是济慈终究保持他的自信心，痨病向他进攻但他依旧努力。他第一次的最大痛苦临头，这比许多不良的批评更利害——同一个在文学史上你们知道的波浓（Fauny Brawne）的一幕恋爱悲剧。他在青春感情的时期里，他很热情的爱了她，而她有一时是要向他结婚的。但她是细心的女子，知道这孩子不久要死的，也许她不愿意同他结婚后一二年便做寡妇的，所以她不高兴，也许可以说这种女人是不懂得伟大的爱，不肯为了爱而牺牲的。她是无可疵议的。不过她对于她那可怜的崇拜者要好一点，她无端的激发了他许多嫉妒，所以使他永远在痛苦之中。他一方面太努力文学，一方面受了许多感情的扰乱，生命就如火前蜡烛那样的消溶下去。一八二一年医生叫他赶快到意大利去，当他上船之前，他喜悦地说："我如此死去，一定会在英国诗人之列的。"住在意大利的时间很短，刚在他死前，他又像丢去了一切希望似的，也许因为病后体弱的缘故，他说他的名字是"托于流水的"。现在很奇怪的，这样一个孩子，他文学的历程，我们是大略的知道了，会变到丁尼生，白朗宁，罗色蒂许多人文学上的父亲。还有许多批评家说，拜伦和雪莱之后，济慈是十九纪诗歌最好的鼻祖，我想这样的盛誉，除掉我在前面所叙说之外，要不加以补充是不易使人相信的。不过这是真的——维多利亚时代两个最伟大诗人，差不多每件事都是从他那儿得到启发的，还有另外维多利亚诗人也是从他那里得到不少。很可惜，他到死却没有知道自己的成功。[8]

济慈是天真的，对于感情、生活、创作都是如此，他的一生可以映照在水上，因此他自称是把名字写在水上的人。他视死如归，他从不知道自己的名声已经远扬，他不关心身后事。他像是一个不谙世事的孩子，一直都是。这一点让充和看到了他的超然、纯真，她自己就是想做这样一个人，就像个纯真的孩子。

充和在翻译这篇文章之际发表的作文里曾记述与幼时陪伴自己的仆人的孩子之间的友情，希望他们之间能打破庸俗的身份、阶级壁垒，成为纯粹的伙伴和朋友。她对庵堂里追求光明的小盲女，她对管马房并出租马匹供她骑行晨练的老人，她对敢于追求真爱的婚后私奔的女仆，都抱着非常的、久远的同情之心。这种种的同情之心，时时表现在这篇译作里。这同情里充满着支持，充满着爱意，也充满着对自己理想主义的肯定和自励。

在艺术方面，相对于理性，充和更倾向于感性，"自然的天才""美的本身就是宗教""美就是真""当然是指他的灵魂而不是指他是希腊的血统"等诸如此类的艺术论说打动了充和，让她感受到了一位伟大诗人的灵魂。

海上信

《济慈诗论》翻译完成后，充和眼前一亮，她没想到自己还能完成这样的工作。她一直自卑于新学科，英文不好，数学更差。光华校园常常设立英文、数学的补习班给需要的同学，充和就曾经自修过英文。老师的鼓励，环境的熏陶，让充和逐步走出了不自信。她已经开阔了视野，不再是信中那个有点无助的小妹妹。只是再回头来看她初到上海的信件，我们又会为她的坦诚和敏感所感动，后来这些信件都被老师发表在了校园刊物上。

> 锦！
> 当整个的上海蒙上了黄昏的薄暮时，我到了北站，在车上谁也把我当做男孩子，还有人问我是不是在苏中，我不大说话，只用点头摇头表示回答，所以不容易被看穿。
> 到了光华实中时，已经黑了，二姊不在这里，我真急呢！只有二姊的朋友招待我，把电灯关了，两张藤椅子放在走廊上坐着，对着月亮听他说笑，说东，说西，但是总觉得不惬意，二姊不回来，我看到的另外几个人，大约是先生，又不大像。
> 昨天早晨骑的马，所以晚上在睡梦中还在骑马，二姊在晚上十一点钟才回来，这时我已睡着了，被她脚步声吵醒了。她和我谈学校里的事。大约谈了一个钟头，还是她想到明天我要考试，就停止着谈话；于是我又穿那套学生装扬鞭在虎丘马路上了。
> 考的题目非常难，尤其是数学，都是些初中里所未读过的

英文题目。不要说动笔做,连看也看昏了。我想怕不会有希望,听说虽然是新办的学校,可是录取新生非常严格呢。

我预备在上海逗留两天,等待着录取与否的消息。回来时留什么给我吃呢?这样热的天气水果是很适宜的。

黑黑 八,十一[9]

在上海等待放榜的时候,充和还惦记着苏州的生活,还有在苏州的好友许文锦。两家仅隔着一条大马路,她们有着共同的爱好和话题,常常结伴出游。在苏州,充和每天骑马锻炼,绕着古城跑,扬鞭奋蹄,令人畅快。巍巍却不失秀美的虎丘塔下,一派古迹,她勒马驻足,一身汗水,放目四望,她脸上写着充实的快慰。只是这一切将成为历史。随着充和被录取入校,她开始了愉快但又不时有些尴尬的高中生活,因为有些学科,充和无论如何学不进去。她不禁向在北平的三姐兆和倾诉起来。

三姊!

我里想着北平是不会像南方这样热吧。我又做了三天光华实验中学的学生了,这是个新办的学校呢,朋友们叫我不要进,可是不知怎的,正和我第一天踏进乐益的门时给我的印象一样,无论人怎样阻止,我坚持着要进。这三天来,学校给我的神秘,真是不可解释。正如一个化学教授在实验室里,实验时发生种种的现象,不懂化学的人,一定以为是神秘的魔术。

姊姊,我是高中的学生了,但是我夹了这么一本厚的英文(《人类故事》,*The Story of Mankind*)上课,很有点难为情,懂又不懂,生字一天有几百,这半年要读完它呢。这是从来没有过的事。

上课时不能闹了,第一次上国文课时,国文连着两课,国文先生不下课,连着上。我是因为骑了一暑期的马,心也正如跑马一样的勒不住缰。听着敲下课钟,又听着窗外的初中下课的脚步声音,不自禁地回了一回头向窗外看,国文先生就望着我说:"谁要下课?"我知道除去我心里有了这个意思外,谁也不急着要下课,于是我摇了一摇头说个"不"字。他转过去在黑板上写字时,我就伸了伸舌头。你想,假使我说要下课,他便怎么呢?也许会叫我一个出去的。多难为情!

小妹 九,十二

三姊!

这里地方虽然小,却住得惯,先生和同学们都渐渐熟了。再不像才来时那么沉闷,但是顽的地方都没有。虽然在上海住了好久,还是一个乡巴老儿,到现在只认得个法国公园和四马路的各书店。袋袋里只要有钱,就去买书,可是一买来就给人借去看的书倒不是一定新买的,新买的倒不一定看得到。

一齐初高中只有三个女生,她们都是比我会用功,我现在想正学着用用功。可是在人家用用功时,我看到她们怎样用功,自己便想不起用功;在她们不在用功时,我更不想到用功了。我太不知道什么了。[10]

小妹 十,一

充和茫然四顾,有些无助,应该说她对新学还不算熟悉,对于新式的校园更有些陌生。而此时她对于这一切的适应能力也并不强,她需要时间,需要经历,在出生之地,重新适应。

当校园生活与大自然衔接上,充和的心境一下子开朗了:"学校是我的 Eden 吧,无论是地方怎么小,我却能很尽情的玩,舒畅的运动,定心的读书,希望给我的光明,比这自修室里灯光要亮得多,将来给我的广阔,比这不满两方丈的院子要大得多。"[11]充和致信三姐,像是自己心里突然打了一扇窗:"姊姊,你知道,我要就不玩,玩时就不会有一分钟的静止。昨日的吴淞之游,要算我最快。要唱时,拉开喉咙唱几句,要吹口琴时,就把口琴拿出吹一下,要谈话时,不管先生还是同学,除去仅仅留一点自然的相当敬礼以外,什么话都说,和家里的父兄姊弟一般。在这时,不听见国文先生的'之乎也者',不听见英文先生的'ABCD',更不听见代数先生的'XYZ'。先生绝对不提起书本,学生绝对不想起书本。那些死的印刷品,是永远不适宜在这个地方应用的。我所见到的是什么?是劳苦的农民,是浩荡的流水,是战争的遗迹,是伟大的自然。我们凭吊一回断垣颓垛,就到你常常到的那个江边去,大家都坐着或立着吃面包。白的浪花,顽皮地拍了我一下。格子布的衣襟全湿了,姊姊这又岂是用一个狭义的艺术眼光能欣赏的?"[12] 经历了短暂的战争之后的上海,校园也未能幸免,留下了一处处伤疤式的坑道。这些在自然面前,太卑微了,不可能阻止人们对美善的追求。充和开始介入公共事务,她要让自己逐渐融入集体,成为其中的一分子,而不是游离之外。只是对于一些世事,她还不是太明白,因为从来没有人告诉她。

三姊!

两月来一向不大运动,现在学校里叫我们每天六点钟到体育场去运动,女生去的只有我一人。一位体育指导先生教我拍网球,现在进步得多了,虽然还及不到你,可不再十下就有九下打不到。有时,我也拍篮球,一共不知四次还是五次,前两三次连球也不无接触着我的手。到底是男孩子们,气力大,人又高,一向在女同学中,还算我的球好点;我不相信我们女生一定不如他们,所以就是我一个女生,就是我终场都抢不到球,我都还是来的。看的人都觉得我的拍球很好笑。但是奇怪的是,到了最近一个早晨,我们分开拍时,结果以十四对六,我们一面胜,然而我们丢进六个球,十二分不是吹牛,这真是给一个重大的欢喜。我恐怕还是偶然的事。

早晨拍了球,一天都有精神。写这封信是特地报告你我们体育消息的。等到我再有什么好记录时,再告诉你吧。

小妹 十一,五

三姊！

你叫我答复你的那许多事，现在因为壁报昨天要出版，今天除去自己写稿子以外，还要向他们乞食似的要稿子。现在我知道作诗的困难，情愿自己埋头做事，不情愿来管理这些麻烦的事，下星期一定不干这事。

五弟近来不像以前的顽皮了，但是总不能改得完全，我为了要拿着姊姊的牌子[13]，有时也气闷起来，但却有方法把沉闷的空气改换；这半年来已回苏州四次。都是一点事不为的。学校生活不知怎的，总不会厌烦。回家去不到两个钟头就要想到学校了——真的，我读这半年书，竟没有回家去过两个钟头。家里事我都不大明白，有信给你不？

小妹 十一，十一[14]

之前，唯一让充和感到自己正在经历成熟的是她在面对自己的弟弟的时候，譬如小五弟寰和，小时候被称为"小五狗"，顽皮得很。哥哥们结社玩文学不带他，他就带着自己的一帮小弟兄去扔砖头。九如巷旁有个大公园，门口有一些卖小吃的摊子，小五弟嘴馋了，但因为年龄小，还没能享受到"月费"（只有外出求学的孩子才有月费领取），就赊账，结果过几天给忘了。人家认识小五弟，就找上门来。三姐兆和领着他去把账还了，训他，不要和那些不三不四的孩子混在一起。

四个姐姐平时都疼爱这个一胞最小的弟弟，其实四姐充和的性格并不算好，但是她讲原则。譬如小五弟和小伙伴"赖"在充和的阁楼上不肯出去，还翻箱倒柜，把书弄乱。佣人来阻止时，四姐说，没事，让他们玩好了。然后和他们限定时间，说玩一刻钟后出去，但是没说明这一刻钟里不能玩什么。小五弟和小伙伴几乎没有什么顾忌，顽童的心性哪里有什么忌讳呢？反正小五弟越玩越起劲，后来直接把方便的桶拎到了桌子上，佣人气得实在看不下去了，非要把他们赶出去。但充和说:"是我答应他们可以玩一刻钟的,时间没到,让他们继续玩。"就这样,小五弟和伙伴们得以"大闹闺房",并安然离去。充和的隐忍中总是具有一种默然的力量。

回到新式的校园,此时的充和开始反思一些东西,在苏州的教育方式是否合适,学校的一些做法是否科学、合理。她曾致信在苏州时的老师白维,言语恳切,态度诚实:"这里的先生们,也正和你那时期望我们一级的成绩一样,都要胜过一级。这样也要你好,那样也要你好。坏的功课要你好,好的功课更要你好。我感到这里最好一点,就在此,先生肯牺牲精神和时间,随便你怎么去问,他总肯详细的对你解释;不是那种贸易式的教育。先生都是为了教育而教育,学生如果也为了读书而读书,不是我吹牛,光华实中不知将来是如何的一个学校呢。"[15] 转眼各奔东西了,她又在反思自己,当时与同学们争执错在哪里。譬如许文锦,她出身杭州大户人家,但已经是没落的贵族。她的母亲早逝,她是跟着在苏州的姑妈长大的,生活不安定,还要照顾家里,哪里像此时的充和生活无忧,来去自由。充和及时发信给许文锦,真挚地表达着她的心里话,也分享着她的小秘密。

锦!

好像女学校里没有这种现象,中学部共总只有两班学生,不能一致的合作,大致原因是为了学生会的主席问题。在这一个小小的团体里,俨然和选举什么大总统似的,分什么派了。看他们忙得多起劲,我总不参加会议,他们乱闹一阵,又没有什么结果就散会了。我记得我们以前的学生,并不如此的,大约是因为他们太有生气点的缘故吧。由此我得到一个推论,虚荣心是男女都有的,不过男学生的虚荣心是在乎掌握威权,女学生的虚荣心是在乎的分数。你看大多数的男学生,太热心开会了,那整个的时间却给开会开去了。女学生大多数是为了分数,课外得不到分数的事是不做的。锦!你却不是这样的人,不是我拍你的马。

　　自修课我在图书馆上，上自修课真是只好骗骗先生，骗骗自己，两个钟头坐在图书馆里，自问成绩，真是好笑！今晚还算好，除了写给你这封信外，还查些英文生字。

　　我想到一件有趣的事报告你，一位教我们国文选的先生，他在上课或下课时的"起礼"一定要整整齐齐，这是学校规矩，非行不可的礼貌，到处都有的。但是有一位国文先生，他第一天就告诉我们不要"起礼"，到了后来，他上课时，我们忘记了，很整齐的立起来。他很无理由的笑着说："谁以后再要立起来，国文分数给他不及格。"我想这真是一件不可解的事！假如我们在上国文选课时，谁不立起来也是同样的受到一个不及格的处罚呢。[16]

从此，充和一直与许文锦保持着联系，直到很多年后在异国他乡，她们还是最好的朋友，知音到老。

海上音

充和的父亲、继母喜欢看戏，昆曲、京剧、现代戏剧，什么戏都喜欢看。为了看戏方便，他们常常住在上海，一住就是好几个月。"1933年暑假，三姐在中国公学毕了业回苏州，同姐妹兄弟相聚，我父亲与继母那时住在上海。"[17]乐益女中学校的事情自有聘请的校长、教导主任和老师们去负责，但家里有什么大事，还需要到上海找父母求助。在上海的充和常常成为信使。

二姐允和与周有光的恋情确定后，周有光因为家境原因迟迟拿不定主意，甚至生出了打退堂鼓的心思。最终在允和长篇大论的鼓励下，周有光鼓起勇气向张家求亲。当时周有光就找到了充和，请她带周家三姐——一位斯文的老师，去上海见张家父母。1933年春，二姐允和与周有光在上海成婚，西式婚礼，吃的也是西餐，

一九三三年四月,张允和女士与周有光先生在上海举行了一场简朴的西式婚礼,照片中可见张冀牖先生(前排左四)与韦均一女士(前排左三)在座。张充和在最后一排(右六),当时她在婚礼上演唱了昆曲《佳期》。

亲朋来宾济济一堂,充和的昆曲又是一个亮点。但充和不懂世故,她按照自己的想法去选曲目,唱了《佳期》。《西厢记》里的《佳期》剧情虽含蓄,却也不乏人间春意,中国式婚礼本就不缺暧昧的闹洞房环节,以为喜庆,在这样的场合,唱一段古典的暧昧情节,也不失风雅。充和对昆曲,一直怀着纯真的意趣,她总以应景为宜,不去过多地追究背后的隐喻;换句话说,她还不够成熟、世故。对于第一个姐姐的婚礼,她更是满心欢喜,她想以最热切的情绪表达祝福，至于《佳期》这样的戏和词，在她看来，再合适不过了，意在形先，心在意先，充和一直这样诠释着自己的昆曲。

紧接着是三姐的婚事，沈从文到张家上门求亲，充和对他印象深刻。一个很会讲故事的作家，温文尔雅，缺乏自信，却义无反顾，最终他实现了自己的爱的梦想。"那时我爸爸同继母仍在上海，沈二哥同三姐去上海看他们。会见后，爸爸同他很谈得来，这次的相会，的确有被相亲的意思。"[18]

与此同时，大姐与昔日的昆曲名角顾传玠之间隐隐约约的爱恋似乎也到了"佳期"。姐姐们接连好事不断，让充和为之欣然，和家里的弟弟一样，她喜欢参与这种喜事，乐意看到这样的美满。只是她自己，更愿意陷入另外一些看起来微不足道的"好事"，并乐意与姐姐一起分享。在学校里，她致信三姐：

三姊！

这封信是向你诉苦的，也许是告状的，被告是谁呢？是我们房间的老鼠。真是讨厌得很，老在书架上跑来跑去，写好给你的一封信给它撕得不成样子。还在日记簿的封面上撒了一滩尿。真拿它没办法。

同房间的一位同学，她从亲戚处带了一匹（注：原文如此）猫来，今天才来，一半怕羞，一半想家，怪可怜的，我不去窘它。它是个女孩子，性情温柔，但是一对眼睛非常英俊，听见那里有响动，眼睛非常凝神地听，跳起来也很勇敢，因此我们的英文先生给它个名字叫罗蕊林（Rosaline）。也怕多人，在没有人时，我从床底下把它抱起来抚慰它，马上就和我熟了。

今日果然没有老鼠声音了，这是罗蕊林之功也。以后，还把许多粟子谷拖到书架里去。尿，尿，真糟透了，和它拍照给你。

小妹 十二、十七 [19]

重回上海，充和似乎又找到了童年的乐趣。她不大去考虑大人们的事情，更愿意把心思放在这些小闲事上，似乎这也是她自我弥补童年缺憾的一种方式。但在学业方面，她并不气馁，并鼓起勇气报考了最高学府北京大学，只是在报考时用了个化名，这可能是她还不够自信的隐约表现。只是结果令人意外，她被超常规录取了，而且还上了当时的报纸。

萍 聚

时间到了1946年秋，此时的上海充满了喜悦和欣然。战争的胜利让很多人感觉终于呼出了一大口气，前途大好。

张家十姐弟第一次聚首上海，一家团圆。二姐、三姐都已经有了孩子，大姐已经成婚，六个弟弟也各有事业并有成家者。充和的年龄已经不小了，但家人从来不去干涉她的婚事，一如已经去世的张冀牖，从来不干涉儿女们的人生大事。孑然一身的充和，虽显得有些形单影只，但又是充实和忙碌的。她忙前忙后地组织团聚事宜，在上海懿园一处老将军的大宅院里，十姐弟和他们的孩子的吃喝拉撒睡都需要安排。

全家互诉衷肠，讲述战时各自的情况，以及对于未来的计划，并商量着恢复苏州之家，尤其是父亲创办的乐益女中。充和踊跃担当，她不仅拿出仅有的积蓄，还当了首饰。对于父亲，她总有一种不同于三姐妹的别样感受。况且她是一个人，暂时还不需要为小家庭考虑。战时的历练，让她对于未来的工作信心满满，而且此时她已经接到了邀请。战后百废待兴，院校正需要她这样的人才。

姐弟们在久久空置的府邸里唱响了昆曲，一家人中有的是演员，小生、闺门旦、正旦、小花旦……昔日上海的张宅里也充满这种热闹和雅趣吧，兜兜转转，似乎历史又"回光返照"了。只是旧貌新颜，物是人非，老者已逝，新生的正在茁长。

一九四六年夏,张家十姐弟在上海逸村聚会。照片中是元和(右三)、允和(右二)、兆和(右四)、充和(左二)与亲友合影。她们个个身着朴素的旗袍,充和还穿着时髦的镂空凉鞋

他们请了导演万籁鸣掌机拍摄,大合影,小合影,兄弟合影,姐妹合影,大人与孩子们的合影等等。十姐弟像是四散的浮萍,重新聚在短暂平静的水面,欢欣的气氛弥漫在水云间。只是今日一别,何时再聚?

徒留曲音在水面。

上图:一九四六年夏,历经抗战磨难和分离的张家人终于有机会再聚首。当时住在上海的元和女士召集大家一起聚会,张家十姐弟从四面八方赶赴上海团圆,还拍摄了大合影。为他们拍照的人正是上海有名的摄影家万籁鸣兄弟。这张原版全家福照片是最近在张宗和女儿家发现的

下图:一九四六年年底,周有光先生被新华银行派往美国工作,当时允和随行,全家人到上海招商码头为他们送行。送行队伍中可见张定和(左一)、张充和(左三)、张元和(左四)、张宇和(后排左一)、张宁和(右一),还有继母韦均一女士(中间拎小包者)。因为周有光、张允和要去美国两年,这是张家一件大事,全家人在送行之后在码头合影留念

抗战胜利后,张充和女士与大姐张元和女士常在上海参加曲会。一九四七年九月二十五日晚,她俩在上海闸北浜桥实验戏剧学校演出,当时与俞振飞先生搭档演出《白蛇传》,精彩绝伦,不少到场名家称赞不已

1947年金秋的一天,充和受邀到上海参加曲会,同时参加上海的公开演出。再回上海,充和已经成熟许多。有一次,她与赫赫有名的名角俞振飞对戏,演出《白蛇传》里的《断桥》。俞振飞扮演许仙,大姐元和扮演青蛇,充和扮演白蛇,地点在上海闸北浜桥实验戏剧学校。演员不乏名角、曲友,观众中不乏曲界有识之士、文史名人,如作家叶圣陶、历史学家王伯祥。他们都是拖家带口前来看戏,看完后记日记,兴奋不已:

散馆后径与清儿北归,就饮其家,……径赴横浜桥实验戏剧学校,观虹社彩排昆曲。……所遇熟人甚多,爱好此道者,几无漏列矣。八时开场,十一时半终局,凡七出,录目如次:
长生殿·小宴(赵景深饰唐明皇,李希同饰杨妃)
……
雷峰塔·断桥(俞振飞饰许仙,张充和饰白氏)
从容听歌,怡然五方,虽闷热亦不之觉矣。比散,余与珏

人、润儿及秀姊弟同乘街唤汽车以归。到家浴身已十二时半矣。余近习夜睡不得过十时,否则失眠。今竟逾此限过久,遂不得好眠,听漏待明而已。[20]

一向谦逊、诚恳的叶圣陶先生看戏后,喜不自禁,欣然在日记中记下:"以项馨吾殷震贤之《佳期》,俞振飞张氏姊妹之《断桥》为佳。"

著名曲家周铨庵记得,在1948年前后她在上海跟张传芳、朱传茗、沈传芷等名家学戏时曾与充和同台演出。周铨庵的夫君谢锡恩精通中外音乐,小提琴拉得很好,充和常与他探讨昆曲的音律。很多年后,充和还记得这样的场景:"我同锡恩先生在1947年曾共同整理过昆曲。1948年其夫人周铨庵女士在艺术学院同台演唱昆曲。她演出《长生殿》中《小宴》,我演《牡丹亭》中《学堂》《游园》。这是我去国前最后演出的一台戏,已成不可磨灭的记忆。"[21]

此后半个多世纪过去,上海滩巨变,旧影尚存,少归少,终归还是有的。

四阿姨

雨下不停,从玻璃窗望出去,成片的上海老洋房屋顶,经过雨水的冲刷,格外地具有历史意蕴。洋房的边界是拔地而起的群楼,一幢比一幢高,没有最高,只有更高,高到不可企及,年逾九旬的充和女士就是这样远眺着窗外。

"四阿姨,进来休息休息吧,待会曲友该来了。"孙天申来喊充和女士进屋去。她比充和小二十岁,也已过了古稀之年,但举手投足间依然是闺门旦的余韵,她的声音轻柔但准确。

充和与孙天申的相遇,就像是久别重逢,又像家人般的遇见。1982年1月14日,美国时间,时在夏威夷檀香山。孙天申应邀参加一个在博物馆的昆曲演出,现场来了很多观众,当时她的角色是《牡丹亭》里的杜丽娘,春香的扮演者是语言学家李方桂的夫人徐樱。

演出前的排练现场，站着一位昆曲女演员，她看徐樱的"春香"不是太好，就说我来吧。两人一试戏，效果大好。女演员就是张充和，徐樱是她的昆曲弟子。充和当时另有角色，《牡丹亭》的另一折《思凡》，她固定扮演杜丽娘。但这一次她却主动客串起春香。

演出时，孙天申的大家闺秀杜丽娘稳稳地，优雅到底；充和的小花旦春香不但演得好，唱得更好。孙天申从六七岁就跟着爸妈在上海看昆曲，一生中从未离开过昆曲，后来还拜俞振飞为师。听完充和的昆曲后，她一下子回到了昆曲的传统时代。是的，老早时候的昆曲就应该是这个样子的，听起来格外亲切。

演出圆满结束，两人的大幅剧照被刊登在当地报纸的头版，题名《中国戏曲时间》。这是两个人的名字第一次被排在一起，从此两人就没有断了联系。一曲终了，两人相伴游览夏威夷。张充和住在纽约，孙天申住在檀香山，两人都有美国驾照，但是都不开车，结伴而游，看海看山看戏，还经常在一起拍曲。

曲终，人聚。

1983年，张充和回国探亲，她为昆曲而来。这一年，充和来到上海，住在孙天申家里，那时孙天申还住在老房子龙门村里。两人再见如故。孙天申去拜访了与昆曲有缘的大姐元和、二姐允和，仿佛家人。因为爱昆曲，孙天申经常往返中美参与演出和曲会。多年前，上海昆剧团众多名角得以第一次登上上海大剧院的舞台演出，与曲家孙天申数万元的资助关系密切。孙天申曾疾呼闺门旦后继乏人，并致力于培养新人。这一切，她说要向四阿姨学学。而另一方面看，孙天申身上的人戏合一，让充和为之生出了亲切吧。

2004年，充和再次回国，仍旧住在了孙天申家里。此时，天申女士新居在黄浦区一幢高楼上，视野开阔，闹中取静，还靠着城隍庙。

充和在这里住了十多天。孙天申也是一个人住，两个人一个在南，一个在北，一墙之隔，像是母女。有趣的是，充和的房间正是孙天申女儿的房间。女儿已经远嫁美国定居。房间正对着大阳台，明亮，开阔。房内摆设红木家具，雕刻着成架的葡萄和美丽的花纹。

一九八二年,张充和(右)与曲友孙天申女士在美国夏威夷合影。二人在美国夏威夷一见如故,在精彩的合作之后她们成为挚友。张充和回国后总会住在孙天申在上海的家中,与曲友们聚会拍曲,孙天申称张充和为「四阿姨」

"那时候,四阿姨每天四点钟起床,自己冲杯咖啡喝,然后练字。四阿姨衣食简单,自己照顾自己,一点都不麻烦。"天申家对面就有很多饭店,四阿姨尤其喜欢吃江浙味的虾仁和"爆鱼"。闲暇时,两人结伴去城隍庙逛逛,顺便尝尝小笼包、小鲜汤。

因为充和的到来,孙天申家每天最大的节目就是拍曲。几乎每天都有曲友上门来,有专业名家,有寻常曲友,笛声悠悠,春光煦煦,那是充和最惬意的时光。间隔着,也有好事的人跑来问充和讨要书法,写个条幅,写个扇面什么的,满意而去。

《寻梦》《絮阁》《琴挑》……充和一曲接着一曲,总也不嫌累似的。同在的曲友欢欣鼓舞,有"传"字辈传人倪传钺,上海曲家叶

二〇〇四年,张充和再次回国,仍旧住在了上海曲友孙天申女士家里。充和在的时候,几乎每天都有曲友上门来,有专业名家,有寻常曲友,笛声悠悠,昆音袅袅

惠农、甘纹轩等。充和对他们待若亲人,直到临别时还说:"我明年还来,我明年还来。"

这是充和最后一次回国。

孙天申记得,四阿姨当时说了自己的孩子,说他们的血统,说他们的成长趣事。说这些家常的时候,充和会自然地操着不是那么字正腔圆的上海话,似是长在异国他乡的"阿拉上海人"。天申念念不忘四阿姨的曲音:"她唱的是标标准准的昆曲,她主要是唱,唱比演多,可见功底,她唱的字正腔圆。"

天申说起四阿姨总是轻轻柔柔的,不紧不慢,像是在说戏,又像是讲故事。她慈祥而平静的白皙面庞上,总让人感到一种对家人一九八九年十月二十三日,张充和为孙天申写了《石门颂》,由楷入隶,笔笔工整,但是却在落款处写上"天申留擦锅底",可见充和女士的自谦。孙天申女士说:"四阿姨(张充和)太好玩了,这个我一定要好好保存着。"

的牵记,继而生出一种自然而然的回家之念。有时候她一个人在家里,会莫名地自问:四阿姨是才女,什么都会,我什么都不会的,怎么就和她成为好朋友了?

告别充和后,孙天申常常陷入黯然,总有一种遗憾萦在心头。如今,她依然将房间保持成四阿姨暂居时的原样,有曲友来看,她就指着空空的房间、空空的大床,还有空空的客厅,显得有些失落。她拿出充和送给她的字幅,端丽的小楷,雅韵十足,落款处分明写着"天申留擦锅底"。不是家人,哪里会如此地随意、顽皮?

上海对于充和是剪脐之地,这种自然的留恋,让她对于故地的曲友更生出了别样的亲近感。这份感情,从1913年铁马路图南里石库门里的一声啼哭就已经注定了。

注 释

1 民国时期上海一所女校,全名为上海县立务本女子学校,后合并为上海第二中学。
2 张充和:《二姐同我》,张家内刊《水》。
3 廖世承,字茂如,上海嘉定人。民初毕业于清华大学后留学美国。1919年获布朗大学哲学博士和教育心理学博士。在布朗大学,他专攻教育学、心理学,获硕士、博士学位。成绩优异,回国后任南京高等师范学校、东南大学教育科教授。他致力于教育科学实验,参与创建中国最早的心理实验室之一,即南京高等师范心理实验室,并与陈鹤琴一起进行心理实验的研究,在实验的基础上,编著了《智力测验法》一书,列有实验方法三十五种。
4 黑黑(张充和笔名):《信》,《光华实中校刊》第一期,1933年。
5 "我不愿追念过去;更不愿理想未来,可是现在,又只是惆怅。我要追寻这过去的欢畅,那真是像一个渺茫的梦。不知在何处,曾有这轻地、美妙地一刹那,茫茫地我竟捉不住她。我不爱白日,更不爱黑夜。白日太分明,黑夜太渺茫。我爱太阳刚出的黎明,月亮将上的黄昏,他叫我模糊。……"——《点点滴滴》(张允和,《光华实中校刊》第一期,1933年。)
6 高昌南:《编者的话》,《光华实中校刊》第一期,1933年。
7、8 小泉八云著,张充和译:《济慈》,《光华实中校刊》第一期,1933年。
9—12 黑黑(张充和笔名):《信》,《光华实中校刊》第一期。
13 即架子。
14—16 黑黑(张充和笔名):《信》,《光华实中校刊》第一期。
17、18 张充和:《三姐夫沈二哥》,张家内刊《水》。
19 黑黑(张充和笔名):《信》,《光华实中校刊》第一期。
20 王伯祥日记。
21 谢锡恩撰,陈安娜编:《中国戏曲的艺术形式》,香港中国语文学会1986年版。张充和的序言写于1985年2月1日。

第四章 青岛：病余随笔

很难想象，一个正处于大好年华的女子，从北京大学病退时会是什么样的心情。彷徨之后伴随充和的是近乎绝望。

> 预备再写上一个暑假的"病余随笔"，以后便不想再继续写了。记得一位朋友说："如果你的病能维持原态，还可挨上七八年，如果有个小变更就难保了。"他又不是医生，可是我有几分相信他。若写上七八年的"病余随笔"，那真可观了，但是有时虽病却不余，则笔也无从随了。[1]

1936年，张充和学业遇阻。她突然开始往回看，回到合肥的幼年时光，看看自己有点陌生却逐渐清晰的一路。这一年的夏天，张家大弟张宗和从清华大学毕业，当很多同学忙着找事做的时候，宗和却想找个地方去避暑。宗和并非因为家境优越而安于享乐，主要是父亲催他回家到乐益女中任教。宗和总觉得在自家工作脸上无光，想出去自己闯一闯。

暑假前，宗和即与在家的四姐通信，说准备去海滨城市青岛走走看看。那里，曾经是三姐与沈从文的浪漫之地，也是不少学人、曲友的聚集地。在家养病的四姐也在寻找一处安静的栖息地，于是一拍即合。

宗和通过同学找到了青岛的一幢海滨别墅，并邀到了另外一位同学前往。他从北平乘坐火车到济南再转青岛，充和则取道上海乘船前往青岛。充和来之前还做了一点"功课"，听说恩师沈传芷先生正在青岛，就寻到了他的电话、地址。说来有缘，这年春，沈传芷随"仙霓社"流转演出于杭、嘉、湖一带水路码头，后携同人一起离班赴青岛青光曲社授曲。姐弟俩相逢后即联络昔日的恩师沈传芷。很快，曲人团聚，济济一堂，好不热闹。

海向我笑

青岛曲界的活跃令姐弟俩感到意外，但充和心里是欣喜的，无论何时,与曲友相处,总是让她最感愉快和放松的,这会有利于她养病。

别墅位于青岛太平路,静寄庐是南浔儒商刘锦藻的旧居。为了赶大曲会的演出,充和自制旗袍,一晚上就加工出来了,只是有的地方是糨糊贴的,但样式并不落俗。

青岛曲友有业余组织,有家族参与,有专业的曲人,有冠生,有老旦,有闺门旦,有小生,远道的,本地的,都很热心。青岛曲社中路家是大家族,全家中少爷、四个小姐及老爷、老太太都来参与曲会,七八岁的小孙女也会唱《小春香》。路家还提供汽车接送来往的曲友们。

大曲会上,大家各展腔调,虽然唱法不同,但曲音相近,容易

一九三五年摄于青岛。当时张充和病情严重,但在她的字典里似乎从没有个「怕」字,从她那一时期的文章里可见一二

这张照片摄于一九三六年,右边的女孩是孙凤竹,后来成为张宗和的夫人。张宗和先生曾为这张照片做注:地址为「青岛华山路六号」。这段姻缘的「红娘」正是张充和

沟通。在人群中,一位姓孙的小姐曲音婉转,外形宜人,令宗和一见倾心。充和在一旁也觉得这小女子好看,虽然不是那么漂亮,牙齿也有点稀。充和用了一个英文词来形容——charming,可爱又有点迷人。她不过十五六岁的样子,短发,不打扮,俨然中学生模样。

在曲会上,充和、宗和还遇到了一位相识的老曲友。交谈之下,此人竟然对张家祖父张华奎的事迹很熟悉,因其长居四川,张华奎曾就任川东道多年,直至病逝任上。老曲友对于祖父的褒奖,让姐弟俩为之欣然,没想到此时还有人记得祖父的功绩,就连他们自己也都不甚了解,毕竟祖父去世时父亲还不到八岁。

青岛的曲友，唱法不同，"因为大家都还唱清曲，也不嵌白，有的还要带铺盖[2]。因为我们在苏州所参加的大曲社都不看本子的，但我们总留心听别人唱。我们唱完了，他们也都拍手了"[3]。充和很快与一众女曲友熟悉了，双方交流唱法，曲音缠绵，一直持续到深夜方才散去。静静的夜里，充和与大弟宗和睡不着，就讨论起曲友的唱法。大海的浪声传来，隐隐约约。

此后很多天，充和与曲友畅游青岛，并在海水浴场游乐，尤其常与新认识的孙小姐一家下水游泳。孙凤竹家在镇江，但在青岛长大，水性很好，她教充和、宗和游泳。一旁孙凤竹的父亲套着游泳圈走来走去，算是"游泳"，让姐弟俩觉得很好笑。

细心的充和发现，宗和已经对孙凤竹有点着迷。他把自己埋进海边的沙子里，以遮掩起自己白白的身体，只是因为孙凤竹说同学们说他皮肤白，他觉得这在海边是件丢人的事。他偷偷地观察着游泳的孙凤竹，"她……丰润而不肥壮，很玲珑。可惜她那件泳衣太大了点，一沾上水更松，常常背心会掉下来，露出小部分丰满的胸部来。我常叫四姐替她重新挂好，但有时她正游得上劲时，却讨厌人去惹她。而海水浴场就很少有这种有伤风化的思想。我们太顽固了"[4]。

孙凤竹十七岁，活泼大方，对人友善，说话直爽。充和很喜欢她，还教她化妆。她对充和说起，大家初见充和时，见充和搽了口红，又听沈传芷说他们来自上海，还以为充和是戏子；后来充和唱曲，唱完了大家拍手，充和又站起来向大家拱拱手，于是大家更肯定她是戏子了，他们认为只有戏子才会冲大家拱手答谢。其实在苏州，唱曲子的老规矩是唱完向大家拱手。孙凤竹毕业于新学，字也很漂亮，直言直语，让充和觉得她是真诚的、可信的。她常会开宗和的玩笑，说很赞成他们交往下去，尽管此时两人并没有产生真正的恋情。

孙家很热情地招待充和、宗和，几次请他们到家里去吃饭。宗和不能喝酒，孙凤竹就偷偷给他倒了汽水和一点啤酒，明眼人都能看出来点什么。但是没多久，苏州家里又来电话，催宗和回去到乐益女中教书。而充和因为是病人，不受家里约束。

宗和走的那天，充和叮嘱他到了上海帮孙凤竹购买三花牌胭脂，因为她还要继续教凤竹化妆。也正是因为这个由头，宗和才得以继续与孙凤竹联系通信。离别的时候，充和、孙凤竹和一个朋友来送宗和，当时他们买了三卷纸带，孙凤竹的那根是紫色的。"青岛丸"号缓缓驶离海港，它鸣叫着，劈开了一条水路。宗和与凤竹四目相对，远远的，紫色带子断了，但两个人的心一下子近了。

留在青岛的充和继续享受着宁静的时光，她常常沉浸在海滨的夜晚：

> 今晚海向我笑了，月亮在山头上露出一半来，我穿着睡衣伏在窗口向外看。夜是静得可爱，自然又给我一个莫名其妙的吸力。反背着门悄悄地到石台上的石凳上坐着，可是还不如在窗口上看到的海多。因为石台四周是花，是最俗气的洋花洋草。我下了台阶一步步走到海边，也仅仅八九步就在海的边沿上了。浪花打在石上，无边际的波浪又在奏着自然的音乐了。我穿的是双拖鞋，沙子又非常顽皮，时时攒进来，索性脱了鞋，赤着足踏在沙上倒也很舒服。我又跨过几块石头，坐在一个伸在海水里的石头上，我展开两臂向天空，向月亮，向大海，我又不是祈祷，但是我的臂不能缩回来，因为天空、月亮、大海，还有水面的山，山外的小岛，它们太爱我了，我自己想到底我没有去爱它们。完全是它们，它们以一切人间找不到的美来引诱我，它们抓住我一点弱点——爱美，它们以一切人间找不到的静来引诱我，又给它们抓住我一点弱点——爱静。可是我又爱动，难道它们不动？它们动的比我更动，水难道不动，星星和月亮难道不动？我又输给它们了。我若缩回双臂，是我负了它们，它们若葬我在这里，算它们得了胜利品，得了锦标，算我得了真正的爱。[5]

病余随笔

充和自小身体羸弱，加之肺部疾患，人也很瘦，曾经一度躺在医院的病床上。她唱曲的时候，曾有人劝她不要唱了，说怕噎着了，但她不管，仍旧继续唱下去。后来她索性放下了体温表，带着决绝的气势。

> 脾气更加坏了，无论什么使人吃不消的话，要说就说，把任何厚薄的面幕都去拆穿他。人们都说我病害得变态了。其实他们才是变态呢，若不以我为梦呓的话，我又要说了！
> "世界上只有孩子、诗人与病人是最健全的，他们敢理想普通人所不敢理想的，敢说普通人所不敢说的。"我希望我有机会多增加点热度。[6]

充和不知道自己的前途如何，因为就连自己的生命长短都还是未知。她想反抗，也想过好好休养，期待有奇迹出现。她不甘心，多少个夜晚，她一个人已经熬了过来。现在她已经二十三岁了，这对于一个女子来说，不算是太年轻的岁数。可是，她依然无助，最令她愁苦的是无人能解她的愁苦，不了解，不理解。最为知己的大弟也回去了，她颇为惆怅。

此时，美丽的海滨反倒成了惆怅的注脚：

> 青岛这地方简直美得使我发呆。我真愁着过一些时候，我会变成最不会说话的人了。幸亏在寂寞时，有一支笔可以乱涂涂，但是描也描不出，画也画不出，写也写不出。在感到有一点微风时，浪花轻轻地拍着沙滩上的石块，那石块像老祖父一样立着一动不动，尽着他孙儿们来顽皮。[7]

一九三五年,张充和在青岛海边养病时留影,那时她生了严重的肺病,身体瘦弱

在无边无际的海边,她不时积极,不时消极,不时建立什么,又不时推翻什么,反复无常:

> 立在岸上使人有点愉快又有点发愁,一点点的帆船,一缕拖在水边和天边的黑烟,太阳把海水装饰得金碧富丽,若是没有太阳,海水便碧沉沉地像深刻得多了。我尽会无聊想起许多古人的词句来,什么"过尽千帆皆不是",什么"浪淘尽千古风流人物",自己想想也会好笑,这些上了霉的梅酱,会在这样伟大的海边想出,亦可见我的酸气。8

于是,充和寄情于自然,她在合肥时就曾这样做过,花花草草,果木梧桐,自然之物都是最好的朋友。它们不会背叛你,却会聆听你;它们不会迎合你,却会陪伴你。充和对着月亮低语,对着云海落泪:"我用劲一眨眼,一串又是一串欣喜与愁做成的泪珠,它们溜往海里去,我眼睛又开始明亮了。明亮又有什么好处?是我娇养坏了这双眼睛,我纵它们去发现自然,我纵它们去揭穿面具,我要它们去找寻'真'。"9

在自然中陶醉自己,也是面对愁苦的一种自我麻醉。充和想超脱一些什么,自然万物,神秘的空间给了她无限的灵感,与其安于现状,不如寻找自己的另外一片天。充和回到世间,她开始与陌生的孩子们为伴,她要走过去,主动的:

> 海边的孩子们在捡活的蚌螺,我也下到水里去,他们见到一个陌生的人来,装束又同他们不同,于是都围绕着出神的看,我同他们玩熟了。他们送了我许多螺壳同蚌壳,又问我住在哪里。
>
> 我指着我的住房给他们看,他们都觉得奇怪,似乎说:"你这样一个远方人怎么会住得这么近。"其实有点说不通,我既然来了,当然可以住在这海边,他们老看着我。问我的鞋子怎么会通花的,小大衣的领子怎么会这样做法,还有许多不能回答的问题要我回答。我只好说:"这是南方文明的都市中(可是我马上想起他们实在不懂什么叫做'文明的都市',因为这些孩子们并不曾读过教育部审定的小学教科书)的一种作兴,一种时髦,我这双鞋子同这件大衣已老早不时兴了。可是你们用不到去知道它们。它们对你们是没有益处,为什么老看着我?转过脸去看大海。海的教育胜过一切教育。你们这些明亮眼睛;希望它们永远不要见到所谓文明。"他们都四散去捡螺蚌去了。赶走了他们,我又觉得太寂寞了点。10

海上仙山

"泰山虽云高,不如东海崂。"久病之后充和决定走出去,直奔海上仙山。

充和与一班人乘坐旅行社的汽车往崂山去,旅伴中有孔姓老先生兄弟俩。汽车攀爬在环山公路,陡峭险峻,几乎看不见山路,白云绕山,时隐时现,老先生吓得直冒汗,手里紧紧抓着车窗旁的丝绳,脸上的表情一度让充和想到了《孝经》《论语》,"什么'身体发肤,受之父母,不敢毁伤',什么'不孝有三,无后为大',因为他没有儿子,也许还没有太太吧。他说:'假使汽车从路旁滚下去,还没有人回去报信呢。'我说:'这倒请你放心,汽车夫自己也要性命的,又不是"一·二八"时满载日本炮火的中国车夫,一直开向水里去,那样牺牲是落得个青史名标的,况且这路旁是石栏杆,车夫又不神经病。除非是现在山崩了。'他面上听了这番话,装英雄,不作声,可是汗还在出,一忽儿那束丝一般柔白的云在我们下面了"[11]。

来到九水胜景,充和略坐片刻,吃茶后再爬山。"怪石嶙峋路可封,一川九曲出盘龙。溪边疑有胡麻饭,身在桃源第几重",美景归美景,但充和决定不当英雄,她的勇敢、无畏不是非理性的。她忆起在苏州攀爬天平山的教训,逞强上去,下来就发病了。她深知自己不能晒大太阳,尤其不能在大太阳下长途跋涉,但她又不甘心就此放弃前行。于是她雇了一顶山兜,一种看上去有点危险类似山轿的交通工具,且常常会头在下脚在上。身处奇观胜境之中,充和突然体会起了米苏章法,山水、工笔、辞藻,再次联想到钟爱的昆曲,艺术种种,其间与自然的关联到底如何。她也在思索:"中国的昆曲皮黄唱法讲究运气工夫,有时收得一根像蚕丝一样细,有时豪放得如美国Niagara的瀑布。一切艺术原是陶养情绪的。诗词有做得或粗、或细、或放、或拘的,歌唱亦然,总没有极满意的运气工夫。究竟人工薄弱,大自然的运气,大如沧海,小如芥子,没有不是极当心的去工作。这整个的山,或一块石头,一粒沙子,敢说它不精致雄奇么?"[12]充和坐在兜子里,索性不去管它安全与否了,她继续沉入其中,体会着平时难得体会的艺术境界。一切置之度外,唯有自然与艺术。这是充和自己完全没有想到的一个机会,人生得失,不过如此。

充和总是清楚自己在做什么,她的理性里其实是藏着梦想的,这梦想不是虚幻,而是升华,不是空想,而是理想。"爬山是最笨的,与其爬最高的山,爬梦境中最高的山,那才是真正的山峰呢。"[13]

在山上,充和感受到了寻常人的愉悦插曲,如九水附近派出所的警官,他们热情提供帮助,谦虚老实,是山里人的朴素性格。旅友老刘频频热情地为她拍照,看她一个劲儿地玩笑,不禁生气了,后来充和告知原因,旅友恍然大悟,原来他一直把镜头对准着自己的鼻子,充和不禁"想到几个无名的流水,峭壁,我同大石块都有化成他鼻子的危险"。

海的宁静、开阔、包容,山的巍然、险峻、梦幻,无不让充和感到自己的渺小和真实。她似乎一下子找到了什么,是自己,还是梦中的自己?总之,她一下子踏实了,淡定了,平和了,就如同她自己原本的样子。

昆音袅袅

在青岛,充和学戏学上了瘾。她还遇到了一个大曲友——梅兰芳。虽是一面之缘,他给予她莫大的鼓励。充和即兴唱起了《惊梦》,梅兰芳倾听曲音之余还问起了充和的家世渊源。

梅兰芳虽知名于京剧,实则早期的昆曲功底也很了得。在上海滩他曾与张家的家师顾传玠对戏,轰动一时。由此充和也体会出昆剧与京剧的区别。后来曾有几个具有京戏底子的学生向她学习昆曲,"第一次以为容易,第二次觉得不易,第三次觉得很难,第四次觉得没有办法。非一朝一夕之功。……即使有录音带,只是练耳朵,运气还得学,笛子他们更觉得困难,说是吹得头昏"[14]。

充和是信一些老话的,"练武不练功,到老一场空",何能"文武昆乱不挡"?充和全身心投入到昆曲中,有病体不代表就是黛玉,能做什么全凭自己。山海不言,静默肃然。她继续练着自己的昆曲,由练到炼:"我一个人练,练到天旋地转,把笛子一甩就倒下了。"[15]

有段时间,她向恩师沈传芷求教《艳云亭》的身段,她太喜欢这出具有挑战性的戏了,尤其是《痴诉》和《点香》的情节。此剧讲述的是萧凤韶之女惜芬,与书生洪绘私下缔结婚约,但惜芬被奸相王钦若列入帝选,幽禁于衙门。洪绘即拦驾上诉,惜芬获释后则装疯避祸,历经艰辛,幸得盲人诸葛暗相助,终与家人团圆。《痴诉》《点香》都是萧惜芬与恩人诸葛暗的戏份,一个真瞎子算命先生,一个假疯女子,演来十分动人。恨也最能考验演员的功底:"肖(萧)惜芬出场第一次亮相是动的,因为她(小姑娘)是装疯,双手高举和戏弄她的孩子们说话。等到孩子们走远了,肖(萧)惜芬第二次才是真面目的'亮相',这次亮相很重要……"[16]

当与恩师沈传芷拍了这支曲子后,充和就对其中的身段来了兴趣,当即向沈传芷请教。沈传芷说他没有这折戏的身段,但他说"我老娘家可能有"。"老娘家"指父辈,其时传芷的父亲沈月泉还健在,沈传芷就回家把身段学了,然后再转教给充和,后来又传授给了学生。[17]

充和很快就学会了这出戏,她演得惟妙惟肖。她在隐忍,也在迸发,她要成为真正的自己。"我记得第一次('七七事变'前)看到我四妹的《痴诉》《点香》时,二次亮相做得比较足。她望着孩子们走远了,嘴里还在叫,'来呀!来呀!'实际上不希望孩子们再来戏耍她。她收回了眼光,看到她的衣衫又破又脏(看双袖,摇首),有一个无可奈何装疯的亮相,也有一个装疯装得精疲力尽的姿态(双袖低垂,站立不稳),充满了悲哀凄恻的眼神。这样一来,观众才明白她是装疯,不是真疯。(第一次亮相,我是疯子;第二次亮相,我不是疯子,如梅兰芳的《宇宙锋》的赵女真假痴的亮相。)"[18]

奇迹总在不经意间出现。当初曾有医生力劝充和不要再唱昆曲,但充和不听,沈传芷也很包容,继续为之撮笛。唱的人起劲,吹的人欢畅,一个暑假下来,充和好了!这是个奇迹。奇迹不会在每个人身上出现,因为其间还有运气的成分。无疑,充和是幸运的,只是这幸运里头也有着昆曲的功劳。

为宗和定亲

病愈之后,又一个幸运降临在充和身上。

胡适邀请辍学多时的张充和到南京编辑《中央日报》副刊《贡献》,充和抱着试试看的态度前往。临别时,孙凤竹请她在自己的毕业本上留言,充和信笔写下:"世界无穷愿无尽,海天寥廓立多时。"这是梁启超的《自励》句,自负却不消沉,失望却不悲观。旁附充和立在海边礁石的小影,身体瘦小,态度毅然,短发迎风,一袭白色背带裤,潇洒凛然,金光洒在海平面上,波光粼粼,充满了希望的意趣。

这是张充和于一九三五年在青岛海边的留影,并录梁启超诗句"世界无穷愿无尽,海天寥廓立多时"赠曲友孙凤竹

在南京的大半年，充和既编又写，编发了大量的散文、小说、杂文等，与之来往的文友也多了起来，渐渐开阔和丰富了她的世界。她暂时走出了昆曲世界，走入了另外一个戏梦人生，来来回回，不是反复，是阅历，更是成熟。

在南京，充和见证了同在南京教书的宗和与凤竹的鸿雁传情，但宗和不好意思前去。时隔一年，充和再回青岛。那是"卢沟桥事变"后的第三天，她本可以不去，但她已经答应了曲友孙伯父，即孙凤竹的父亲，且此番去她还有重任：为宗和充当红娘。

战事一天天逼近，充和义无反顾赶到了青岛。一去多日不回，报上连篇刊发战事警情，且青岛又是敏感之地，山雨欲来，急煞家人，急急催充和回。直到"八一三事变"当天晚上，充和才从青岛回到苏州家中。此时全家人只有宗和留守，其他人已经提前避难到老家合肥去了。充和告知大弟宗和，亲事已经订下，凤竹全家同意，就连一向严肃的孙老伯都在为此开女儿的玩笑呢。只是对于凤竹的病情他们未及多谈。此时孙家也要避难，往南方粤地转移。

充和与宗和当即从苏州逃出，在太湖边的小镇躲避多天后，继续往合肥转移，最终回到老家肥西张老圩子。此时，上海、苏州、南京接连失守，合肥也有不保之势，充和随着大家往西南而去，一段漫长的不可预知的苦旅已经展开。在此之前，刚刚告别的青岛之旅似乎正在预示着什么，尤其是对于常常独自一人的充和，那时她已然奠定下了什么。

注　释

1　季旋（张充和笔名）:《病余随笔》,《中央日报》,1936年7月19日。
2　曲友称曲谱为"铺盖"，尚未背熟曲子前，要摊开曲本，看谱而唱，又称"摊铺盖"。
3、4　张宗和:《秋灯忆语》,张家内刊《水》。
5　季旋（张充和笔名）:《海》,《中央日报》,1936年8月29日。
6　季旋（张充和笔名）:《病余随笔》,《中央日报》,1936年7月19日。
7、8　季轮（张充和笔名）:《海边》,《中央日报》,1936年7月20日。
9　季旋（张充和笔名）:《海》,《中央日报》,1936年8月29日。
10　季轮（张充和笔名）:《海边》,《中央日报》,1936年7月20日。
11、12　季旋（张充和笔名）:《崂山记游》,《中央日报》,1936年8月1日。
13　季旋（张充和笔名）:《崂山记游（续）》,《中央日报》,1936年8月2日。
14、15　1961年12月6日张充和致张宗和的信。
16—18　张允和:《昆曲日记》,中央编译出版社2012年版,第467—468页、第468页、第468页。

第五章 昆明：云龙庵往事

战火在中国广泛燃起，充和似乎从不知道自己的下一站是哪里，她唯一能做的就是随遇而安。

充和总是随身带着自己的曲谱和笔墨，一旦坚持，便没有什么过不去的坎儿。她不期望出人头地，只愿能保全自己的意志。留得青山在，不怕没柴烧。

1938年，从合肥匆匆逃离之后，充和先去了二姐允和所在的成都，不久即被召到了昆明。在那里她安居两年，主要负责编辑教科书。

抱定四海为家的不仅是充和，早在她之前，三姐夫沈从文就来到了这里。昔日平静的春城，早已经成为中国最高院校的暂居地，西南联大的精英集聚于此。"那时沈二哥除了教书、写作外，仍还继续兼编教科用书，地点在青云街六号。杨振声领首，但他不常来。朱自清约一周来一二次。沈二哥、汪和宗与我经常在那小楼上。沈二哥是总编辑，归他选小说，朱自清选散文，我选点散曲，兼做注解，汪和宗抄写。他们都兼别的，只有汪和宗和我是整工。后来日机频来，我们疏散在呈贡县的龙街。我同三姐一家又同在杨家大院住前后楼。周末沈二哥回龙街，上课编书仍在城中。"[1]

这里气候宜人，条件简陋，生活不安，但却有一种别样的坚持，这正是充和所擅长的。

四小姐到呈贡

呈贡，昆明下属的一个美丽古城，历史可以追溯到西周。"远望滇池一片水，山明水秀是呈贡"，曾在此暂住的社会学学者费孝通如此形容。民国时期，下辖龙街又是一条古色古香的老街，祠堂式的大院尚在，出门即是一派自然："由龙街望出去，一片平野，远接滇池，风景极美，附近多果园，野花四季不断地开放，常有农村妇女穿着褪色桃红的袄子，滚着宽黑边，拉一道窄黑条子，点映在连天的新绿秧田中，艳丽至极。农村女孩子、小媳妇，在溪边树上拴了长长的秋千索，在水上来回荡漾。在龙街还有查阜西一家，杨荫

第五章 昆明：云龙庵往事 123

一九三八年战乱时期，张充和辗转来到昆明，与沈从文一起编国文教材，当时住在昆明呈贡一个大祠堂里，工作之余习字拍曲，在这个名为「云龙庵」的简陋居所里留下了很多美丽而难忘的时光，这是张充和在庵堂简易的案板前留影

浏一家，呈贡城内有吴文藻、冰心一家，我们自题的名胜有'白鹭林''画眉坪''马缨桥'等。"[2]

某种程度上来说，充和是幸运的。战前她虽然辍学在家，但因为被胡适赏识，得以到首都南京编辑《中央日报》的副刊《贡献》。战争爆发后，她顺应大流，四处逃难，但很快就找到了一份体面的工作，这可能得益于沈从文的介绍，也可能得益于她自身在文化界的影响。

杨振声本是青岛大学的校长，早在青岛时即对沈从文赏识有加，后来他辞职到北京主编中小学教科书，也拉着沈从文一起开展这项基础工作。当时编辑了《高小实验国语教科书》和《中学国文教科书》，影响一时。[3] 到了昆明，杨振声身兼西南联大常委会秘书长和教育部代表，先住青云街，后住在昆明北门街大院。沈从文随之搬迁，并将张兆和及两个儿子迁来团聚。沈从文长子沈龙朱清楚地记得："按理说我出生后在北平以及 1935 年妈妈带着我回苏州，我都接触过四姨，可惜我只记得已经是 1938 年在昆明北门街的事了。那个大院子住有一同逃难到昆明的杨振声公公父女、杨荫浏公公、曹安和女士、郑颖孙公公一家、我们一家和四姨。"[4]

正是在杨振声的帮助下，沈从文先是协助其主编教育部的《中学国文教科书》，后进入西南联大任教。主编教科书一事杨振声虽为主编，但主要负责人还是沈从文。想必沈从文了解张充和的词曲功底，特向杨振声推荐其参与编选。不过充和却有另外一种回忆："杨振声，我们都叫他杨今甫，他好像比我父亲年纪还大，却是跟我关系很亲近的老朋友。他当过青岛大学的校长，当时是西南联大的总管，就是秘书长的角色。'七七事变'后我逃难到四川，是杨先生叫我去云南做事的。那时候我们几家人一起，住在离昆明很远的呈贡乡下。"[5] 不过，杨振声对于张充和的尊重是明确的，他虽然比充和大很多，但依然尊称她为"四姐"。充和忆起："那时候的饭桌上，大家都喜欢开玩笑。杨今甫和沈先生都喜欢说笑话，一大桌子吃饭，总是高高兴兴的。开始他们都叫我四小姐，我说，难道我没有名字吗？叫我'充和'吧。

那是抗战年间,我不喜欢人家叫我小姐。可他们也不愿叫我名字,后来他们就去掉了小字,不管大小老少,都叫我四姐,除了我三姐和姐夫叫我四妹以外……为这事,杨先生就在饭桌上开我的玩笑,说:对于有身份的人,喜欢不喜欢,称呼里该省掉哪个字眼,这可是很有讲究的!你看,蒋委员长,大家都叫委员长、委员长的,从来都省略掉那个蒋字,讲究就在这里——就像四小姐得省略掉那个小字一样!"[6]

呈贡龙街的杨家大院是个地主之家,房子足有三大进,据说还曾是蔡锷的故居。因为躲避警报,诸多知识分子从昆明市区搬到呈贡,但并不代表就远离了危险。随着战事的深入,正处于"支援型"的后方已经引起了日军的注意,不时加大空中轰炸力度,跑警报也从城里延伸到了乡下。有一次沈从文带着沈龙朱在田野里就遭遇了空袭,幸运的是躲过一劫,但一位插秧的农妇却被炸死了。再加上瘟疫、匪患、兵乱、物价飞涨等,安逸的边陲小城实则危机四伏,原本清静的河流里常会漂出不忍直视的尸体。但处于一个自发的大集体之下,充和似乎得到了些许安全感。呈贡龙街,一度就是她的家:"'七七事变'后,我们都集聚在昆明,北门街的一个临时大家庭是值得纪念的。杨振声同他的女儿杨蔚、老三杨起,沈家二哥、三姐、九小姐岳萌、小龙、小虎,刘康甫父女。我同九小姐住一间,中隔一大帷幕。杨先生俨然家长,吃饭时,团团一大桌子,他南面而坐,刘在其左,沈在其右,坐位虽无人指定,却自然有个秩序。我坐在最下首,三姐在我左手边。汪和宗总管我们伙食饭账。在我窗前有一小路通山下,下边便是靛花巷,是中央研究院史语所所在地。时而有人由灌木丛中走上来,傅斯年、李济之、罗常培或来吃饭,或来聊天。院中养个大公鸡,是金岳霖寄养的,一到拉空袭警报时,别人都出城疏散,他却进城来抱他的大公鸡。"[7]作家施蛰存常常在沈家见到充和,曾经记述道:"她整天吹笛、拍曲、练字,大约从文家里也常有曲会了。"

此时的张充和不过二十五六岁,身着旗袍,梳着两条粗黑的大辫子,安之若素,按照她自己的节奏一天天度过南渡岁月。

这张照片应该拍摄于一九三九年二月,抗战时期,张家几个姐弟正好聚在昆明(从左至右为张寰和、张兆和、孙凤竹、张充和、张宗和),当时孙凤竹已经患了重病,但是张宗和坚持要与她完婚,张充和为他们筹备了婚礼事宜

一九三九年二月,张宗和与孙凤竹在昆明举行了简朴的婚礼后合影,当时张充和为他们置办了简单的日用品

小坐蒲团听落花

1939年1月13日,张家大弟宗和从贵阳赶到昆明,受教育部派遣前来任教。他的女友,即在青岛拍曲时认识的曲友孙凤竹,年仅十六岁就患上严重的肺病,常常吐血。充和喜欢这个乖巧有才的姑娘,并且与其家人也是要好的曲友。不少亲友都劝宗和,应该先为孙小姐治病,而不是结婚。但充和了解宗和,她和三姐兆和都支持宗和成婚,因为孙凤竹已与宗和订婚,且孙父也在成都病逝,家中几乎无人,以未婚妻的身份与宗和一起逃难,总有种种不便。

婚礼定在当年的2月5日,充和提前就忙活开了,但她心里是高兴的。张家的长子要结婚了,新娘又是她的曲友。她常常在宗和面前夸奖凤竹的才气,还为他们买了新婚衣服。此刻,宗和正坐在充和的房内,给暂住在重庆二姐处的凤竹写信。他提到就在早上,姐弟俩又吵起了:宗和希望凤竹继续念书,读理科,以弥补张家不足;充和不同意,说凤竹的画很好,美术功底好,应该进艺专。宗和说,四姐还是那个脾气,但对她是真心好,来了可以和四姐住,因为她一人住一间房,床也很大。

婚礼那天,在原北大校长蒋梦麟家请客,五桌酒席,蒋太太做了精心布置,证婚人是杨振声,清华大学校长梅贻琦做了演讲,众人闹着要一对新人讲讲恋爱经过。宗和在个人回忆录《秋灯忆语》中记述:"又买了一盏大红纱灯罩,套在电灯上,桌上点着大大小小的红蜡烛,窗子上也是红玻璃纸,床上也是红被面,倒也像个新房。到房里来坐的客人,大多是会唱昆曲的和爱好昆曲的师友,如朱自清、浦江清诸先生,陶兄等。我吹笛子,一直玩到十二点之后,客人才散去。"这场仓促之下的婚礼,倒是为这处偏安之地增加了些许喜色。酒席后新人前去北门街四十五号,那里是三姐和沈从文的家,算是回"家"走走串串吧。接下来去找旅馆当新房,却不得,充和又把自己的房子让出来。

宗和婚后偕妻子到距离昆明一天路程的宣威师范教学,但一个学期不到就提前回到了呈贡。因为那里条件恶劣，导致孙凤竹的病体每况愈下。宗和携妻回到呈贡，仍与四姐充和住在一起。宗和希望妻子与四姐同住，有四姐照顾，自己才能脱身去工作养家。单身的充和对付编选散曲绰绰有余，闲暇之余，她乐于助人，尤其是与自己亲近的人。

此时充和与一众学者合租在一个大户之家，吃包饭，业余生活简单却丰富，除了拍曲，还有流传不衰的知音琴会。"我们当时租住在一座叫'云龙庵'的庙堂房子里，那庙可有意思了，玉皇大帝、观音菩萨、孔孟圣人，全都供在一起。有一段时间唐兰、卞之琳等等好多人，都在云龙庵住过，冰心、吴文藻他们夫妇俩也来过。"[8]冰心直到晚年还记得与梅贻琦、郑天挺、杨振声、陈雪屏等一起听张充和唱昆曲的场景。在充和等人到来之前"云龙庵"并不算知名，当地带"龙"的地名和称呼比比皆是，后来因为有了种种风雅故事才衍生出更多传奇。晚年的充和曾回忆："云龙庵是个祠堂的名字，坐落在龙街上，前面一排房子，里面什么教都有，中国教、外国教、观音菩萨、释迦牟尼。后面有四间房，我租了下来只花了二十块钱，云龙庵也就变成了我的庵名了。"[9]

沈从文的长子龙朱正是五六岁的顽童，他和弟弟虎雏常常跑来佛堂找四姨，看他们拍曲、弹琴，有时候就在临时搭设的小长案上写作业。龙朱对整个大院的结构观察仔细，因为这些结构几乎占据着他的整个童年。"那是一座由两层楼房和高墙围成的大宅子，北面的一座楼足有五十米长，除了正中一个朝北大门洞以外，对外完全封闭，面对内部通条的长方形大院子，一楼一部分出租给一些外来的小作坊（糖坊、小肥皂工厂等），一部分堆放农具，有两间养着大牲口，二楼是粮仓，不住人。那个长方形的第一进大院子，既是收获季节扬场、晒粮、码草垛的地方，也是节日摆台唱戏之处。中间的第二进楼和最南边的后楼由三组侧楼连成一个横摆着的'日'字形，依地势比前院抬高了约两米，组合成左右两个长方形的小院子，那大概就算房主人的内宅啦。我们家就住在第二进的东头二楼，楼下住过孙福熙一家。四姨、杨荫浏先生、曹安和女士，住在后楼，外

第五章　昆明：云龙庵往事　　129

张充和自儿时就跟着叔祖母学习笙箫，长大后接触昆曲、古琴，再后来耳濡目染了不少中西乐器，对音乐有着独到的感悟。这张旧照的情景沈龙朱先生曾经回忆过，说四姨弹奏的是大三弦，时在抗战时期（约在一九三八年或一九三九年）的昆明

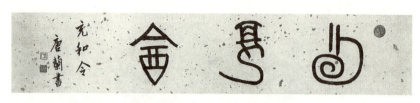

张充和在昆明居住时,她将租住的大祠堂命名为「云龙庵」,但条件简陋,平时与一众学者、曲友拍曲论诗,为那条清寂的龙街平添了几许雅韵。后来张充和让考古学家唐兰为之书写庵名「云龙庵」

省人十分友善,但生活本身是艰苦的。……四姨、杨荫浏先生、曹安和女士与当时也在呈贡的查阜西先生就都在那自己拼装起来简陋的琴案上抚过古琴。我记得当年还专门去过石碑村,在一棵大榕树下,听他们演奏箫、笛、琵琶和古琴。"[10]

古文字学家唐兰曾在北平与充和一起拍曲,后来他到呈贡任教于西南联大,与充和相见甚欢,共诵杜诗。唐兰住在充和楼上,充和请唐兰题写"云龙庵"匾额,唐兰独特的字体古意十足,充和一直珍藏在身边。[11]

杨荫浏作为大院里的音乐家,常常能听到他悠扬的笛声。他比充和大十五岁,很爱充和的昆曲,甚至把充和的唱法注在曲谱里,注明"张充和唱法",时为1939年。充和喜欢杨荫浏的创新做法,他把工尺谱翻译成五线谱,便于传播。充和对他的印象是"算盘打得噼里啪啦响,原来是在给音乐算节奏"[12]。

拍曲之余,杨荫浏为充和题款:"二十八年秋,迁居呈贡,距充和先生寓室所谓云龙庵者,不过百步而遥,因得时相过从。楼头理曲,林下啸遨。山中天趣盎然,不复知都市之尘嚣烦乱。采乔梦符散曲一阕,志实况也。"[13]

在云龙庵,充和唱过《牡丹亭》《琵琶记》《紫钗记》《长生殿》。曲余,她安静地为友人抄写曲谱,文学家章靳以曾听她曲声落泪,她为之抄写了《芦林》工尺谱,连同抄写的杜甫诗《赠卫八处士》

一起赠予靳以:"人生不相见,动如参与商。今夕复何夕,共此灯烛光。……十觞亦不醉,感子故意长。明日隔山岳,世事两茫茫。"笛声悠悠,兰韵幽香,恍惚间,独身的充和似生出一种"一曲微茫"的意蕴。

曲声未尽,弦乐又起。古琴名家查阜西、郑颖孙、彭祉卿等,常来抚琴论曲。他们有的早在苏州即与充和相熟,现在他们各司其职,但向往的还是七弦古意,知音唱酬。张充和虽不以操缦著名,但能听出真音。"查阜西原本什么音乐都爱学,少年时也学过一点昆曲,这时遇到张充和,旧兴复燃;张充和实在太喜欢琴声,也忍不住想弹上几曲。琴家曲人,正堪互授。张充和曾经回忆:'可古琴太难了,结果我只学了一首入门的《良宵引》,就没能继续下去。因为第二个曲子就有"跪指"这个指法,我指头受不了。所以,我一辈子只会弹《良宵引》这一支曲子。'"[14]

很多年后,充和对着旧照,回忆往事,即兴发挥出《云龙佛堂即事》,诗书俱佳,诗文婉丽,富古意,书法遒劲,如水如荼,如云如华:

沈龙朱先生绘,画中描绘的是抗战时期他与四姨张充和在昆明时期的情景

> 酒阑琴罢漫思家，小坐蒲团听落花。
> 一曲潇湘云水过，见龙新水宝红茶。

充和一袭朴素旗袍，仕女脸庞，两个随意的大辫子，一双时髦的搭襻皮单鞋，小坐蒲团，岁月淡然。身旁的案上干净简单：茶壶、茶杯、袖珍的果盘，案子下可见两只纸箱做支撑，纸箱上赫然是美国燃油标识。充和身后是摆放神龛的古式木台，光线昏暗，隐约能看见神明的轮廓，只是不知是哪路神仙。倒是充和的安然令人心安，积极，明媚，恬淡。

有记者在充和美国的家中见过这张旧照，黑白分明，问她："这

充和所在的庵堂里总是很热闹,昆曲人士与一班文人常来聚会雅集,这张照片即拍摄于一次拍曲之后,其中可见音乐家杨荫浏、曹安和、查阜西等人。照片上的充和(着戏服者)瘦弱而婀娜,身上的戏服和头饰还在,与其说这是她的戏服,不如说就是她天然的衣裳。在这边疆的离乱里,在这远尘嚣的古韵里,她依然坚持着对戏里人生的痴迷。据说这张照片的拍摄者正是查阜西,因此他自己的站位很是仓促

是在哪里拍的?"答曰:"1940年,云南呈贡云龙庵。是不是和现在一点都不像了?"

那个呈贡的春天,是独一无二的,没有像与不像,只有在与不在。

四姐的秘密

呈贡时期的充和风华正茂,当别人都是成双成对时,她就显得形单影只了。新婚后不久,宗和即去宣威教学,留下妻子凤竹在呈贡。照顾大弟媳妇就成了充和的分内之事。凤竹在给宗和的信中写道:"今天天气转好了,很暖和,没有风。以后如遇这样的天气我就

可以进城。四姐早上采了梨花来替我插好，放在窗台上，映着窗上白纸，此刻外面的夕阳透进来，真够美的。上午出去走走，道路两边的菜花香得吓人。……三姐今天炖了红烧肉，又煮了鱼，又泡了黄木耳，把屋子收拾得干干净净的等沈从文（因为是礼拜六）。谁知下午接到信说不来了，她颇为扫兴，我倒反喜欢，他不来，那些东西都是我们吃了。……这些太太们每逢礼拜六都要做了好吃的款待丈夫，四姐他们也沾沾光。"[15]

充和与宗和的姐弟情总是那么不分彼此。新婚时经济不敷，宗和就去蹭四姐的日用品，为此凤竹以玩笑口气嗔怪宗和："四姐接口又说那一天他们一对丑夫妻，还搭着档到我房里，一个说要一个说不要（故意的），结果是把我的镜子和胰子盒骗去了，又要骗热水壶……"[16]

充和还教凤竹吹笛子，除了小工调，还有一些旦戏的曲子，丰富她的昆曲戏路；教她抄写曲谱《瑶台》，还夸奖她的字好，到处拿给别人看。那些"别人"都是各有建树的学者，凤竹为此不好意思，于是乖乖跟着充和练字，学写黄庭坚。她的小楷娟秀端丽，抄写曲谱风雅十足。因为自身生病，凤竹有意疏远一些人，但她对充和确实亲近依旧。她致信宗和说充和带着她一起吃饭，跟着四姐一天能吃好多顿，说四姐对她偏护有加，令别人有些不满。充和还致信在上海的大姐元和，希望早先照顾她的保姆张干干能来照顾病中的凤竹。

充和总是尽可能地帮助凤竹做事，她帮凤竹端茶倒水，帮凤竹倒马桶，如果凤竹自己做这些她就很生气。充和嫌弃合伙饭不够营养，希望凤竹吃得更好些，于是单独雇人来开伙。有时候凤竹病得厉害，充和就为她代笔致信宗和，还恶作剧般地用山东话署名"酸疯猪（孙凤竹）"。细心的凤竹总是怀着感恩之心，暗暗观察四姐的生活：四姐又请作家冰心吃饭了，语言学教授罗莘田又来云龙庵吃茶谈话了，曲友殷炎麟又来吹笛子了，"殷老总已由玉溪来住，类似情书的信给四姐，有'有谁人孤凄似我'之句，四姐对他印象（你喜欢用这两个字)不坏,常说他好"。

曲人的心总是敏感的、多愁的。凤竹没事的时候就跟四姐说说私房话,彼此交心。有时候,宗和的信来了,充和也会故意夺过去,还玩笑似的吆喝着说又来情书了云云。当充和生病头痛大发时,凤竹劝她信偏方吃几口云烟,起先充和不肯,后来试验几次果然就好了。充和为之感佩凤竹。

凤竹的肚子一天天大起来,病却时好时坏。充和默默观察着凤竹的肚子,感到从未有过的好奇,这好奇里也隐约反映出她对婚恋的懵懂。凤竹亦不时会有新的发现,例如哪位先生又对四姐有意了。她致信宗和说,有位先生,"他麻醉或者竟是'迷'四姐,例如他说,平凡的人才结婚生孩子,像四姐这样的人,应该好好保护起来。还说四姐靠天吃饭,说我靠夫吃饭(并非玩话)……"[17]有段时间,凤竹决定离开呈贡去宣威与宗和团聚,但她又不舍四姐。而且凤竹还想着要给四姐一个忠告,叫她看人要客观一点:"但我又怕四姐错会我的意思,你看我能不能说?"[18]宗和接信后即回复说这位先生的确是个问题,"不要让他误了我家好姐姐,我想这事等我们要一同离开呈贡时再好好地同四姐谈一下。但她未必听,她个性非常强,从不肯听人家的话"[19]。但没多久,凤竹就对那位先生换了态度。这位先生让房间给凤竹住,还把被子借给凤竹盖。凤竹发现这位先生是真心待四姐好,是出于诚挚的关心,这在乱世之际无疑显得更为可贵。

1940年5月18日,阴历四月十二日,"四小姐过生日,罗莘田、老杨都来了,他们买了大蜡烛寿饼来,四姐要写信骂你,都是你在老罗面前放的岔子,那天四姐做一天寿翁……"[20]这是一个令充和难忘的生日,她对宗和的嗔怪里也透露出对周围朋友们关心的感激。只是,在生日后不久,充和便患了大病。大肚子的凤竹与三姐兆和一道进城,为四姐买了枇杷和罐头。凤竹致信宗和说:"四姐一直没有好,好像是肠胃有毛病,近两日简直不大吃东西,只吃一点水果,而现在又没有水果,烂心的梨子都要三四毛一个,真是作孽。四姐精神大不如前,有时简直不说话,有时也希望有个人谈谈,有时发脾气，琢磨不准……刚才来前楼商量说她的病不轻，胃饱闷，吃一点水都要打嗝，要劝她进城去看好才好。"凤竹与一班朋友很是担心四姐的病情，"因为四姐自己也常常嘀咕，常说到死上去，我们有意跟着她说，好像是玩话似的，她自己真有点怕，神经脆弱得很。所以我问你她从前害肺病在北平时，是不是这个样子？"[21] 充和病情最严重时滴水不进，闭着眼睛沉默不语，凤竹和周围朋友都着急万分，准备进城去找医院让她住院。她写信给宗和说："前天她的'遗嘱'还叫把那管宝贝笛子送给你，因为你同他逃难时曾带着这支笛子走了不少路……"[22]

慢慢地，充和一天天好起来，凤竹不禁致信宗和表达欣喜。她一直记着四姐待她的种种热心：她不时地会向四姐借钱；眼看着孩子要出生，四姐把自己箱子里的大红衣裳拿出来，为娃娃改棉袍，又把法国毛线拿出来，说为娃娃织毛衣；充和还为孩子取了名字，按照张家的辈分取名"以靖"，这是张家第一个孙辈，取张树声的靖达公一字；四姐托在航空公司任职的查阜西从四川空运丝绵给她制作衣服；为了免除小夫妻的相思之苦，四姐还苦心联络，有意去找云南大学文史院长吴文藻说说。

充和总是为了别人，她自己的秘密呢？

凤竹记得几个月前的一天，一帮先生常围着四姐夸她的字好，画好，而四姐只是默默地去了僻静的三义口，回来时带了两只小青蛙，用丝线把它们扣起来，放在一个白瓷盘子里。青蛙是绿的，再放上几颗小石子，水草、浮萍，它们在里面跳来跳去，有趣极了。凤竹和充和一天看几遍它们，还喂牛奶给它们吃。[23] 此时的充和，已经没有了城里编教材的差事，但她却接到了重庆的新工作，并且先期寄来了一百元的薪水，一旁的凤竹为之羡慕。但是充和却迟迟没有动身，又在小城呈贡持续待了很长一段时间。

1943年圣诞节后一天，困顿之下，宗和与凤竹要回合肥老家避难，充和为他们买了茶点。车快开了，两人相望，流泪不止。半年后，凤竹在肥西张老圩子病逝。

六十年后,充和还记得她陪着凤竹艰难分娩的时刻:"记得当你出生时,我到医院看你,真是啼笑皆非,因为当时医生说有些复杂问题,或许大小不能两全,三姑说应该尽量救大,你妈妈大哭说:'我是个废人(她只有半个肺),即使活,亦不能多久,一定要救孩子,留我一条命根。'"[24]

1973年6月,养病中的张宗和到昆明故地重游,发现很多老建筑都拆了,环境也大变:"从北门街走时,我特别注意找了一下从前我和凤竹结婚时的那座小楼(那间新房原是你住的,你让出来为我们布置了新房),还是四十五号,我进去看了一下有点像,又不大像,事隔三十四年,自然模糊了。看到这些旧地,真是又高兴又惆怅,本来凤竹死已快三十年了,和她在一起只生活过六年,往事如烟,浑如隔世……"[25]

唱　酬

我抗战经过的地方最喜欢昆明,天气人情风俗都好。记得在龙街住时,要李嫂去买豌豆,她回来连豌豆带钱向桌上一甩,我说你怎么没去买偷人家的。她说:"这点点豆子鸟都喂了,是天生地长的,又不是人扁的。我们这儿摘几颗豆子吃还不在乎。"我心里老是嘀咕。后来我在简师教国文,有次碰到张三爹,他孙子是我学生,一定拖到家中杀鸡磨豆腐大请一次,还叫孙子挑一担田中新出的瓜豆孝敬老师。我是永远忘不了这样厚的人情。[26]

说起在昆明的日子,身在国外的充和总是感觉难忘,难忘那里人的淳朴、友善,更难忘她在那里感受的患难与共、知己唱酬。充和在给宗和的信中还惦记着哲学教授金岳霖,"北门街四十五号我住得很久,老金还养只大公鸡在那儿,逃警报时,别人向城外跑,他却进城来抱公鸡一同逃。不知他尚在否?"[27]充和记得很清楚,金岳霖人住在西南联大的宿舍，但公鸡养在呈贡的乡下，因此他也常来照顾公鸡。

昔日的西南学界，类似金岳霖的随性先生还有不少，刘文典算是一位，其门下的学生兼好友陶光应该也算一位。陶光与充和的交往源远流长，从北平谷音社到昆明的大学曲社，再从台北到纽约，一直持续到死。清华大学教授浦江清也是曲友。他来到昆明后，就发现电台里正播出学人的曲声，是充和的《游园》。好友陶光则向他介绍着曲人张充和在昆明的曲事。

此时在昆明的学人，多少都对昆曲有点兴趣了。许宝騄，数学界的精英，俞平伯的小舅子，早年即在北平拍曲，在昆明与充和也有曲事往来。这位先生曾"主动交代"，当年充和考北京大学时给她数学打零分的正是他。两人一笑会意，那时真是最好的时光。正在此地的老舍也曾对昆曲好奇，但是总也学不会，后来索性跟在充和戏后面说相声了。在昆明，汪曾祺跟着沈从文先生学写作，也跟着曲人们拍曲听曲，还写了不少曲事。他记得："有一个人，没有跟我们一起拍过曲子，也没有参加过同期，但是她的唱法却在曲社中产生很大的影响——张充和。"[28]

此时卞之琳也来到了昆明，任教于西南联大。他曾自言受一个朋友的影响，对昆曲有了兴趣。他在此地出版了《十年诗草》，题签者正是充和女士。这样的记忆总让人想起一首短诗："你站在桥上看风景，看风景的人在楼上看你。 明月装饰了你的窗子，你装饰了别人的梦。"[29] 这是卞之琳写于抗战前的诗作，很多人把它对应到充和身上。充和待诗人卞之琳可谓如曲友般亲近，风雅无尽，不染尘埃。

1939年3月，曲家吴梅在昆明李旗屯李家祠堂病逝，当时同为曲人的吴梅之子吴南青正与充和、查阜西等人拍曲。众人突接噩耗，顿时愕然伤悲。吴南青向大家磕了一个头后，向李家祠堂奔去。吴梅曾在光华大学教学，是允和的老师，在苏州曾与张家姐妹组织曲社，颇为亲近。闻知当地人准备为吴梅举行隆重的追悼会，充和怀着悲痛，在乡下提前几天就准备进城悼念吴梅伯伯。

张充和一向尊称吴梅为伯伯，经常讨教曲艺，就在抗战前还请其题写《曲人鸿爪》，吴梅欣然抄录了自度曲《北双调·沉醉东风》："展生绡，艺林人在。指烟岚，画本天开。重摹梅道人，依旧娄东派。是先生自写胸怀。二老茅亭话劫灰，只满目云山未改。"在昆明，充和曾与吴梅见面谈及父亲张冀牖病逝，吴梅为之伤悼。在呈贡，吴南青常与张家姐弟来往，在宗和、凤竹夫妇的信中常提到他的热心。虽然原定的汽车接送取消了，但尚在病中的充和以及怀孕的凤竹都去昆明参加了追悼会。会场上，人潮涌动，却肃穆十分。见当地人破除旧观念在家中为吴梅隆重举行葬礼，且士子妇孺皆来悼念，充和似乎更明白了曲友间的感情，也更添了她对春城的眷恋。1976年，充和再次忆起先后去世的吴梅父子，怅然提笔："右《桃花扇·寄扇》中一曲，为霜厓所拍，其嗣南青曾屡为撅笛，今无人唱矣。"

充和远走陪都重庆后，她的曲声曲事还留在昆明。"她能戏很多，唱得非常讲究，运字行腔，精微细致，真是'水磨腔'。我们唱的《思凡》《学堂》《瑶台》，都是用的她的唱法（她灌过几张唱片）。……她唱的《受吐》，娇慵醉媚，若不胜情，难可比拟。"[30]

在琴界有"浦东三杰"之称的彭祉卿，一直留在昆明，苦守"渔歌"。1944年竟突然去世，有说是醉酒，有说是情事。"民间有传，其入滇只为一女子，但入滇后两人无法结合，彭祉卿借酒消愁，1944年郁郁而终，葬于今西山华亭寺旁……时至今日，每逢清明，都有昆明琴人携琴到其墓前祭奠。"[31] 传言似弦声，隐隐约约。事后，又是查阜西与一班琴人为之安葬并立碑。张充和特作《挽琴人彭祉卿》：

独有湘江客，击节吟风月。
有琴有酒不思归，一声写尽江梅落。
干戈大地客愁新，又向空山忆故人。
此日一杯掩寂寞，当时啸傲见天真。
君家燕子不寻常，犹自依依绕玳梁。

但教生死情无极,岂必高梧栖凤凰。
人生来去无踪迹,故旧何劳为君哭。
不烧楮箔不招魂,痛饮千杯歌一曲。

充和临别时送给一位曲友的字帖,更是被其视为至宝。这位曲友叫陶光,是汪曾祺的作文老师。汪曾祺尤其佩服陶老师的字写得好,"他是写二王的,临《圣教序》功力甚深。他曾把张充和送他的一本影印的《圣教序》给我看,字帖的缺字处有张充和题的字:'以此赠别　充和'。陶光对张充和是倾慕的,但张充和似只把陶光看作一般的朋友,并不特别垂青"[32]。只是朋友对朋友,尤其是曲友对曲友,但冷暖自知,外人恐并不能参透其中三昧。

诗人陶光

1939年元月,在昆明西南联大执教的陶光[33]见到了充和,欣然在她的《曲人鸿爪》中写下了两支曲子,署为"充和曲友雅命"。

[懒画眉]

最撩人春色是今季(年),少甚么低就高来粉画垣,原(元)来春心无处不飞悬。是(唉)睡荼蘼抓住裙钗线,恰便是花似人心(向)好处牵。

[江儿水]

偶然间心似缱,在梅树边,似这等(这般)花花草草由人恋,生生死死随人愿,便酸酸楚楚无人怨。待打并香魂一片,阴雨梅天,(阿呀梦见吓)守着(的)个梅根相见。[34]

书法有大有小,字体工整有韵,一看就是用心所为。只是诗书里都透着些许感伤的气息。学生汪曾祺说:"陶光的曲子唱得很好。

陶光生前著有《列子校释》,在他去世后,好友赵赓扬和许世瑛组织出版纪念,并请清华大学梅贻琦校长题写书名,纪念文中有句:"纵英华其早摧,宜文章之永生。"该书于一九七九年在台湾地区出版;书中有陶光的照片和墨迹。在此之前,几乎很少见到陶光的照片刊登出来

他是唱冠生的,在清华大学时曾受红豆馆主(溥侗)亲授。他嗓子好,宽、圆、亮、足,有力度。他常唱的是《三醉》《迎像》《哭像》,唱得苍苍莽莽,淋漓尽致。不知道为什么,我觉得陶光在气质上有点感伤主义。"[35] 看得真准。

张充和与陶光相识于北平谷音社,也正是张宗和与陶光相识的时候,且陶光与张宗和、华粹深、许世瑛、李鼎芳、徐芝纶等人并称"清华七友"。这段友谊一直持续到陶光在台湾去世并延续至今。

1942年秋,宗和辗转到云南大学执教,妻女暂时安排在昭通。他一个人苦闷之际,迎来了从遵义转来的陶光。两个人住在一间房,像是在清华大学宿舍一样,课余随心闲谈,可谓惬意。宗和思念妻子女儿时感到烦闷,就与陶光上街买点甜品糖莲子之类吃。云南大学附近的翠湖,起了深秋的雾霭,月色茫茫,烟雾缥缈,如梦如幻。宗和喊来陶光,一起漫步翠湖。看着一对对的恋人,两个学友甚为失落。这一时期,诗人陶光写了大量的诗作,语多凄然。

此时的充和已经去了重庆,在教育部整理国乐。

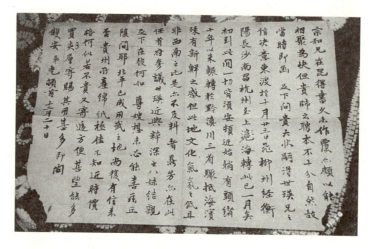

1949年陶光写给张宗和的信。陶光与张宗和为校友，后成为知己，并与张充和一起参加了清华大学曲社谷音社，时常在一起拍曲。1948年，陶光随好友许世瑛去台湾教书，1952年冬饿殍台北，年仅四十岁。

昔日对着云龙庵的云南大学的"晚翠园"再次唱响了昆曲。"曲社的策划人实为陶光（字重华），有两个云大中文系同学为其助手，管石印曲谱，借教室，打开水等杂务。"[36] 因为昆曲，宗和与陶光走得更近了，后来宗和全家都常去参加陶光组织的昆曲同期。

学人在昆明的时光，本就是寂寞的、孤独的。诗人陶光的朋友也不多，他"很少像某些教员、助教常到有权势的教授家走动问候，也没有哪个教授特别赏识他，只有一个刘文典（叔雅）和他关系不错。刘叔雅目空一切，谁也看不起"[37]。

在去了台湾之后，陶光曾多次致信在贵州教书的张宗和，诉说苦乐衷肠："台省币制于半月前改革，发行新币，同时调整待遇，在此以前我们的生活也是许久不敢买点肉，经济拮据已极。连发封信都要等发薪。比之以前我们在昆明时简直有过之无不及（不过当时是一个人）。……我在此地闷得异常，因为这年头人与人很少能开诚相见，我又是毫无城府，所以不容易和人接近。"[38] 他几乎每次都会问起"四姐"的近况，还索要充和在美国的地址："四姐最近有信吧？她也惦念这点剩水残山不？替我问候她，或者把她通讯处告诉我吧。"[39]

1962年12月26日，在美国的充和还致信大弟宗和，开头就提到了曲友陶光："来信谈字是我一点兴趣，苏东坡说'我虽不善书，知书莫若我'。诚如陶光说我的词不如字，字不如曲。这三者现在都生疏了。但是词要灵感，曲要伴侣，只有字可以自己玩。"曲友之间，天然知心。充和一定又忆起了昆明时光。只是斯人不在，伊人不知。

1952年12月24日，陶光在台北猝逝，年四十岁。

陶光去世，很多人都是在很多年后才获知的，如张宗和直到1965年才获知并与四姐充和通信："陶某在昆明娶了滇戏名女伶后，曾经轰动昆明，当时云大昆明师院的一批教授太太'耻于和女戏子为伍'纷纷提出抗议，社会舆论对陶光不利，好像只有刘文典还同情他。他在昆明待不下去了才到台湾师院的。那时我在苏州，希望他来会一下，也没有成功。好像他是坐飞机直飞台北。当时胜利后，到台湾似乎也是一股风。不想竟死在那儿。"[40]

陶光去前，充和收到他的一本诗集《独往集》，上题"充和四姊吟正　光"。充和在《独往集》上题写："陶光死约四十，被师范大学解聘，又与其夫人离异。贫病忧愤，最后饿死，倒在小桥上。死前不久寄来诗词一份……十余年后方知其饿死真相。"[41] 后题诗两首：

> 工字荷厅忆旧踪，笙箫一霎谷音空。
> 甘从岁月分虫蠹，未许含生逐麦丛。
> 容易吞声成独往，最难歌哭与人同。
> 吟诗不熟三秋谷，冻馁谁教途路穷。

> 堤畔酣歌日几回，辛夷花发不重来。

> 垂丝乍拂明湖月，弓影频惊碧玉杯。
> 致命猖狂终不悔，与生哀怨未全埋。
> 檐冰炉火从今歇，莫遣沉忧到夜台。

痛惜，无奈，祝愿，无不从张充和的诗文中缓缓而出。前诗中提及张充和与陶光在谷音社拍曲的往事，工字厅据说为清华大学工学院。后一首诗中道出了陶光常在昆明湖畔独自唱曲且性格狂狷的内情。张充和对于陶光的性格深有了解，对于他的归宿充满着同情，甚至形象地将陶光夫妻比喻为"檐冰炉火"。读《中央日报》旧刊，读到陶光的诗词，有一阕《霜叶飞》，写于1938年昆明的除夕夜，其中提及辛夷花，与张充和送其诗不谋而合："辛夷别称木笔，俗曰玉兰。北地不经见，此方多有之，庭前二老株，方冬作花，光晕四射，桀如也……八千里许尘烟逼，暗惊青鬓如故，月迎孤馆照人来，映缀琼花树，奈何到霜风……"

"她所写的一些回忆和追悼亡友的诗，因为提到特定的人物、事情和环境，只有熟悉这些人、事和环境的人才能理解，一般人即使看了注解还是不易看懂。"这是陈安娜评论充和老师的原话，是为知心弟子。

陶光去后，充和曾多次致信大弟宗和谈及此，每谈每伤心。

> 宗弟，此信专为谈谈我所知道的陶光的生前身后事。陶去台时在师范大学任教，性格比前更耿直，不会迎合当局，不理同事，可是学生们都说他书教得好，也有真货。学校当局为了要安插一个不相干的，便把陶光解聘了，他的太太（滇剧名角）亦与他离别，竟一去不回。据说是他们吵了架……但陶某亦是硬骨头，又下不去面子，于是从此就不见面了。……后来他更是穷愁潦倒，也不去求人，把工作丢了，也不去找事，据老苏说家中连稀饭都没有。后来出外散步便倒在小桥上死了。陶某死了十年，我亦没想起要做诗，一听到这种种惨事，便成了三

第五章 昆明：云龙庵往事　　145

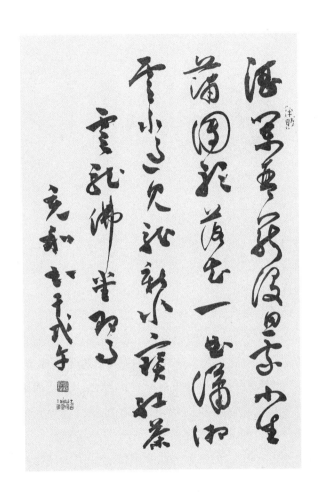

「酒阑琴罢漫思家，小坐蒲团听落花。一曲潇湘云水过，见龙新水宝红茶。」这是张充和书于一九七八年的作品，诗作则是作于抗战时期的昆明呈贡。这幅字草书流畅，笔笔遒劲，写出了充和女士想表达的沧桑诗意

首诗一首词。请你指正。他从不给我写信，只是死前一月寄来一本诗集一本词集。所以我说"信有故人成饿莩，忍听新贵说怜才"，下句也是事实。

陶光无子息，夫人亦不知去向。……朋友们给陶光印《列子校释》《陶光先生文集》，文集里大多是讲稿或学术文章，用白话文写的不少，诗集名《独往集》，词集名《西窗》，都是油印本，恐怕除我而外没有人保存了。[42]

张宗和此时正遭遇着"文革"，他于1977年5月15日病逝，在他的遗文中也发现了悼念陶光的诗。诗是步四姐充和题写《独往集》的韵，其中有句："孤标傲世谁能识，一曲清歌我独同。"陶光的猝逝引起了清华旧曲友的关注，如华粹深。他与陶光本是同窗，并一直与张宗和保持联系，因其妹妹嫁给许世瑛前往台湾，因而与陶光一家熟识。他致信张宗和："接来函及抄示四姐信，阅后至为哀伤，泣下不止，乃至夜不能寐。四姐悼词'致命狷狂终不悔'，可谓知己之言。回忆'七七事变'后，陶光因不欲与其庶母同住，寄居我家，朝夕相处，情感弥深，他那种孤高耿怀的襟怀，走到那里也都要碰壁。胜利后燕京大学以副教授名义约他，他坚持非当教授不可，拒不应聘。假使那时他能就聘北来，或可不至流为饿莩。伤哉！"晚年的充和曾致信宗和，说如果陶光在美国就好了，只要有她一碗吃的，绝不至于让朋友弄到饿死的地步。

昆明时光一去不复，个中伤感欲说还休。在半个世纪之后，汪曾祺追记昆明晚翠园曲会道："参加同期、曲会的，多半生活清贫，然而在百物飞腾、人心浮躁之际，他们还能平平静静地做学问，并能在高吟浅唱、曲声笛韵中自得其乐，对复兴民族大业不失信心，不颓唐，不沮丧，他们是浊世中的清流，旋涡中的砥柱。他们中不少人对文化、科学做出了很大的成绩，安贫乐道，恬淡冲和，是中国的知识分子优良的传统。这个传统应该得到继承，得到扶植发扬。"[43]

注 释

1、2　张充和：《三姐夫沈二哥》，张家内刊《水》。
3　"七七事变"后，杨振声作为教育部代表与北京大学、清华大学、南开大学的校长、教授南下，最终落户在云南昆明。汪曾祺曾说："杨先生也是我的老师，这个非常爱才的人。沈先生在几个大学教书，大概都是出于杨先生的安排。……杨先生多年过着独身生活。他当过好几个大学的文学院长，衬衫都是自己洗烫，然而衣履精整，窗明几净，左图右史，自得其乐，生活得很潇洒。"（汪曾祺：《我的老师沈从文》，大象出版社2009年版，第14页。）
4　沈龙朱：《读四姨诗书画选引起的回忆》，张家内刊《水》。
5、6　苏炜：《天涯晚笛》，广西师范大学出版社2013年版，第90—91页、第93页。
7　张充和：《三姐夫沈二哥》，张家内刊《水》。
8　苏炜：《天涯晚笛》，广西师范大学出版社2013年版，第91页。
9　章小东：《知音——〈归去来辞〉》，《书屋》，2009年第8期。
10　沈龙朱：《读四姨诗书画选引起的回忆》，张家内刊《水》。
11　张充和口述，孙康宜撰写：《曲人鸿爪》，广西师范大学出版社2010年版，第71页。
12　苏炜：《天涯晚笛》，广西师范大学出版社2013年版，第47页。
13　张充和口述，孙康宜撰写：《曲人鸿爪》，广西师范大学出版社2010年版，第70页。
14　严晓星：《往事分明在，琴笛高楼——查阜西与张充和》，《条畅小集》，上海辞书出版社2011年版。
15　1940年3月9日孙凤竹致张宗和的信。
16　1939年9月1日孙凤竹致张宗和的信。
17、18　1939年4月4日孙凤竹致张宗和的信。
19　1939年10月14日张宗和致孙凤竹的信。
20　1940年5月20日孙凤竹致张宗和的信。
21　1940年5月25日孙凤竹致张宗和的信。
22　1940年5月27日孙凤竹致张宗和的信。
23　1939年9月7日孙凤竹致张宗和的信。
24　20世纪90年代初期张充和致张以靖（孙凤竹女儿）的信。
25　1973年6月16日张宗和致张充和的信。
26　1973年6月20日张充和致张宗和的信。

27 1973年7月3日张充和致张宗和的信。
28 汪曾祺：《晚翠园曲会》。
29 卞之琳：《断章》。
30 汪曾祺：《晚翠园曲会》。
31 须雩：《窈窕淑女 琴瑟友之古琴 昆明风景独好》，《云南经济日报》，2010年11月1日。
32 汪曾祺：《晚翠园曲会》，
33 陶光，原名光第，字重华，1935年毕业于清华大学中文系，据说为清朝端方后人。陶光嗜好昆曲，曾得红豆馆主溥侗亲授，与俞平伯、吴梅等人多有唱酬。历史学者吴小如在《跋叶国威藏俞平伯老手书诗笺》中提及陶光是其师："公元一九三六年岁次丙子，余就读于天津南开中学，授国文课者为陶重华先生。陶先生本名光第，字重华，后自署陶光。毕业于清华大学中文系，为先师俞平伯先生高弟。后与同门华粹深先生皆任教于南开中学，故余得从而受业一学年。翌年丁丑，抗日军兴，陶先生辗转至昆明。"
34 张充和口述，孙康宜撰写：《曲人鸿爪》，广西师范大学出版社2010年版，第59—62页。
35—37 汪曾祺：《晚翠园曲会》。
38、39 1949年陶光致张宗和的信。
40 1965年7月27日张宗和致张充和的信。
41 张充和作，白谦慎编：《张充和诗书画选》，生活·读书·新知三联书店2010年版，第32页。
42 1972年6月30日张充和致张宗和的信。
43 汪曾祺：《晚翠园曲会》。

第六章 重庆：无愁即是谪仙人

1941年，陪都重庆正在经历大轰炸，死伤不计其数，这惨不忍睹的战时景象为充和的到来笼罩了一层黑色云雾。

重庆对于充和来说，是个有点特别的地方，半个世纪前她的祖父张华奎曾在此主政，办教案、开埠、海关谈判等，并最终病逝在任上。可是历史有时很遥远，虽然在此地也常常有人对充和提及张华奎的政绩，但毕竟是换了朝代。倒是旧时的姻亲无意中还在延续着历史。合肥张家、李家的姻亲关系盘根错节，这对于长在叔祖母门下的充和倒不复杂，相反，乱世异乡，再见亲人，更多的是亲切和温暖。

荫庐是章乃器和胡子婴的家，他们是允和的挚友，如果有需要，张家姐弟可以随时来章家食宿。充和在此见到了在重庆工作多年的二姐允和。在苏州时，章乃器作为政治犯被关进监狱，正是允和给予了无畏的帮助。

此时周有光在政府金融系统工作，常常不能在家照顾妻子和两个孩子。儿子晓平（即小平）、女儿小禾，都是七八岁的孩子，天真可爱，只是战时营养跟不上，体质不好，且瘦弱。为了让孩子们尽可能安全一些，允和带着晓平、小禾去了更安静的江安。

充和格外喜欢两个孩子，她虽然工作在相距甚远的青木关（即教育部的所在），但她常抽空去看侄子侄女，并享受难得的宁静，"江安是个安静而美丽的地方。我最喜到江边去散步，也听不到警报声"[1]。

从苏州一路逃难，全家离散，国之危难，家之不存，父亲病逝，生活不堪……她不知道自己还要逃多久，她不知道渴望已久的家何时才能回转，但她似乎学会了随遇而安，是面对任何可能的境遇的随遇而安。

"愿为波底蝶，随意到天涯。"

殇折

在混乱、沉闷、危机四伏的战时，充和正从事着一项整理国乐的工作。音乐家杨荫浏主持项目。此时昆曲、山歌、民谣、弦乐等民族音乐亟待收集、整理，国破山河在，城殇韵尚存。在昆明的相处，让他看到了充和对于古典音律的擅长，当即邀请她前来参与。

充和负责整理国家礼仪使用的音乐，事关不小。她收集了《诗经》、词韵、曲谱、琴乐等中国传统古典音乐，融汇一体，希望能够整理出具有中国风格、中国仪仗、中国韵律的节奏。紧张之余，看看晓平、小禾两张纯真的面庞，时不时逗他们玩玩，既是一种休息，也是对战时压力的释放。孩子，即希望。

坏消息是突然传来的："小禾病重，来重庆医治。"小禾七岁，此刻盲肠炎转腹膜炎，化脓溃烂，她已只剩下皮包骨头了。

时至盛夏，湿热难耐。充和看着瘦若枯干禾苗的小侄女，心急如焚，但现实残酷。"战时的特效药及盘尼西林等药，只许空军可用，医生也束手无策，只每天给小禾洗一次，腹部开一口约二三寸长，洗时并不听她叫痛。但不时要二姐抱她，说背疼。"2

孩子有病，恋母更甚。小禾每天都要妈妈抱几次，坚定、固执又委屈。小禾已经很瘦了，但允和更瘦了，她原本就身子小，现在憔悴无力。看着二姐抱着小禾实在吃力，且越是抱着越是揪心，充和不忍，就弯下身子向在二姐身上的小禾轻轻商量："妈妈累了，我抱抱吧。"她转过要哭不能哭的脸，皱着眉头说："不！"3

"妈妈，抱抱。妈妈，抱抱。"允和不能拒绝这样委屈的声音，她一遍遍抱起她，有时候看着她安安静静地似乎睡了，就轻轻把她放到床上，结果小禾突然醒来，又要抱。

小禾越来越羸弱了，她总是想在妈妈身上睡，像是要再回母体去，但允和已经无法支撑，她已经到了极点，"二姐多日的焦虑、痛心、疲劳，虽是抱她坐下，但小禾整个上身仍是在她臂膀上。一次小禾又要抱，二姐抱是抱起了，却突然把她向床上一放，伏在床上，失声痛哭说：'我受不了了，我受不了了……'我每天都在希望与绝望之间窒息，透不过气。经二姐这一发作，我跑到门外大大地抽咽。

看护们以为小禾出了事,赶快进去,看看无事又都散了"[4]。

辗转多地逃难,充和见过死尸,见过重病的,也见过濒死的。父亲就是在这样的环境下猝逝的,但毕竟隔了距离,生与死的折磨从来没有这么近,如此感同身受。姐妹同心,她与二姐心有灵犀,她知道自己根本无法面对可能的结局,更不要说二姐了。她们只想着奇迹出现,她们开始自己给自己打气,要乐观点,要放松点。

选了一个稍微不热的下午,她们抽空去了荫庐,去见见老朋友吧,说说话,散散心。如果大人倒了,何谈孩子健康。返回的路上她们还喝了杯冷饮,让自己清醒下来。在重庆,允和经历过轰炸,也见过死尸,只是现在她不能想象小禾会怎么样,或者说她从来没想过小禾会怎么样。

天已傍晚,姐妹俩走到医院大门,赫然见门外停一口白木小棺。充和突然无比地理性,像是整个人被注入了冰,"我们心里明白,我说:'回去!明天再来!'二姐没有反对,也没有说要再看小禾一面,也没有一滴眼泪,她已伤心到麻木了"[5]。充和的冷峻充满着极度无奈,和二姐一样,她的伤感和悲痛已经到了麻木,只是残存的理性提醒她照顾好二姐,扶着她。"第二天清晨,太阳没出,我们去医院,小白棺已在防空洞。小禾离开我们安然睡去了,不再要妈妈抱了。这几十年来二姐同我、我同二姐再没提起小禾。只一次,提到五弟,她说:'我很感激五弟,他替我办了小禾的后事。'"[6]

自此,允和、充和及当时办后事的五弟寰和都绝口不提小禾的事,小禾成为允和心里一个忌讳,在充和心里同样也是一道疤。

  趁着这黄昏,我悄悄地行,行到那薄暮的苍冥。
  一弓月,一粒星,似乎是她的离魂。
  她太乖巧,她太聪明,她照透我的心灵。

  趁着这黄昏,我悄悄地行,行到那衰草的孤坟。

> 一炷香，一杯水，晚风前长跪招魂。
> 唤到她活，唤到她醒，唤到她一声声回应。[7]

充和很清楚，同样的事情，二姐绝不可能再承受一次，因为她自己也是同样如此。为此，允和与充和连住处都换了，不再住荫庐，转而住在曲友张荠芗家，位于上清寺，即青木关进城的最后一站。

意外再次突袭而来。

> 一天清早，天还没亮，有紧急敲门声，工人起来开门。一声"四妹！"是耀平兄，我几乎滚下楼来，我以为二姐出了事。耀平兄说："晓平中弹！我要去成都，请你同去找郑泉白搞车票。"[8]

郑泉白是充和的好朋友，水利专家，常与充和交流书法、绘画艺术，充和进城买不到票就找他帮忙。郑泉白通过内部关系帮忙买到了第一班去成都的车票。送走二姐夫后，充和心神不定："我送他走后，惊魂不定，晓平再出了事，二姐怎么办？这一家怎么办？我一天到晚走路，大街小巷去跑，善芗看我这样游魂似的不安定，她说：'得消息时说中弹，不死，总是有救的。成都医院好，坏消息未来，就是好的。'"话虽如此，外人哪里理解充和同情二姐的心思，小禾一悲，几乎要了二姐的命。

山高路远，消息不通，从重庆到成都是两天的路，充和除了等，也无计可施。唯一的积极面，即成都医疗条件好。有希望，真好。

六七天后，终于等来了消息。

> 四妹：重庆车站别后，我带着一颗沉重似铅的心，经过漫天的雨天路途，到家已在廿九日晚六时。在家门口，没有进门，我隔门在门洞里问房东家的男工："小平怎样？"他说：

"在医院里。"在他的语音里,我听出小平安全的消息,这才松了一口气,否则,我真不敢进这个大门。……到医院,这已是出事的第五天(整四天),小平热度未退清,而神志早已清醒,并且可以随便谈几句话了,除了腰间穿一洞外,小肠打三孔,大肠打一孔,并伤一处,共计六处破伤。……我知道允和把一切希望都寄托在小平身上,万一小平有意外,允和的悲痛将又非定弟那时可比,我唯一可以劝解她的,也只有"多面人生论"。而我为自己解说,自己和自己辩论,汽车的颠簸叫我疲倦,叫我麻木,这也帮助我心情平静下去,但我无论如何不能鼓起积极的生活兴趣,也不能自己接受自己的积极人生观,我逐步步入宗教的安慰里去。我在教会学校读书多年,但是没有信教,小禾死了第三年,我才受洗礼,但我没有做过祈祷,这次我为了小平,做默默第一次祈祷。我渐渐失去了对人力的信赖,我只有茫茫地信赖神力了。……人生的变幻我真无法捉摸的了!小平才说脱离危险,我们就丢开小平忙着定和三弟的音乐会,二月五、六日两天,在个礼拜堂里举行,成绩意外地好,音乐会开完的第二天,小平就出院,现在家中休养,已能下床行走,每隔两日医生来看一次,大约要两个月才能完全康复。……允和与小平已睡着了。火盆里还有些余烬,停电,一支洋蜡烛只照明书桌的一角,窗外积雪已消,但又疏疏下着微雪,明天的屋檐或许又能积起些白色。允和为了解除小平的寂寞,买了一对小兔儿,养在卧室里作伴,这一对稚兔大概簌簌作声。……[9]

充和收信后,欣然放心。周有光的信让她为之动容,"这封信写得真切动人,是篇好文章,我一直带在身边"。后来,这封信同晓平腹中取出的子弹一起放在周家,以示纪念。

刺 虎

设在北碚的教育部下辖很多分支，礼乐馆、编译馆、史学馆、复旦新闻馆等。一批文化人士在此继续创作，并不时利用演出掀起不屈的氛围。"那时的北碚是个小城。城中心靠着嘉陵江，其规模也就是三五条小街吧。它的精彩之处，并不在城中心，而是周边。周边散布着无数文化教育机构，都是由北平、由上海、由华东、由华南搬来的，里面住着一大批赫赫有名的文化人，说他们是全国的思想精英一点也不为过。"[10]

大敌当前，曲人们却没有停止演出；战火纷飞，军人们也需要文化活动的慰藉和鼓励。作为重庆曲社的成员，充和不但被拉去重庆师范教授昆曲，还常常被拉去参加劳军演出。

有一次教育部组织劳军演出，充和要演出《刺虎》。她不但主演亡明宫女费贞娥，还要组织人马来跑龙套。充和找来了四位同仁——王泊生、陈礼江、郑颖孙、卢前，都是教育部的职员，且皆通音律。在曲界，充和的人缘颇好，认识人多，办事也就方便了。劳军演出，既在慰问、鼓舞，也要呼吁募捐。因此，不管是主演还是配角，都要尽心尽力，就连在戏后说相声的梁实秋、老舍也都是格外认真地排练。

昆曲《刺虎》，充和并不陌生。1933年她在上海读书时，正值中日开战，为抗日救国，梅兰芳即与一时名角在上海天蟾舞台演出亡明戏。梅兰芳的《刺虎》轰动一时。"卢沟桥事变"后，《刺虎》更是各地常演的曲目。

充和的寻常曲目是《牡丹亭》，饰闺门旦杜丽娘，或是《佳期》里的莺莺。这一次是刺杀旦——费贞娥，一个亡了朝代的宫女，被李自成误认为公主，许配给了手下大将"一只虎"。费贞娥原本要刺杀李自成，后将计就计，她要刺杀"一只虎"，就在新婚之夜，为国仇，为义节。戏中既有女性柔媚的一面，又有侠气、壮烈的意蕴。刺杀了"一只虎"后，她安然自尽。

一九四一年,张充和在重庆国民政府广播大厦演播大厅参加劳军义演,以一折《刺虎》惊艳全场。战时演出缺少演员,为充和女士配戏的四个人分别为卢前、郑颖孙、陈礼江、王泊生

为了这出戏,充和忙前忙后,服装、化装、道具等都力求尽善尽美。原本处于寂寞深闺、园林深处的大小姐,变身为背负民族大义、家仇国恨的烈女子。只见她凤冠霞帔,却是一身武媚,秀美的双眉中已经闪现出了剑气。

蕴君仇,含国恨;切切的蕴君仇,坎坎的含国恨!誓捐躯,要把仇雠手刃。因此上,苟且偷生一息存。这就里谁知悯?……俺切着齿点绛唇,揾着泪施脂粉;故意儿花簇簇巧梳着云鬟,锦层层穿着这衫裙。……誓把那九重帝主沉冤泄,誓把那四海苍生怨气伸!方显得大明朝有个女佳人!

句句是义,步步是戏,身材瘦小的充和沉入其间,气韵贯穿全场。国民政府的广播大厦里,全场为充和的戏所感染,为共同的道义感动,为历史与今天的洞穿共鸣。戏不是戏,戏成了现实。小小身骨的充和再次感受到了戏和曲的力量,赏心乐事固然柔美,英气流风亦是神韵。

《刺虎》惊艳全场。在平时的相处中,充和总是给人大家闺秀的印象,但此次她骨子里刚硬的一面表现无遗,却又不温不火。与其说充和演活了费贞娥,不如说是充和从昆曲中找到了自己,一个不同于往常的自己,焕然一新,却并不陌生。这个具有传统仕女气息的女子正在步向成熟,渐变式的,却又是蜕壳化蝶式的——她正从戏里走出来。词曲学才子卢前与充和是好友,又同是邻居。平日里他观察着充和,发现她常常生病,还常常是古典妆容,有点黛玉的意思。但这一次他不得不刮目相看。一曲终了,他信笔写下:"鲍老参军发浩歌,绿腰长袖舞婆娑。场头第一吾侪事,龙套生涯本色多。卅年四月十三日,充和演《刺虎》于广播大厦,颖孙、逸民、泊生邀同上场,占此博粲。"

充和很喜欢嘉陵江水域的一种远古的鱼——桃花鱼,其实是精灵一般的桃花水母,曾与好友卢前、杨荫浏等人观鱼于江畔。春风拂过,江水微澜,透明的鱼一袭水晶般的纱裙,浮浮沉沉,全凭水力,似是一种哲人的飘然,无谓、无畏、无为。

> 记取武陵溪畔路,
> 春风何限根芽,
> 人间装点自由他。
> 愿为波底蝶,随意到天涯。
>
> 描就春痕无著处,
> 最怜泡影身家。
> 试将飞盖约残花。
> 轻绡都是泪,和雾落平沙。

充和突然觉得沉重的身体变轻了,轻盈到无,她试着沉入,像鱼一样。这样的世界有点失重,恰如眼前的浮沉人生,但充和明白,她不再是被动地浮沉,而是一种看似随波逐流的随遇而安。

仕女图

陪都时的重庆,不少办公场所都是临时性的设置,地点也不集中,或隔山,或隔水,或隔山水城郭。山城交通本就不便,来往交流更非寻常。

陶园,僻静清雅,尚存斯文,这里是监察院职员的宿舍。院长是于右任先生,他的书法和性情同样了得,但充和更倾向于他的性情。见这位长须儒者罗致一班艺术名家于一堂参政议政,倒很特别。"我所见即如汪旭初(东)、乔大壮(曾)、潘伯鹰(式)、章孤桐(士钊)、曾履川(克)及谢稚柳等。我的表兄李栩广(家炜)亦在其中,因此得识尹师。"[11]

充和对监察院的政治不感兴趣,她感兴趣的是一位书法家——沈尹默。在北京大学上学时充和就听说过他,只是没有机会求教,倒是上了沈尹默之弟沈兼士的书法课。通过李家表兄的引荐,充和得以结识心仪已久的良师沈尹默:"后来我在国泰演《游园惊梦》,章孤桐首作七律一首,诸诗人唱和,尹师亦和了两首,并一一抄寄给我,因此我才敢把几首不成熟的芜杂诗词抄呈求正。尹师细为批改,指出误处,又赐和[江城子]一阕,此后尹师如有新词,间亦寄我,故我箧中也有他近百首诗词。"

浣溪沙

修竹当窗翠欲流,
风光唤我强抬头。
罗衣薄薄不胜秋。

已是蓬飘仍善病,
未因花瘦更添愁。
几时归上月明楼。

江神子　四川江安

一滩夕照（望中）数帆秋，
近渔舟，傍矶头。
几点疏黄，隔岸望中收。
蓦地何人横晚笛，
却不见，牧耕牛。

碧空烟霭暮悠悠，
意绸缪，梦沉浮。
恁个韶光，去去（不）肯淹留。
昨夜青霜千嶂瘦，
山不语，水空流。

这是沈尹默曾为充和修改的诗词。他亲书于纸上，留下了几多蜀中墨迹。充和身上总有一种神秘的古典气息，恩师沈尹默看到了这份古意。

约在1940或1941年间，画家金南萱女士由沦陷区来重庆，是保权师母的朋友，川省一位相当儒雅的杨姓乡绅请尹师、乔大壮、金南萱同我到他家小游。他家住在重庆对山或许是汪山，要过江乘滑杆走一段才到杨家。杨家园林景色宜人，又当惠风和畅之时，主人盛筵招待，白日游园玩山，晚间备了笔墨纸砚，请客留题，尹师提议由南萱先画，然后他写我的诗，乔老的图章，这样四人合作留念，经我一辞再辞，尹师说"要不然你写我的诗吧"。这更使我惶恐无地，于是即依原议，写了我的《秋晴》五律，中有"客情秋水淡，归梦蓼花红"二句，乔老认为下句不妥，而尹师认为不错，两老相持争论一番，尹师举"归思入灯红"例子，乔老才点头罢休，当时觉两老辩论比上课更有意思，因为可得到双重的意见同知识。回城后尹师转来乔

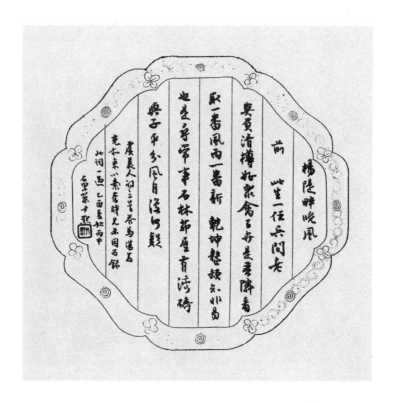

一九四五年,张充和持古笺纸到重庆歌乐山沈尹默先生住处求字。那是手绘彩纹界格,沈尹默见之有感,为她题写三首《虞美人》,其中有一阕:

"此生一任兵间老,莫负清樽好。家禽百卉是吾邻,看取一番风雨一番新。 乾坤整顿知非易,也是寻常事。石林茅屋复何有湾碕,与子平分风月复何疑。"落款为:"虞美人词三首答马湛翁。充和来,以旧笺见示,因为录此词一过。乙酉夏始雨中。石田小筑尹默。"

为我刻"充和"二字,在一方红透的寿山石上,尹师又在盒上题"华阳丹篆充和藏"。[12]

沈尹默没有受过大学教育,甚至很少受过新式学堂的影响。他出身吴兴望族,自小受诗书熏染,私塾老师皆为饱学之士。父亲从早即重视对他书法的训诲,并给出了独特的训练方式,如以鱼油纸钩摹正教寺高壁祖书赏桂花长篇古诗。这可能是后来沈尹默"悬腕"之发轫。沈尹默诗书俱进,称道一世,后入北京大学教授,亦是特立独行,且不善言,从君默更名尹默,彻底去"口"。

在重庆参政时的沈尹默有一种儒雅的道风显现,观其在蜀地墨迹,总有一种穿越的意蕴,其书、其人都不像是当代人,或具有更久远一些的斯文和默然。充和像一个古典的活标本,她的到来,既裹挟了新时代的气息,但又旋起一股久违的士风。初见充和的字,沈尹默给出了一个特别的评语:"明人学晋人书。"[13]此语含义丰富,应与古意有关。充和说:"尹师的法书,看来平易近人,然仰之弥高,钻之弥坚,是由转益多师得来的创造,如何可及呢?"[14]

充和从青木关赶到陶园、赶到歌乐山跟随沈尹默学习书法。他教充和临碑帖,"除汉碑外都是隋唐法度严谨的法书,针对我下笔无法。及至见到我的小楷,马上借给我《元公姬氏墓志》。又针对我小楷松懈无体的毛病,他从不指出这一笔不好,那一字不对,只介绍我看什么帖,临什么碑。也从不叫我临二王,亦不说原委,及至读到他写的《二王法书管窥》才知二王不是轻而易学的"[15]。看偏向食素的老师沉静地写字:"一个字是小舞台,一篇字是大舞台,舞台的画面与动态,都达到和谐之美的极境。运笔时四面八方,抑扬顿挫,急徐提按都是音乐的节奏,虽然是看得我眼花缭乱,却于节奏中得到恬静。"[16]充和享受着老师写字的意境,以致忘本取法,就连帮着拉纸都忘记了。"悬腕""用脑子写字""向娘家学"……沈尹默在非常时期教授的独特之法,给充和以无尽的想象。

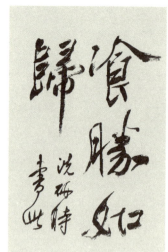 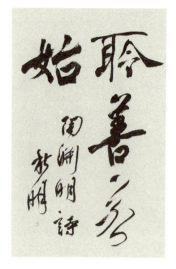

此为张充和女士收藏的沈尹默的大字。抗战时期,张充和在重庆向沈尹默先生学习书法,沈先生的教诲令她数十年后仍记忆犹新。

每日习字,沈尹默自有程序,先以清水磨墨,后洗砚,"洗砚时笔蘸水在砚上来回洗擦,就在废纸上写字画竹,到了满纸笔墨交加时再换纸,如此数番,砚墨已尽,再用废纸擦干,并又把笔一面蘸水一面用纸擦笔,也是到笔根墨尽为止"。他对充和说"笔根干净,最是要紧"。这些水都来自嘉陵江,每天早晨由棒棒挑上来,涓滴珍贵。因为兄长在歌乐山主事,沈尹默即在山间盖了几间屋子,并书了联,有"三十一年五月十四日于歌乐山静石湾知鉴斋"及"石田小筑"字样。充和常去拜学,看老师吃点蔬菜豆腐,不亦乐乎,学艺同时兼"不告而取",亦是雅事。因常去静斋学书,继而得识师母褚保权。师母出身名门,且工书,楷法褚遂良,浑穆古朴,颇有大家风范。

张充和与恩师沈尹默先生及夫人褚保权女士合影。充和女士对恩师与师母总是心怀敬仰，交情颇深。充和回忆："一九四七年，尹师同他的曾侄孙沈迈士先生在沪合开书画展览，我亦去参观。师母告我将于展览后行婚礼，并给我看一个满三寸的手卷，她同尹师各临一遍《兰亭序》在上，以作定情之物。这比什么金钗钿盒要高出多少倍了。"

此时教育部要成立礼乐馆，充和亦被编制在内，馆长一职众推沈尹默，于是请充和前去邀请，但沈尹默并无兴趣，又推荐了时旭初。"时旭初先生生病在床，我一问就成，以后他做了馆长，公余之暇，也是吟诗作画。"[17]

1944年6月4日，充和由北碚乘车进城排戏，路经歌乐山，顺道拜见沈师。沈尹默信笔写下七绝："四弦拨尽情难尽，意足无声胜有声。今古悲欢终了了，为谁合眼想平生。"沈尹默究竟看到了什么，让他看似意兴阑珊实则意趣突发即兴赋诗？充和匆匆告别，当然怀里还揽着老师的诗书大作，边走边思，不知不觉走到了好友郑泉白的书房。

郑泉白，水利专家，但爱书画。见郑泉白不在，充和竟自顾自地思索起沈老师的诗意:"忽然想到,画人物,一定是眼最难,既然是'合眼',就先画眼线,再加眉鼻口。"18 画着画着,突然郑泉白回来了,充和赶忙把画作塞进字纸篓中。郑泉白及时捞起看,看了沈尹默的诗后说:"要得要得,加上脸型和头发。"充和自知不善绘,"我哪里会画,平时连人物画都看得不多。凭着他指指点点,将头画成。忽想起排戏时间将到,站起就走。他说:'不行,不行,还有身体同琵琶呢!'我匆匆画几条虚线塞责。他强迫我抄上沈先生的诗,同上下款及年月日。并且说:'真是虎头蛇尾,就算头是工笔,身是写意。琵琶弦子全是断的,叫她怎么弹呢?'我说:'我老师不是说"意足无声胜有声"吗?'于是一溜烟就跑了"19。

郑泉白怔怔地望着这幅《仕女图》,对充和之语将信将疑,但又似有所悟。随后在某一天,充和又来看他,只见《仕女图》已经裱好挂起,并多了一众文士的题词,沈尹默、汪东、乔大壮、潘伯鹰等。为求完美,又将此前充和写的《牡丹亭》之"拾画"补裱,并附上姚鹓雏、章士钊的题词。

沈尹默题词说:"闲静而有致,信知能者固无所不能也。"题词中以章士钊为特别:"桂华轩馆音尘绝,师川心事吾能说。濠上自情亲,仍须问水滨。十年文债老,蜀道知音少。送客偶偕行,琵琶江上情。"

章士钊,又名章孤桐,学贯中西,诗书俱佳,早期醉心革命,后期致力政治、思想。有一次他看充和演完《游园惊梦》,欣欣然又悻悻然,题词有句"文姬流落于谁事,十八胡笳只自怜"。充和当时不悦,认为比之王昭君远嫁和亲实为"拟于不伦",实不解章孤桐怜才惜玉。再题画跋,章士钊即作诗解释:"珠盘和泪争跳脱,续续四弦随手拨。低眉自辨个中情,却恨旁观说流落。青衫湿遍无人觉,怕被人呼司马错。为防又是懊侬词,小字密行书纸角。"

此番观众人题词,潘伯鹰两句可谓意境深远:"四弦心事几人知,八字眉痕无计展。"再看充和的《仕女图》,谦和婉丽,乐音似有似无,如水如梦;低眉、绛唇、乌发,身轻盈,意深沉。外人看颇似充和自己,但又绝然不是。这古典的仕女,倒有几分师母的意绪。充和曾言:"约在一九四一年,尹师示我保权师母三张照片,一正两侧,想请人塑石膏像,我也问过雕塑家,他说虽可依照相做,稍得形似,神情终不可得。战后在上海见到师母,似乎哪里见过,即使神态颜色亦似乎熟悉,原来除见过三帧照相外,每于尹师的诗词中得想象其神态,可见在文学中,即使最抽象的描写,亦可真切。"

在这乱世之都,飘零之际,一向寡言的沈尹默对充和可谓偏爱有加。充和原原本本的古典精神可能给了他更多的畅想和追思,与其说他是偏爱这个不可多得的才女,更不如说他是偏爱一个逝去的时代。他的诗兴词意,虽是对逝去时代的怅望,但也不是止步于此。要知道,沈尹默新诗里的世界是新颖的、特立的、开创性的。反观充和,她也在沈先生身上看到了自己,或是她已明确自己要追求的东西。最后离开中国的时候,她还恋恋不舍:"1949年,我婚后来美过沪,去向他们辞行,那几天师母胃病又发,还撑着下楼来,并送我礼品四包:绣花被面、墨一锭、杨振华制'尹默选颖'毛笔二支,最可贵的是已裱好的尹师墨宝两幅,写在一粉一紫的高丽旧笺上。往事如烟如雾,又明明地摆在当前,百年如弹指,只有尹师的法书艺术传之不朽。"[20]

充和一路走来,日渐丰富,却不繁杂,简直是从工笔到写意。她总会知道什么是属于自己的,什么是应该置于身外的。她坚定,执着,平和,并不妥协。

将　归

山城岁月,充和仍是孑然一身[21],但据好友兼邻居卢前悄悄观察,"有好几位北大出身的文人追求着她"[22]。

工作之余,充和常与一班教授、学士聚会,在座常客有梅贻琦、罗常培、老舍、郑天挺、郑颖孙、巴金、顾毓琇等。吃西餐,尝徽菜,温黄酒,煮青梅,餐毕燃香、品茗,昆曲声起。其间不少牙祭源于

抗战时期,张充和与女士与张大千一见如故。张大千听了她的昆曲,颇为感动,当即画了意象的昆曲身段图相赠。

充和请客,豪放一时。记得有一天夜晚,充和与郑天挺、罗常培至梅贻琦处,警报不断,"九点半发警报,十点紧急,十点十五分起始闻炸声,由远而近,六七声后有大声四五下,紧接至头上最后一下,空气似由顶上打下,感觉颇奇怪,洞内油灯皆为震灭,妇孺有惊叫声"[23]。时充和坐在梅贻琦旁,"当亦吃惊不小,郑、罗与余互道'躬与其盛'"[24]。虽不是科班出身,也不是留洋学子,充和却能与一班正统学士往来雅聚,交往之中又能独善其身,思想独立,亦为幸事。

1945 年 8 月 10 日,当日本投降的消息率先传到山城时,整个重庆都沸腾了,百万市民纷纷涌向街头,彻夜狂欢。

此时充和居住在成都甘园,她在医治牙疾[25],并陪伴动手术住院的二姐允和。在这里,她看到了周有光对妻子的用心,也听到了同在住院的北大校友赵懋云的佛赞,充和陷入了淡淡的怅惘。

"年年做尽归飞梦,待到归时意转迷。"忆起初年,她逃难到成都,也是这样陪着二姐。那时尚不知苦难几何,还到张大千家中做客。那是一个 party,"在会上张大千请我表演一段《思凡》。演完之后，张大千立刻为我作了两张小画：一张写实，画出我表演时的姿态；另一张则通过水仙花来象征《思凡》的'水仙'身段"[26]。充和一直携带身边，并细细看着那纸，"贵州皮纸，本色，不漂白，十分淳朴"[27]。充和曾经说过，"就艺术而论平心说来张先生的确是位当代少见的天才艺人"，"无论就那一点上看，大千先生的艺术是法于古而不泥于古，有现实而不崇现实，有古人尤其是有自己"[28]。

充和从早即识大千。初到成都时，也有一班文士邀请出席入宴，但充和不喜那一套，就一个人去了青城山，留下一阕《鹊桥仙》："有些凉意，昨宵雨急，独上危岭伫立，轻云不解化龙蛇，只贴鬓凝成珠饰。连山千里，遥天一碧，望断凭虚双翼，攀拏老树历千年，凭问取，个中消息。"反之，充和入大千家，却是欣然："梳理了一个古装的发式，他就画了我的背影；另一张是株水仙，飘逸的花束，长长的叶子，他画完了以后，我反身做了一个身段，张大千点点头说：'我画的就是这个。'"[29]

战争结束，并不意味一切都是即将圆满。团圆有日，离散有时。父亲病逝，侄女夭亡，大弟媳兼好友凤竹病故，与其说充和恋恋的是蜀地，不如说她恋恋的是友人。

三月嘉陵春似酒，
一篙碧透玻璃。
片帆欲挂柳依依。
华年为客尽，归去更相思。

塞北江南何限地，
经行总是凄迷。
万红寂寞一莺啼，
莺啼如有泪，莫上最高枝。[30]

当姐姐们、弟弟们、朋友们陆续返乡或是回归工作岗位时，充和还留在重庆北碚,在那里她留下了一批"将归"诗词,是缅怀?是怅惘?是祝福?还是眷恋?

意气腾空志迫云,辞家犹是少年人。
休嗟世路羊肠窄,天地能容海样心。

十年踏尽艰辛路,未肯低吟丧气诗。
万姓狂欢腾宇宙,一灯相对泣支离。

如水风光不可收,旧条杨柳弄新柔。
昨宵雨过春寒重,泪压花枝不自由。
——1946年2月28日下午,重庆北碚嘉陵江畔。

岚彩云林夕照中,江流宛转意无穷。
牵情只在歌深处,一叶扁舟一笛风。

细雨才苏二月枝,嘉陵春水碧如诗。
年年做尽归飞梦,待到归时意转迷。
——1946年2月28日晚,重庆北碚嘉陵江畔。

一樽开处见天真,此日相逢万象新。
莫谓抱残生计拙,无愁即是谪仙人。

春为妆束梦为家,烂漫遨游伴落花。
踏尽青青堤畔路,不知何事到天涯。

水边红绽碧桃枝,散发妆成柳万丝。
微暖微寒如有意,未妨小别试相思。
——1946年3月14日晚,重庆北碚嘉陵江畔。

归去，归来，又作何解？充和思乡心切，却不知从何而去，可以想象并肯定的是家园颓废，月残人缺，不可想象的是如何面对。这一时期，充和就连为人题词，也颇有惆怅的气息。

题蒋风白《寻梅图》

杯酒在天涯，

吟边日又斜。

襟怀无着处，

寻梦到梅花。

临江仙　题蒋风白《双鱼图》

省识浮踪无限意，

个中发付影双双。

翠萍红藻共相将。

不辞春水逝，解道柳丝长。

投向碧涛深梦里，

任他鲛泪泣微茫。

何劳芳饵到银塘。

唼残波底月，为解惜流光。

春暖微醺的时节，充和却生出了微茫的心绪，流寓多年，终停嘉陵江畔。"偏安"在这尚未沦陷的国土里，经历胜利的曙光，蓦然间，她想起了章孤桐对她的隐喻——"文姬归汉"，莫不是一语成谶？

很多年后，充和再次联系上好友郑泉白，他已经在"文革"中被打断了腿，且收藏的充和的《仕女图》已被没收不见，后承充和寄上《仕女图》照片，得以慰藉。充和在照片上题词：

菩萨蛮

嘉陵景色春来好,
嘉名肇锡以"充老"。
案上墨华新,
诗书绝点尘。

鸦翻天样纸,
初试丹青指。
翠鬓共分云,
何如梦里人。

玉楼春

新词一语真成谶,
谶得风烟人去汉。
当时一味恼孤桐,
回首阑珊筵已散。

茫茫夜色今方旦,
万里鱼笺来此岸。
墨花艳艳泛春风,
人与霜毫同雅健。

1983年秋,充和与先生傅汉思去看郑泉白,"笔砚文房,全不当年"。此时沈尹默已经被迫害去世十二载。郑泉白颤巍巍地指着《仕女图》照片对充和说:"这上面的人物,只剩我们两人了。"他微微笑着,却有无限凄楚。[31]

此后,充和一直未断过与郑泉白的联系,九十大寿时还送贺诗:

百战洪流百劫身,

衡庐闭户独知津。
慧深才重成三立，
如此江山如此人。

1989年郑泉白灵归道山。1991年春，《仕女图》在苏州拍卖场再现。充和果断差亲人拍下。五十年劫难，纸色如新。"此时如泉白尚在，我是一定还他的。因为他一再提到，一再思念画上的朋友，一定要我珍重那个时期相聚的情景，一再要我写此回忆录。这幅画偶然得来，既失而复得，应该欢喜，但为谁欢喜呢？题词的人，收藏的人，都已寂寂长往。没有一个当时人可以共同欢喜。有朋友说这幅画得而复失，失而复得，应该有几句诗。我的喉头哽哽的，心头重重，再也写不出。连这小记，都不易下笔。"[32]

在终于决定离开重庆后，充和有一种决然，她毅然返家。短暂的停留和休整后，1947年她到了北平。

这年秋天，北国风寒乍起，充和分外怀念那些温暖的过往，她充满着希冀，信笔写下了：

寻幽不觉入山深，
翠雾笼寒月半明。
细细清泉流梦去，
沉沉夜色压肩行。
十分冷淡存知己，
一曲微茫度此生。
戏可逢场灯可尽，
空明犹喜一潭星。[33]

注 释

1—6　张充和:《二姐同我》,张家内刊《水》。
7　张充和早期诗作《趁着这黄昏》。
8　张充和:《二姐同我》,张家内刊《水》。
9　1943年2月10日夜周有光写给张充和的信。
10　舒乙:《第二故乡的梦》。
11、12　张充和:《从沈尹默洗砚说起》,见《凝静:尹默二十年祭》,沈尹默故居编,北京燕山出版社1991年版。
13　金安平著,凌云岚、杨早译:《合肥四姊妹》,生活·读书·新知三联书店2015年版,第309页。
14—17　张充和:《从沈尹默洗砚说起》,见《凝静:尹默二十年祭》,沈尹默故居编,北京燕山出版社1991年版。
18—20　张充和:《〈仕女图〉始末》,《苏州杂志》,2010年第6期。
21　"在成都,四川大学几位教授热心过度,给追求充姐的诗人帮腔,定期大摆宴席,她讨嫌这些,一气之下,离家出走。一周后我在报上才得到消息,原来她优哉游哉一个人上了青城山。被游山的'名人'看到她为上清宫道院题写的诗作,充姐虽然没有理睬他们的搭讪,好事之徒还是写了要人行踪之类的报道。"(见《张宇和:四姐和我——兼"论"我们的书法》,张家内刊《水》第二十五期。)
22　卢前:《卢前笔记杂钞》,中华书局2006年版,第19页。
23、24　《梅贻琦日记》1941年6月2日,清华大学出版社2001年版,第42页。
25　在重庆期间,充和频患牙疾,疼痛难忍,直至拔除。牙痛之际,充和仍忍疾为卢前抄写一本南剧《窥帘》。工尺谱工整依旧,且古意十足。只是细思量,已经"朱颜改"。正如在一个曲会上看了充和的演出,卢前欣然在《琅玕题名图》上形容充和"一个是小叶娉娉"。一向不苟的卢前曾严肃地对充和说:"你是不是准备这样过一生了?在舞台上可以演出传奇中的人,但在我们日常生活中不能这样的!"她说:"多谢您好意,等我将牙治好,我也要重新做一个人。"(见于《卢前笔记杂钞》,中华书局2006年版,第19页。)
26　张充和口述,孙康宜撰写:《曲人鸿爪》,广西师范大学出版社2010年版,第17页。
27　1960年3月15日张充和致张宗和的信。

28　真如（张充和笔名）:《张大千画展一瞥》,《中央日报》,1936年4月22日。
29　章小东:《镜框——张充和先生谈书画大师张大千和沈尹默》。
30　张充和:《临江仙——卅五年春别蜀中曲友》。
31、32　张充和:《〈仕女图〉始末》,《苏州杂志》,2010年第6期。
33　张宗和收集张充和作于1947年秋诗作。

第七章

北平：沈宅姻缘

北平岁月，直接改变了张充和的命运，她的前途，她的一生。

这一切可能与她借住三姐兆和家中有关。

兆和与沈从文有两个儿子，像是小说里的精灵，一个叫龙朱，一个叫虎雏，他们都分外地喜欢四姨充和。她与他们相处时间最长，她见证着他们的成长趣事，他们也观察着四姨的微妙心事。

诗人卞之琳是沈从文的好友，常常来做客，孩子们喊他舅舅。充和早在北京大学读书时就常来沈家，不期而遇。

有一天，小虎雏对父母说，他做了个梦，梦见四姨坐了条"大船"从远方回来，诗人舅舅在堤上，拍拍手，口说好好。[1]

抗战胜利后，充和到上海与家人团聚，卞之琳也到了上海，据说还送了充和香港的化妆品。[2]此前他曾去过成都、昆明、重庆等地，都是充和所在的城市，颇有交集。但是很明显，他们之间，仅限于朋友。外人观察说，他们多年不见，中间还隔了一段波折，可是他（卞之琳）自称很镇静大方，若无其事。[3]但卞之琳仍不时拿出珍藏的张充和所唱并自灌的铝质唱片，自己听，也放给好友听，那美极了的昆曲颇受赞誉。在这赞誉声中，诗人卞之琳会做何感想呢？

桥上的风景依旧，只是看风景的人已时过境迁。明月依旧装饰着窗子，此时还能装饰谁的梦呢？《断章》隽永，浪漫何在？

晚年的充和曾解释这段所谓浪漫的过往，说，人家既说"请客"，我怎么好说"不去"呢？

昔日北大未名湖划船、苏州天平山秋游、江南园林留影，这些黑白过往都成为浪漫延伸的无限可能。再看看，他的诗中有她的书，她的书里有他的诗，如此便足矣，何须"画蛇添足"？

沈宅姻缘

抗战胜利后充和先回苏州，沈从文一家回到北平。安定后不久，充和来到北平继续借住，"1947年我们又相聚在北平，他们住中老胡同北大宿舍，我住在他家甩边一间屋中"[4]。

第七章　北平：沈宅姻缘　　177

二十世纪三十年代，张充和拍摄于北平。照片中的充和身着毛呢大衣，穿着长筒袜，依旧戴着一顶小红帽，这种穿着是当时西化的流行时尚

在北平期间，充和主要在北京大学代课，教昆曲和书法。平时与沈从文一起买点文物，并与杨振声、朱光潜、梅贻琦等聚会雅集。她这个北京大学的休学生（因病），已经在战争时期历练成熟，完全能够胜任大学教师，只是她天性贪玩，尤其是还处于一个人的状态。她常常带着一帮朋友去捧曲友的场，领了薪水，照常豪放地请客。感情的事，看上去像是故意被忽略了，实则是她分外地信缘了。

1948年3月，居住在中老胡同三十二号的沈从文家又迎来了一位洋客人，傅汉斯。[5]

这位德裔美籍的汉学教授被胡适从美国邀来在北京大学任教，后经曾在德国留学多年的季羡林的介绍，[6]他认识了久仰的沈从文。他倾慕沈从文的学养，钦佩他的文学才气，一心要结识这位文学名士。[7]傅汉思曾如此描述初见沈从文的情景："他不像是个写了那么多有关士兵故事的人，他的仪表、谈吐、举止非常温文尔雅，但一点也不带有文人气习。他对中国艺术、中国建筑深感兴趣，欢喜谈论，欢喜给人看一些图片。介绍我给他的是一位年轻朋友金隄，沈从文有一位文静的太太和两个小男孩。"内战正酣，北平的风声一阵紧似一阵，处于兵家必争之地的学者们似乎并不焦虑，他们更多的还是想着学术、雅集、知音。

傅汉思温文尔雅，好学之至，他的单纯、温和很快引起了沈从文两个儿子的好感。傅汉思初期即有意向孩子们学习汉语，他认为再也没有比这更好的方式了。"我同沈家的两个男孩交上了朋友，我来中国有一个目的，就是学习讲中国话，我觉得最好是跟孩子们学，因为在北平生长的孩子讲一口纯粹的北京话，他们不懂英文，比成年人讲得自然。而成年人总以为同外国人讲话，要考虑怎么适应他们的特点同习惯。"[8]

很快，傅汉思即与两个孩子打成一片了，而且两个孩子对于这位洋叔叔不大标准的中国话以及他那有点天真的举止产生了亲切感。他们在互相了解，也在互相观察："大的龙朱（小名小龙）那时十三岁，是个善良、爽直的孩子，随时都准备去帮助别人。小儿子虎雏

张家四姐妹有着中国传统静女的气质,充和女士尤甚。这张照片应该拍摄于一九三四年或一九三五年的北平,照片下注有「北平北骆驼湾四号」,不知今日此处为何处?

(小名小虎)同小龙一样可爱,比哥哥小两岁,淘起气来充满了诙谐和幽默。"[9]

在此之前,傅汉思对张充和几乎没有任何了解,但这个像是藏在沈宅闺房的大小姐,一出场就像昆旦一样,一身古意,立即吸引了傅汉思的注意。"中老胡同靠近北京大学,原是皇家庭院,据说曾住过光绪皇帝最宠爱的珍妃及随从,现在这里是标准的复合式四合院,住着从西南联大和各处回国的学者、教授、作家等。沈家不大的宅院里,常常聚集一些邻居好友,朱光潜、贺麟、冯至、袁家骅等,他们喝茶、闲聊,回溯战争时光,虽然沈从文是个大忙人,写小说,在北大教课,款待来客,我去时他总找时间同我谈天。虽然他一口湘西土音我只能听懂一部分,我却很喜欢听他谈话。沈太太对我也很亲切，有时沈从文讲的我不懂，她就用普通话复述一遍，解释解释。我还见到沈太太的四妹张充和。"[10]

这个有着西方人直接、单纯思维又兼有中国儒雅的汉学教授甫一出现，也引起了充和的注意。要知道，充和与人交往从不喜欢拖泥带水，更不喜欢猜谜。她长期养成的娴静并不代表守旧，或可说是为动如脱兔而蓄势待发，只要看看她书法里的气和势、力和道，以及她在昆曲里的吐、纳、抑、扬便能明白几分。她在孤独中成长，但一直把自己陷入人群中，孤独而不孤僻。她在病中惆怅却始终坚韧不拔，努力保持着心性的康健，正如她越来越好的脾气。

沈从文家住在这条胡同的西北角，张充和就安静地居住在最尽头的一间，是单独的一间，还有个单独的小院。为安全计，沈家把其他可以出去的小门都封死了，但充和的独门独院还是可以从后门自由出入。充和在这个类似独立的世界里，开始着她的独立创作，尽管在孩子们看来她略显脱俗的行为有些"怪异"："那时我们除了能够经常看到四姨写字以外，还有机会看到她作画。对水墨写意我的欣赏能力有限，但是她那细致刻画的工笔山水却给了当时那个少年的我很大震撼，……我还见过四姨画的工笔山水横幅长卷，看她极其细致地研磨翠绿颜料，用极小的尖毛笔为山势的边缘描金，那份持久耐心、细致，考究用色叫人佩服！那个最终成果也真是好看！尽管我和小虎私下用孩子的语言称四姨为'嘎啦人'（出自云南小孩对有点'怪异'人的叫法），实际上对她的那些工笔画长卷充满了敬畏。"[11]

相信这样仕女般的现代女性也会引起汉学教授傅汉思的注意。他常来常往，有时还在沈家吃饭，他对沈家菜肴感到好奇之余也觉得荣幸之至。他常常写信给在美国的父母汇报沈家趣事。他似乎把这里当成了家。当然，沈从文先生也在观察着这位洋先生："过不久，沈从文以为我对充和比对他更感兴趣。从那以后，我到他家，他就不再多同我谈话了，马上就叫充和，让我们单独在一起。"[12]

孩子的直觉单纯而敏感，且往往准确之至。"小虎注意到充和同我很要好了，一看到我们就嚷嚷：'四姨傅伯伯。'他故意把句子断

在北大念书时的张充和，头戴小红帽，与一只小狗慵懒地晒着太阳

得让人弄不清到底是'四姨，傅伯伯'还是'四姨父，伯伯'。"[13] 中国传统的亲属称呼成为傅汉思玩味微妙情感的把玩，别有意趣。这其中既有情感上的得意，也有幸福的享受。

如禅默坐到斜阳

1948 年 5 月 20 日晚，充和在沈家过了一个特别的生日。她已经三十五岁了。这对于一位女性而言，不算太大，但也不算年轻。她的姐姐和弟弟们都已经成婚了，在众人眼中，她一度被认为抱定独身了。

时局在发生着变化，历史在经历着抉择。战争的惨烈似乎在延续着八年的残血。北平依然是风雅的、平静的，未名湖的清水，霁清轩的阳光，一切寂然无声，但总有一股最后的迹象裹挟而来。

这张照片应该是在张充和(右一)、张宗和(右二)在北平上大学时所拍摄。当时他们一个在北京大学,一个在清华大学,因此地点可能是在这两所大学校园的溜冰场。张兆和女士(左一)身着旗袍,精神奕奕,沈从文先生长衫在身,戴着礼帽。四个人都穿着冰刀,但从沈从文先生的装束看,似乎不是专门来溜冰的

沈家宅院,温馨依旧,祝福生日,吃长寿面,开始有趣的游戏,沈从文还要求每个人都唱一首歌。在歌声里,充和不禁想起了自己来北京赶考的场景,当时懵懵懂懂,她有些胆怯,但到底是决然的。她一旦决定了什么,便一往无前。

从上海光华附中毕业后,她用了一个假名字报考北京大学:张旋。这个假名字引起了很多人的猜测,各说各有理,或许充和只是一时兴起,这个名字后来也常被她用来发表散文、小品。考试的过程充满着戏剧性,正如她在昆曲里发现的那些不可预知的戏剧性,譬如国文一科,所考的断句、国学常识等都是充和擅长的;而数学则是满目苍凉,充和几乎是放弃了作答。

成绩出来后,录取的过程同样充满着戏剧性。为了能够将"张旋"这名偏科生录取,北京大学文学院院长胡适先生几乎费尽了脑

第七章　北平：沈宅姻缘　183

一九三五年夏，章靳以（左一）、作家萧乾（左二）、张宗和（左三）、张兆和（右二）、张充和（右一）在北平西山合影。张充和与章靳以很早就是好朋友了，一起谈文学，听昆曲，捧名角，后来与章家女儿仍旧延续这份感情，章靳以与张家大弟宗和也是挚友，同样喜欢文学和昆曲

筋，一个说法是国文满分、数学零分。不管如何，充和还是迈进了最高学府的大门，并因此上了报纸的新闻："北大新生中的女杰"[14]。

来到现代式的大学，充和充满着希望，性格也似乎偏于外向了。她喜欢戴一顶小红帽，骑着自行车来往，有时带着一只小狗散步，有时在未名湖畔沉思，同学们称她为"小红帽"。相对于学业，她更偏爱昆曲。

此时大弟宗和正在清华大学读历史，结交一班曲友，并加入了俞平伯发起的清华谷音社。充和也很快加入进来，常与清华大学的陶光、殷炎麟、李鼎芳、华粹深、浦江清、许宝驯等拍曲同期。加入艺术组织，成为充和结交好友的方式。

课余，充和常与三五好友组团包洋车去捧名家的场——韩世昌、白云生。名角荟萃的广和楼，一度常有她的身影，章靳以、卞之琳、李健吾、张宗和等常伴左右。曲终人散,一帮热心曲友表现绅士,在北平的夜色里护送充和去借住的三姐兆和家。但有时,他们也会遇到意外,因为沈从文对他们这帮小戏迷有些看法。"沈二哥极爱朋友,在那小小的朴素的家中,友朋往来不断,有年长的,更多的是青年人,新旧朋友,无不热情接待。时常有困穷学生和文学青年来借贷。尤其到逢年过节,即使家中所剩无多余,总是尽其所有去帮助人家。没想到我爸爸自命名'吉友',这女婿倒能接此家风。记得一次宗和大弟进城邀我同靳以去看戏,约定在达子营集中。正好有人来告急,沈二哥便向我们说:'四妹、大弟,戏莫看了,把钱借给我。等我得了稿费还你们。'我们面软,便把口袋所有的钱都掏给他。以后靳以来了,他还对靳以说:'他们是学生,应要多用功读书,你

一九四七年张允和随三姐兆和、沈二哥住在沙滩中老胡同北大宿舍,当时住在最里面的一间,有单独出去的门,平时练字、作画。当时胡同里居住的都是北大的名家,如冯至、朱光潜、贺麟等。图为张充和当时写给哲学家贺麟的女儿贺美英的书法:「滴自己的汗,吃自己的饭,靠人靠天靠祖宗都不是好汉。」当时贺美英还只是七八岁的孩子,可见充和女士对这位小妹妹的用心

年长一些，怎么带他们去看戏。'靳以被他说得眼睛一眨一眨地，不好说什么。"[15]

时隔多年，充和依旧怀念那充实的时光，古都的意蕴。就如同现在，虽经过了炮火蹂躏，且战后的生活艰苦朴素，但此地古韵尚存，气势还在，只是时不时地会传来前线的战况。对于政治，充和一向不感兴趣，她从合肥宅院一路走来，养成了平和、悲悯之心，无论哪一方的伤亡，对她来说，都是一种伤害。政治太复杂，远没有艺术简单。

于是她常陪着沈二哥一头扎进文物堆里。"这时他家除书籍漆盒外，充满青花瓷器，又大量收集宋明旧纸。三姐觉得如此买下去，屋子将要堆满，又加战后通货膨胀，一家四口亦不充裕，劝他少买，可是他似乎无法控制，见到喜欢的便不放手。及至到手后，又怕三姐埋怨，有时劝我收买，有时他买了送我，所以我还有一些旧纸和青花瓷器，是那么来的，但也丢了不少。"[16]

后来沈从文还拉上邻居朱光潜加入"买古"：

> 到了过年，沈二哥去向朱太太说："快过年，我想邀孟实陪我去逛逛骨董铺。"意思是说给几个钱吧。而朱先生亦照样来向三姐邀从文陪他。这两位夫人一见面，便什么都清楚了。我也曾同他们去过。因为我一个人，身边总比他们多几文，沈二哥说：四妹，你应该买这个，应该买那个。我若买去，岂不是仍然塞在他家中，因为我住的是他们的屋子。
>
> 沈二哥最初由于广泛地看文物字画。以后渐渐转向专门路子。在云南专收耿马漆盒，在苏州、北平专收瓷器，他收集青花，远在外国人注意之前。他虽喜欢收集，却不据为己有，往往是送了人；送了，再买。后来又收集锦缎丝绸，也无处不钻，从正统《大藏经》的封面到三姐唯一的收藏宋拓集王圣教序的封面。他把一切图案颜色及其相关处印在脑子里，却不像守财者一样，守住骨董不放。大批大批的文物，如漆盒旧纸，都送

给博物馆,因为真正的财富是在他脑子里。[17]

沈二哥在文物上的这种坦阔,很是影响了充和在艺术上的意趣。后来她把自己珍藏的昆曲行头和曲谱都捐给了博物馆,还不断地拿出祖传的明朝徽墨写字送给别人,慷慨一时。

此时的傅汉思还是大量地阅读沈从文的作品,希望走进他的精神世界,他深知恋人张充和钦佩沈从文,他想从作品入手,继而深入了解这个亲切的家庭:"我开始阅读沈从文著作,先读英译本,然后读中文原著。在他的著作中,我看到了我过去很少了解的中国生活、文化的各个方面。也是我一生第一次结交一个作家。"[18]

一九四八年夏,傅汉思与张充和在颐和园的霁清轩

第七章　北平：沈宅姻缘　187

一九四八年，张充和、傅汉思与沈从文一家闲居颐和园消夏，度过了一段美妙时光

1948年的仲夏，北平依旧算得上安逸，傅汉思不时随着沈家去天坛野餐，去颐和园小住，去霁清轩享受阴凉。他尤其喜欢在这样的氛围里听沈先生讲解中国古代的艺术同建筑。同时还有一点，他已经不自觉地随着充和称呼兆和为"三姐"了。他致信父母说：

> 我在北平近郊著名的颐和园度一个绝妙的假期！沈家同充和，作为北大教授杨振声的客人，住进谐趣园后面幽静美丽的霁晴轩（霁清轩），那园子不大，却有丘有壑，一脉清溪从丘壑间潺潺流过。几处精致的楼阁亭舍，高高低低，散置在小丘和地面上，错落有致。几家人分住那些房舍，各得其所。我就把我的睡囊安放在半山坡一座十八世纪的小小亭子里，生活过得非常宁静而富有诗意。充和、我同沈家一起吃饭，我也跟着充和叫沈太太三姐。我们几乎每天能吃到从附近湖里打来的鲜鱼……[19]

霁清轩自成一园，位于颐和园东北隅，其风格颇似江南园林式样，据说灵感源于江南寄畅园。园林有清琴峡、八方亭、垂花门、爬山廊等景观，慈禧时期曾增加了酪膳房和军机处，在此可兼办公和用膳。如今，这里归了国民政府官员所有，因着杨振声的关系，沈从文等一批文人学者得以小住创作，充和与傅汉思也跟着进去了，并在此继续"用膳"。

1948年7月29日，沈从文致信张兆和："今天上午孟实在我们这里吃饭。因作牛肉，侉奶奶不听四小姐调度，她要炒，侉红烧，四姐即不下来吃饭。作为病不想吃。晚上他们都在魏晋处吃包子。我不能说'厌'，可是却有点'倦'。你懂得这个'倦'是什么。"沈从文充满谜语式的信中道出充和对于吃饭的细节。此后，在沈从文的信中，还出现了"'天才女'割洗烹鱼头、'北大文学院长'伐髓洗肠（到后由天才女炒鱼肝，鱼油多而苦，放弃）"的细节。不用说，"天才女"即充和，文学院长即朱光潜，可见充和工诗书的同时已经开始参与掌勺了。尽管结果不太理想，但毕竟是开始了厨房事务。

这也算是为她将来的结缡生活开了一个不错的头。

很多年后，充和还记得这里的一件新鲜事物，抽水马桶。"我们住颐和园霁晴斋（霁清轩），在谐趣园后边，是唯一有抽水马桶的地方。是汪应泰的姨太太曾住过的。所以到大门口有卫兵的地方，人人都知。后来老杨[20]养病，借住。沈冯[21]两家都去。因此我们也去。那个水箱每次用过要提一桶水放进去，然后再抽。有时抽几次就要好几桶水。汉斯觉得好玩极了。"[22]

霁清轩是一处充满历史转折意蕴的胜地。在此地过暑假的小龙朱发现，四姨与洋叔叔傅汉思已经开始了恋爱。因为充和，傅汉思开始了古典文学的研究；因为遇见了一个热情开朗的人，充和开始介入柴米油盐。

颐和园之夏，热烈而明媚，琴音徐徐，墨色葱绿，充和信手点染《青绿山水》，山峦叠翠，古木交柯，古人闲舟画中游，今人徜徉朦胧意。

二十多年后，充和回忆这一切时欣然赋诗：

> 霁晴轩畔涧亭旁，
> 永昼流泉细细长。
> 字典随身仍语隔，
> 如禅默坐到斜阳。[23]

暂别真成隔世游

1948年，北平的冬天分外寒冷，不少人已经开始闻风而撤，古都上空不时传来军机的轰鸣，长江以北的局势已经彻底改变。北平，兵临城下，势在必动。

这样的紧张气氛和节奏逼迫人们做出决定。

这年的11月19日，是个好日子，长长久久。德裔美籍教授傅汉思与中国籍北京大学教师张充和在北平成婚。

这一年,张充和三十五岁,傅汉思三十二岁。

他们原打算在次年春办一个隆重的婚礼,但迫于形势匆匆决定提前,"此次因领事馆通知撤侨,而我的护照急需结婚证,所以只在一二日决定"[24]。

> 为了使婚姻在中美两国都合法,我们准备一个中西结合的仪式。有美国基督教的牧师,美国驻北平领事馆的副领事到场证婚。从文、三姐在结婚仪式上也是重要人物,我在信中对父母这样描写:
>
> ……是的,我们前天结婚了,非常快乐……仪式虽是基督教的,但没有问答,采用中国惯例,新娘新郎在结婚证书上盖章,表示我们坚定的决心。除我俩外,在证书上盖章的,还有牧师,按照中国习俗,还有两个介绍人(从文和金隄),两个代表双方家属的,沈太太和杨振声教授(他代表我的家属)。参加婚礼的还有充和两个堂兄弟、沈家两个孩子和几个好友,连邵牧师夫妇一共十四人。邵牧师夫妇在他们西式房中为我们安排了非常好的仪式。没有入场仪式。我们俩站在小桌子前面。牧师站在桌后,面对我们。他用中国话宣讲基督教义同婚姻意义,他想那样所有在场的人才能够听得懂……[25]

充和一定没有想过自己的婚礼会是这样的匆匆而独特。她打小即向往自由的情感,在漫漫的羁旅中,很难说她没有过心动,但现在她是采取了行动。在她的印象中,最初的傅汉思"主动、热情开朗",谁又能说她不是如此呢?当初她曾避讳章士钊所言的"昭君嫁胡人",那是对包办的避讳,对旧时不自由的反感。现在,水到渠成,自自然然,她嫁给了"西域"的"胡人",只不过这是她自己的选择,或是他们共同的选择。"仪式简单、庄严、静穆。采取宗教仪式之初意,为因美国法律,只承认此种方式。然而倒正合我简单庄重的意思。"[26]

当日亲友中连新郎新娘在内是十六人,张充和与傅汉思曾计划次月与亲友共聚晚餐，预计邀请一二百人，后因形势急变取消了。

充和对宗教似乎并无皈依，但她尊重个人信仰，正如她崇古却不抵触革新。她是十姐弟中最后一个成婚的，也是四姐妹中唯一嫁给外国人的。他们从恋爱到结婚，不到一年时间，他们用中文和简单的英文交流，还时时备着中英文词典。他们似乎都属于那种慢性子的人，但一旦决定了便毅然决然。

婚礼上，唯一的俏皮亮色在于孩子，还是可爱的虎雏："后来吃结婚蛋糕，小虎最喜欢吃，他说：'四姨，我希望你们天天结婚，让我天天有蛋糕吃。'"[27]

亲友们在担忧的同时都抱着热忱送上祝福。二姐允和做过大姐的媒婆，做过三姐的媒婆，只有四妹，她说是自作主张，嫁给了洋人，但对四妹的婚姻她表示很是满意。[28] 城内喜宴尚未开席，城外已是炮火连天，围城已成定局。水电时断时续，充和与傅汉思已经在想着去美国了，现在他们属于同一个家庭同一个国籍。只是没想到事出突然。那年正好是北京大学创办五十周年校庆，原本还有一些活动要举行。那天充和正在家里煮粥，急促的电话铃响起，是美国大使馆的领事人员，通知他们紧急撤离，说仅有一个小飞机场还在使用。

此时，充和所用的保姆小侉奶奶正在擦窗户，书店的一个相熟的老伙计正好送书上门。傅汉思与张充和粥也来不及吃，就急匆匆收拾离开，临走前给三姐兆和打了个电话，并把家里托付给了书店老伙计。

往南，先飞青岛，再到上海。临走时，充和坚持带上小侉奶奶，那是一个合肥老乡，跟着充和多年。炮声隆隆，有一阵充和所乘坐的领事馆车不得不退回城内。机场的人欲拒小侉奶奶，充和坚持丢下几包"宝贝"，"置换"小侉奶奶。这样三人得以全飞。只是到了青岛，飞机再也不能回去。天寒地冻，茫茫人海，昔日美丽的海滨城市对于充和来说，已经换了天地。

身上是"破烂衣服"，所带仅为一包破笔墨，还有几位挚友送的小物件。那是新婚贺礼：杨振声送一块清早期的彩色墨，梅贻琦送明朝景泰年间的碗。在青岛滞留六小时，风吹受寒，到了上海，充和

一九四八年十一月十九日,张充和与傅汉思在北平拍摄的结婚照

与傅汉思都感冒了。尤其是充和,"重伤风,三孔出血(鼻口)",在上海阴冷的天气里,她担心那些行李,"若果衣被全丢,必借钱做衣,如此花子式的新娘去美国,如何丢中国人的脸"。更让充和委屈的是,临走时没能见到三姐兆和,"我亦无暇同你寒暄,那天(十六日)只错过几分钟,没见到面,满肚子委屈,过警戒线,听炮声,全不害怕,只是想大哭一场。到上海,又病,心绪又乱,又还有接风道贺,愈加对照得惨凄,所以千钧重的笔,想写信,又怕寄不到。……"要知道,出嫁时她是从三姐那走出去的,算是"娘家",没有新房,就借住北京饭店。整个婚礼几乎都有劳三姐一家支撑照应,现在他们撤

一九四八年张充和、傅汉思与友人在北平的合影

离了,尽管有些狼狈,有些不堪,但三姐一家还在北平,危难之中,还要求助处于兵荒马乱之中的三姐,充和不免歉疚、凄然。

暂别真成隔世游,
离家无复记春秋,
倩谁邀梦到苏州。

月满风帘慵理曲,
秋深烟渚怕登楼,
也无意绪蘸新愁。

带着委屈和凄然，充和与傅汉思先回苏州家中小住几日，算是回到了真正的"娘家"，然后去上海领事馆办理赴美手续。1949年1月，充和与傅汉思乘坐"戈登将军"号轮船离开中国，前往美国。

此时，北平的局面彻底改变，红旗插遍了昔日的古都。历史已经有了新的开始。

归去来兮

充和赴美后，在遥远的故国，还有一位不算太熟的作家在把玩着充和写于颐和园霁清轩的书作。张充和、沈从文、杨振声三人联手，同写章草，但这位叫黄裳的作家嘉评充和第一，因其流动宛转，清丽动人，于是急向好友章靳以转求张充和的字。靳以与充和交好多年，老友去国多月，亦有书信来往。他当即致信充和："充和：看了你的信，大家都觉得你们还是回来的好。这个大场面你不来看也是可惜的。当初我就以为你的决定是失策的，可是没有能说，也不好说。看到你的兴致那么高。有机会还是回来吧。你答应给'黄裳'写的几个字也没有影子，得便写点寄来吧。我们都好，大家都盼望你回来。靳以 四月廿四（一九四九）。"充和去国不过三月，靳以在短短的一百多个字里写了三次"回来"。

此时，盼望充和回来的又何止章靳以他们，张家人绝大部分都选择留在大陆，大弟宗和还去了偏僻的西南贵州。1949年4月他致信四姐，汇报了国内的局部战事，以及仍处于国民政府之下的教授罢课、物价飞涨等情况，但还是希望四姐能回来，说她的一班熟人都还在正常做事，"我想你们很可能回到中国来，只要中国局势安定了就行"。

三十年后，张充和从傅汉思的家乡德国慕尼黑回到美国，不久即致信黄裳并送上她书写的《归去来分辞》卷：楷书，皮纸朱丝栏，工整、婉丽，柔中带刚，此卷由充和的挚友卞之琳从美国带回。充和随书附信："奉上拙书一幅，想来你已忘记此事。因靳以四九年的信尚在，非了此愿不可。我的字时写时辍，不成'体'统。……多

年来因不知国人友朋下落,前之琳来美,谈及此事,现在就托他代转了。附上靳以信影本,一叹!"²⁹

此时,章靳以已经去世二十多年。在他的室内一直悬挂着一幅《归去来兮辞》,印刷的,一生相伴,视若珍物。忆起旧时旧事,忆起雾清轩的云烟过往,充和的"一叹"里包含着太多的情绪。已过不惑之年的作家黄裳在三十年后才收到充和的《归去来兮辞》,不禁怔怔自问:"女书家到底为什么在去国三十年后写下了这么一篇《归去来兮辞》呢?真不是一叹就能了事的。"

"归去来兮,田园将芜胡不归?"充和的归与不归,相信理解的人一直都是理解的,不理解的人恐怕永远也不会理解。用黄裳的话说:"也不应该要求他们理解。"

张充和随傅汉思赴美后,当时在国内的好友章靳以先生致信在美的张充和,劝她回来。短短的一百多字,靳以先生写了三次『回来』

二〇〇四年夏，张充和女士回到北京举办个人书画展，在开幕式上与元和的女儿凌宏（左一）宗和的女儿张以䗛、兆和的孙女沈红合影留念。张充和女士在晚辈中威信很高，不只是因为她的艺术，更缘于她对生活的态度以及对晚辈的关心和爱护。凌宏、和统夫妇在美国，颇受四姑一家的照顾，一生为之感恩，以䗛记得父亲在世时，四姑在美国那么困难还经常给他们邮寄生活用品。父亲去世后，四姑回到贵州，几乎走遍了父亲工作和生活的场所，还去拜会了父亲的好朋友。沈红在美国留学期间，发现年迈的四姨奶奶还经常爬上爬下地做家务，做了很多爷爷奶奶不敢做的「危险动作」，并记录了四姨奶奶和傅汉思先生晚年的寻常生活，颇为珍贵。

第七章　北平：沈宅姻缘　　197

文学家章靳以与张充和是很多年的好友。二十世纪五十年代初章靳以曾代黄裳向充和求书法，因为时局关系，这幅书法在三十年后才到了黄裳手里，此时章靳以先生已经去世多年。这幅书法写于一九八一年六月，当时张充和正随傅汉思居住在德国慕尼黑

注 释

1　《沈从文文集》第十卷，第116页。
2、3　《夏济安日记》，人民文学出版社2011年版，第169页。
4　张充和：《三姐夫沈二哥》，张家内刊《水》。
5　傅汉思原名傅汉斯，后被张充和改名为傅汉思。
6　此说为晚年张充和所说，傅汉思则提及是经翻译学者金隄介绍。
7—10　傅汉思：《初识沈从文》，张家内刊《水》。
11　沈龙朱：《读四姨诗书画选引起的回忆》，张家内刊《水》。
12、13　傅汉思：《初识沈从文》，张家内刊《水》。
14　"北大此期招生投考数千人，各科试卷由各系主任分别总评阅，文学院长兼国文系主任胡博士于评阅国文试卷后对人云：此期新生国文试卷以张旋女士者为最佳。言下似有得此女弟子已满足之状，盖张女士报考之学系又适为国文系也。女士年尚幼，俭朴诚笃，不趋时尚，擅长于文学而数学则非其所好，以是此次考试结果，仅以试读生入学，然此殊无碍其努力文学也，吾人当刮目候之。"（《大学新闻周报》，1934年9月24日。）
15—17　张充和：《三姐夫沈二哥》，张家内刊《水》。
18、19　傅汉思：《初识沈从文》，张家内刊《水》。
20　杨振声。
21　沈从文、冯至。
22　1962年11月27日张充和致张宗和的信。
23　张充和：《结缡二十年赠汉思》，充和诗文中用的是"霁晴轩"，在此保留。
24　1948年11月23日张充和致家属的答谢信。
25　傅汉思：《初识沈从文》，张家内刊《水》。
26　1948年11月23日张充和致家属的答谢信。
27　傅汉思：《初识沈从文》，张家内刊《水》。
28　多年以后允和还对此赋诗赞叹："黄昏柳月妃子院，燕去梁空寂寞时。景山重来终有日，比翼双飞影不离。霁晴轩畔小亭傍，蜜意深情绵绵长。字典而今已释手，扬眉年少映朝阳。"
29　黄裳：《珠还记幸》，生活·读书·新知三联书店2007年版，第283—287页。

第八章 美国：走出仕女图

出苏州九如巷张家往东南几百米阔家头巷有一处园林——网师园，取意于归隐于渔。园林源于宋，盛于明清。民国时期，网师园处于半废，但意境不减，西园有名殿春簃，以芍药花开为纪。画家兄弟张大千、张善孖借住于此，半隐半绘。

充和记得，她青春时期在苏州时喜欢到类似的废园游弋，残山剩水，恍若梦境。虽去过网师园，并仰慕大千其艺其人，但充和说不敢前往拜识，原因是大千兄弟在殿春簃里养了老虎。大千养虎是为了创作，曾摩登一时。这段艺坛虎缘一直延续到张大千离乡四十余年，飘居在外的大千先生怀念网师园，怀念葬于殿春簃下的虎儿，特题写一纸《虎儿墓碑》，自外辗转遥寄苏州。

1978年春，沉寂已久的殿春簃迎来了美国来客。美国纽约大都会艺术博物馆的友好人士参观了这个不足一亩地的园中园后，欣然提议仿造一座这样的小园。殿春簃内泉石花木布置得当，铺地、花窗、半亭、粉墙、松竹乔木，攀藤石间，古色古香，精巧微妙，无不透出明式的简约和雅致。移步换景，咫尺山林。春末的芍药正绽放着，清香芬芳飘过了满月洞门，缓缓弥散。宋诗有赞："一声啼鸠画楼东，魏紫姚黄扫地空。多谢化工怜寂寞，尚留芍药殿春风。"

1980年4月，明轩竣工。

金砖曼地，半亭婀娜，假山漏瘦，花窗清丽，轩廊朴素，整个工程"工整柔和，雅淡明快，简洁利落"。这一切都在无形似的玻璃天棚内。借着温室似的光和热，花香四溢，虽说这花香有些异国的芬芳，但也给这自然的林泉增添几许春意。

当美国艺术家们在苏州游园时，充和去国近三十载，经过数次的申请，她第一次回到中国。

充和回到家乡苏州时已是深秋。桂花飘香，皎皎月色，坐在九如巷仅剩的小院里，充和生出了思亲的怅惘。大弟、二弟相继病逝，园景依旧，斯人不在。忙碌一趟，匆匆告别，再回美国，她又无比地思念着在国内的亲友。

1981年春，明轩开园的消息传来，充和是兴奋的。有一个让她欣喜的消息是，开园期间，普林斯顿大学有意邀请她到明轩演出昆曲，唱《金瓶梅》里的曲子。

当天，普林斯顿大学的浦安迪（Prof. Andrew H. Plaks）教授率一众学生早早恭候着充和，他们中不乏研究中国明代文学的，在这明式的轩廊庭院里，唱着明时的曲令，再合适不过了。弟子陈安娜女士撅笛，充和依旧是一袭旗袍，她唱了《双令江儿水》《朝元令》《梁州新郎》《罗江怨》等曲，最后以一曲《孽海记》中的［山坡羊］收尾，在一旁助阵的还有她的"洋弟子"咪咪·盖茨。

演出并没有京剧般的轰动，但却感动一时。充和的曲调古朴、雅致、优美，恰如其分地弥散在这江南小园里，恍若隔梦。掌声为充和的演出而鸣，也是为中国的古意而鸣。

此时，也只有充和最明白内心的欣然和慰藉。盛行故国的昆腔沉寂太久了，它曾在家乡成为绝唱，反倒在洋人的世界里延续着声息，这多少带着些历史隐喻。

讲演昆曲，成为张充和在美国的一项重要事业，她已经默默地自发地做了多少年，如同吃饭睡觉一样自然。时至今日，她终于为昆曲松了一口气，如同她在美国的实际生活，也终于到了松一口气的时候。

透过热闹的场面和热烈的掌声，人们看到的依然是那个淡然的充和，她将继续忙碌在路上，为了她的昆曲。尽管她已经年近古稀，但她的昆曲依然年轻，充满着朝气，裹挟着古老而优美的诱惑。

加 州

20世纪50年代初期，合肥张家的资产在中国悄然发生着变化，"南京房子收租恐怕还不够缴税，合肥的田今秋大概要实行土改了，……苏州的住房大概也要捐税"[1]。

初到美国的充和闻知后，及时给通信的大弟和几位亲人寄了钱。她持续不断地寄了很多次。有一次三弟媳妇用她寄的钱兑换了二十

二十世纪五十年代,张充和初到美国,先在加州大学伯克利分校东亚图书馆工作,在这里她留下了大量的书法标签,成为该图书馆珍贵的史料。生活清苦,工作单一,但充和很享受这种状态,因为她说这一阶段好好读了不少书

第八章 美国：走出仕女图　203

一九五六年七月十四日，张充和从美国寄给大弟张宗和的信封。从图中看，充和写信是在航空信封的反面，可谓省纸。初到美国时期，充和写信给宗和同时也是为了节省重量。初到美国时期，充和写信给宗和时，大部分是这种反面加夹缝糙的写法，有时用纸也是比较粗糙的包装纸，但是遇到好的本子和信纸，她会记得寄给大弟宗和，说给侄女们使用。同时，张充和写信也是见缝插针，常常是在做饭或是看孩子的同时，顺手写上几段，有时一封信要分两三天写成

多万中国货币转给宗和，这让张宗和很着急："报上说美国为了朝鲜的战事，生活也高了，物价也贵了，我担心你们的生活。汉斯（注：宗和在信中一般习惯称呼傅汉思为'汉斯'，充和信中也是汉斯、汉思均有）兄又是个老实人，一点不会投机取巧，规规矩矩的过日子，一定不会太富裕的。你们几次寄了钱来，我们很感激。虽然钱由于种种关系最后都没有拿到，但是你们的盛意可感，我们是决不会忘的。"[2]

在国内经历了内战，到了美国，又要面对战争的局面。此时张充和与傅汉思仍没有全职的工作，充和有时出去打打短工。[3] 张充和在给大弟的信中对于美国人要求停止在朝鲜的战争颇为支持，因为这毕竟会影响到市场物价和平民生活。

他们住在加州，美国的西部地区，这里还存在着一些"痼疾"，譬如对黑人的歧视，对东方人的不平等对待。1952年，充和在这里租房子就遇到了问题，"记得我在伯克利（十年前）租屋时，都不太容易。买屋只是限定地点（这是违反宪法，但地产公司暗中作祟，不明言你是东方人，就是不卖），若是在高贵处有了东方人或黑人，屋子马上落价"[4]。

因着傅汉思父亲在斯坦福大学任教的原因，充和与傅汉思前去借住过一段时间，直到后来充和与傅汉思进入加州州立大学工作，他们才算借贷买了自己的房子。但傅汉思并非全职，他在加州大学帮助编目，编辑中国历史类刊物，这缘于他在中国认识充和后的专业转移。只是要转一个专业，就难免遇到就业的门槛，他必须获得这个专业的博士学位才能进入高校工作。

终于结束了居无定所的日子，充和分外感谢意大利的汉学家——奥斯基（Leonardo Olschki）先生。"我初到美国来第二天即在赵元任家见到他们夫妇。那时他已六十了。以后我们生活非常困苦，找不到工作，他总是帮忙，至少是对我们有认识，不比另外人见到你穷时是一个样子。"[5] 奥斯基在历史学、美学方面颇具造诣，喜欢写作中国古诗，颇受充和称道。[6]

充和初到加州与文学评论家陈世骧的一次合作，则是无意中促成充和在异邦释放传统文化能量的伊始。充和称陈世骧为"学长兄"，此说颇有渊源。陈世骧在1935年即与沈从文、卞之琳、冯至等充和的旧友熟识。他曾与沈从文通信，对卞之琳的战时诗歌尤为推崇，并称卞之琳有如"浮泛于崩石的浪涛间的一只白鸽，他最能感应到其中的怒潮，但却能翩然地舒展如雪的双翼，溷浊不沾"[7]。

陆机《文赋》的英译，是陈世骧在加州大学伯克利分校任教期间的重要研究项目，评论家认为："陈世骧的考证，其实是一位敏感的批评家对一颗文学心灵的追踪，是超越时空阻隔的知音感会。"[8] 初到加州的张充和，接到这样的任务，想必也会引起情感上的共鸣。充和拿出了祖传的古墨，字字用心，笔笔传古，落款亦是恭敬："右陆士衡文赋一首录为石湘学长兄　一九五二年五月二十五日充和试方于鲁　一五八二年所制九子龙墨于柏克莱。"

陈世骧比张充和大一岁，但他不到六十岁就在加州因病早逝，海内外众多学者对他的义气、热情、博爱、善良都有追溯，说他有出生地燕赵人遗风。陈世骧执教在加州，从未停止过对故国的思念，他将居住地命名为"六松山庄"，相信这样的居所，这样的情愫，多少也会勾起充和的回忆，这也可能是删减版英译陆机《文赋》再版时，陈世骧特邀充和加入的原因。更令人欣喜的是，陈世骧与傅汉思都对中国六朝诗词倾注了大量心血，共同探求古典诗意里的隐秘世界。

从张充和与傅汉思初到美国的交往可见，除了陈世骧，赵元任应该是另一位帮助他们进入加州大学工作的朋友。这位语言学家从1946年即在加州大学伯克利分校东方语言系任教，此后一直都在加州居住。根据赵元任的年谱，1949年上半年起，多位从中国赴美的人路过加州均到访赵元任家，包括胡适、陈世骧、老舍、李方桂等。这一年赵元任还接到了加州大学校长 R. G. Sproul 委任他出任东方语言系主任的通知，并于 1950 年年初代理系主任职务。[9] 此间张充和的家信中多有提及与赵元任、胡适、陈世骧、李方桂等人的交往，甚觉温馨。或许正是别样的人际温情，让充和与汉思决心在美国坚持下去，而不是听从亲友的劝说回国参与"大好形势"。

有段时间大弟宗和听说四姐在美国吃顿排骨都很困难，就委婉地劝他们回国工作："我们现在学习总路线，我们看清了社会主义的前途是光明的，以前我还不相信我能看到社会主义，现在我却相信了。十年十五年以后我是一定活在世上，不但我自己，连七十二岁的夏妈也相信她可以见到社会主义。你们吃排骨很困难，我们这儿排骨比肉便宜……"[10] 之前信中还提及昆曲："妈妈在苏州文联搞戏改（昆曲）工作，你们若是能回国来在这一方面一定大有发展。关于昆曲人才即使在北京上海也很缺乏。"[11]

身处海外，充和唯一欣慰的是还能收到大弟的信，让她第一次真切地感受到了"家书抵万金"，她总是催促着大弟常常写信来，多写点家中琐事。当然，宗和也如实地告知她家中的近况："我们安徽土改早已完成，文思的爸爸、八姑爷被判两年家牢，不准出去乱跑。东北华北这些老解放区，人民已经可以过到较好的生活了。苏州乐益听说要和乐群、崇实三校合并，私立学校将来不会有出路的，一定要交给公家。……李方桂他们预备回国来吗？在这里无法唱昆曲，以前唱昆曲的大半是地主恶霸，现在都被镇压、被斗争了。听说范崇石也被捕了，不知确否？我唱昆曲是一个人乘凉时哼哼而已。在班晚会时唱过一次'好把那袈裟'，清唱的，别人都叫我'小尼姑'，来学习后剃了光头，自然更像尼姑。"[12]

再也没有比谈昆曲更能触动充和心思的事项了。她初到美国获知这一切后，鲜有人能够体会到她的伤心，几乎没有人见过抽烟的充和是什么样子，但她的行动已经默言了一切。生活渐有保障后，充和就开始为昆曲工作，为昆曲付出，昆曲已经与她相依为命。

与此同时，她还在"固执"地坚持着自己对书法及中国文化的热爱："我们去东部一次，美国文化真是一无所取，唯博物馆、图书馆可取。但是看了也气人，我们的多少古物都进了博物馆，善本书流在此间的亦大有可观，往往为海内孤本也。去年齐如山还卖了一批小说戏剧书给哈佛，其中不少好书，一共二千五百元，可惜我没有钱，若有我就断了路了。算了，说也是枉然。"[13]

刚到美国，因为通信正常，充和还与先前在北京熟识的中国书店老伙计联系上帮助朋友购书，只是她自己苦于房子小、经济紧张无法再多买书，为此她还卖掉了祖传的古墨。"我在加大[14]的东方图书馆……我是中文编目方面工作。这里书本来中日书差不多，近六年来大陆书不能来，日文就增长了很多，虽在香港也买到一些，但买书的人不在行，我虽爱书但也莫能助。若是帮了忙，反而以我为多事。四九到五二（年）我还替我自己替朋友买了《四部丛刊》，我又买了《百衲本二十四史》。把一部同文本的卖给书店。因为我们租的房子不够放。"[15]

收入说起来也不能算坏，但房子上太贵了，借了放债公司九千五百块，每月九十五块，十一年还清，利息也就是好几千了。加上房捐（每月当过兵的就特别大）、保险费种种费用，就去了我整个的薪水。如果我不做事是不可能的，汉斯的薪水管交通、吃饭、杂费。衣服也不大买，汉斯一年顶多一套衣服。我伙食还赶不上住房子费贵。……在图书馆我立下规矩，连英文也是毛笔，总算还会拿毛笔。字大概是丢得多了。[16]

充和考虑到自己是一份全职工作，就想为傅汉思争取时间去读个中文的博士学位，这样他就能进入大学任教了。就是这个时候，充和才动了卖"祖传宝贝"的念头："我几年前写了一篇陆机的《文赋》，在陈世骧翻译的书中，总算影印得十分满意，连图章的颜色都不差。我用明方子鲁墨写的，墨华甚佳。我带来的墨够我用一辈子。还送了几锭给人，都认为至宝。那时你觉得我贪得无厌，就是十四爷送的那一盒礼墨也就是上好的了。现在怎么也买不到。"[17] 后来充和谈到刚到美国时的窘迫，"整个五十年代汉思都没什么事做。实在没钱用，我就把这十锭乾隆石鼓墨，卖给了日本人，卖了一万美元——一万美元那时候是很多钱哪！好东西卖掉了很伤感情，我为这十锭墨，伤了很久的心呢"[18]。

有了房子并不代表一劳永逸，除了要支付高额的贷款利息，还要忙着整理房屋日常以及维护相关设施。充和到美国已经七年了，俨然已成了技术多面手，她总是很忙："我们也是忙得透不过气来。……我再要如此忙下去可真要倒了。但是来此七年并无疾病，就只是累。可见累并不是不利于健康。当放下不操作过度，反而多病。如我再见到你时，可比你们都会做事了。除了家事外，漆匠、木匠、花匠、自来水匠也都会一点。不然我们两个人的薪水还不够付匠人钱呢。说来你们也不会相信，这里的工人会强，我们邻居是木匠，三年前工价是一小时三块五还在闹罢工，我们那时只有一块二毛五，还怕人家不要我。他们看不起学校的收入，我们才真是被剥削的。他们罢工有工会维持，我们罢不了工，罢了便没饭吃。"[19]

在国内充和对经济几乎不关心，就算是在混乱的战争时期，她因为有着相对稳定的生活来源，也不用太过于操心衣食住行，况且她对生活本身要求也不高。但现在她必须完全靠自己，傅汉思斯文单纯，小儿以元尚在学步……面对重重压力，充和硬着头皮去熟悉一项项她本就头疼的数字。

> 我们两个绝不懂经济问题的，可是滚到这个资本社会的潮流里，不得不略略计划一点，否则一浪打来就一败涂地了。这里普通最美国式的家庭从房子冰箱洗衣机……大大小小以至衣服零物都可以分期付款，少至三月，多至三十年付清。但每月付款时即代付利息。譬如向公司借九千元，分十一年还，每月还九十元。[20]

在严峻的状况之下，充和同时还进行着另外一种生活："1957年1月29日，晚，赵元任家中聚会，伯克利、旧金山两地中国朋友送行，韵卿母女做菜，张充和唱《游园》《思凡》。元任弹唱我的《上山》《他》《也是微云》……"[21] 这一天是小年夜，除夕前一天。故国旧人，相聚海外，共同迎接春节的到来，而不久后胡适先生即离美返台。依依惜别，曲声悠悠；乡音不改，欢喜惆怅。从加州起头，充和开始了她的昆曲行动，似乎那是她的另一种生活的延展，她要延续这久违的古音。

昆　曲

曲　人

1953年春，充和在加州大学妇女俱乐部午餐会上演出了《思凡》，"小尼姑年方二八，正青春，被师傅削了头发。每日里，在佛殿上烧香换水，见几个子弟游戏在山门下。他把眼儿瞧着咱，咱把眼儿觑

第八章 美国：走出仕女图 209

二十世纪八十年代，充和女士在美国演出昆曲的剧照

充和女士《思凡》剧照

着他。……"

曲界自古就有"男怕《夜奔》女怕《思凡》"的说法。说的是《夜奔》的武生戏既讲究唱功又讲究做工，要求表演者边唱边做，且身段十分繁复；《思凡》的旦角亦是如此，要求主演一个人在舞台上完成繁复的身段，并演绎出复杂多情的意境，唯一借助的道具只有一根拂尘，对戏份儿的拿捏掌控甚难。此前表演能出彩的要数梅兰芳先生。这是充和的保留曲目，她似乎有意向西方妇女及在美国生活的女性展示中国传统女性，只不过使用的是古老的昆曲形式。

只是在美国唱昆曲谈何容易，首先面临的是没有人会吹笛子，无人帮忙梳头做头面，以及英文讲演等。

"没有什么能难倒充和"在昆曲方面得到了充分体现。充和自己先录好伴奏，到演出时放录音。因天气原因，中国的笛子到美国后容易破裂，充和就自制金属笛子，还特制了"鸳鸯笛"。化装时无人梳大头，她就自己动手做了一种"软大头"临时套上。自己剪贴片，用游泳的橡皮帽吊眉。[22]

充和唱曲无意中引来了旧友和知音。1953年夏，文学评论家陈世骧在加州奥克兰米勒学院讲授中国文化课时，请充和演出了《游园》。那是《牡丹亭》的经典折子，也是充和的拿手好戏，她的演出和陈世骧的解说相得益彰，效果大好。

1954年夏，在美丽的旧金山州立大学校园的小剧场，充和再次与陈世骧（陈担任翻译和讲解）合作演出《游园》。这一次的配角春香为徐樱，现场笛子伴奏为语言学家李方桂，这是一对伉俪曲友。徐樱，北洋皖系名将徐树铮之后，早在苏州时即与张家姐弟熟识，并曾拍曲，后与夫君移民美国。李方桂时任西雅图华盛顿大学东亚语言系教授，曾在抗战时与充和拍曲。这对曲友一个向充和学习唱做，一个向充和学习吹笛，成为相伴充和讲演昆曲最长久的曲友，也是充和最好的朋友之一。

这对曲友早在抗战时期就在耶鲁大学演出昆曲了，"1938年我们在耶鲁大学时，那时国内战云密布，抗日正烈，志士仁人莫不想略尽点儿绵薄。师生们发起义务演戏，集资救国。……我那时二十八岁，艺虽不高，胆却不小，而且也义不容辞，就糊里糊涂答应下来唱《长生殿》里的《小宴》。……既无乐队，又无明皇，我自顾不暇，又不会导演，这却如何是好？"[23]

后来在耶鲁大学修博士的姚克自荐演唐明皇，徐樱翻出了奁中的大红缎子苏绣的桌围椅披给他。一切都准备停当，但少了笛子如何唱曲？这时现场有位清华老同学，八十多岁了，但只会洋笛，不会读中国乐谱。李方桂先生会识工尺谱，于是他把《小宴》的几支曲都译成五线谱，加上板眼拍子。李方桂自任鼓板，还找来了朋友客串宫娥和高力士，"就如此七拼八凑，《小宴》竟上演了！……那次捐款竟达三四千元之多"[24]。

充和的到来，也让这对曲友感到欢欣鼓舞。1966年徐樱随李方桂到俄亥俄州立大学任教，再次登台时她已经坦然了很多，"那时美国的曲人很少，笛师尤其难求。自从1938年我初次在美国演《小宴》无人吹笛，1945年方桂就学会了吹笛以后，再到美国可派上了用场。数次我和名曲家张充和表演，也有我几次单独上场，都是方桂一支笛子就上演了"[25]。

充和不只教李方桂吹笛。1982年8月，李方桂与徐樱迎来了金婚纪念日，"一入8月，来祝寿贺金婚的人，都齐作准备，10日下午，林德手捧了书法家张充和写的大寿屏，偕了办了重礼的张元和姊从旧金山来了"[26]。1987年夏，李方桂在美去世。徐樱找出了李方桂生前的画册请张充和作题，"培德、安德同我都保存了他过世前几天的遗笔，由张充和代点石绿。李方桂逝世前曾向张充和讨三青三蓝用，充和给他带来，他已病笃，来不及画了！悲夫！悼诗俚句中有：兴来调朱黛，花蝶自翩翩"。曲人的交往，是为艺术世界里最为亲切、最为特别的一种交往方式，总是充满着中国古意的人情、世故，在海外更甚。

每当无人助演时，充和就训练自己的女儿以谟上阵，充和按照张家的"以"字辈为这个洋娃娃取名，并取"谟"字纪念自己的恩师朱谟钦。以谟八岁起就能跟着妈妈唱曲、吹笛,到后来能演出二十多折戏。为此张允和致信以谟羡慕不已,说你比二姨会的戏还要多呢。

在昆曲解说人一栏中,傅汉思一直相伴充和左右,他不但能够形象说明,有时还能唱上几句。此外还有赵元任的女儿赵如兰、耶鲁学者李意田、华盛顿大学教授斯派克、普林斯顿大学教授刘文健等。再后来,充和还收了像耶鲁大学学者宣立顿这样的洋弟子。充和的昆曲队伍日渐羽丰,绵延有力,只是她那娇小的身躯仍会因疲累过度出现危机。她曾向大弟宗和倾诉:

> 你不能想象我的身心如何忙,一台戏四十分钟,从场面起到一针一线,你都是亲自顾到,戏演了后又是倒下。先是在演的前后病,胃一直疼,呕吐。可是上台并不吐。正如我在苏州义演六场时吐血情形一样。现在胃总算是定下来,还不能吃硬东西,如饭、肉、蔬菜之类,稀饭汤每两小时一次,所以体重并未减太多。
>
> 这次的辛苦所得为何?这是常常自问的,也不能自答。反正爱好的东西不能用价钱买也不计算时间与精力,项先生在演后来信,"得各界好评,但知音百不得一,有对牛弹琴之感"。夜间不能睡,白日不能做事,看了医生,照了 X 光,说是小圆骨差了地方,用吊头治疗法,像中国以前死罪用的站笼,把头吊起,但只用六磅重量。吊了五次,现在已大好了。这几日大雪,汉斯忙着天天铲雪,铲雪是冬天一大工作,不然车子出不去,人也不能出大门。我在明年二月去威州大学,距此千余里,教一个月书(昆曲),有四个到五个来演,回家当瘦去十磅。虽说是对牛弹琴,倒无所谓,只要牛来欣赏,硬塞进东西便是大难了。好在人家付我薪水不错(一千元连路费),乐得离开家一阵,回来夫妇母子会亲热一些。这倒是收获。但希望大家无病无灾。[27]

傅汉思一直默默地整理着充和的演出记录。从1953年开始到

1979年，年近古稀的充和已经在北美洲二十三个大学里讲、演昆曲。[28] 有时是独立演出《思凡》《游园》《断桥》《佳期》等，有时候是配合汉学教授、戏剧老师的课程演出。

晚年的充和曾经和家人说，她曾经最担心中国的昆曲会从此消失，她像担心自己的生计一样担心着昆曲的生存。而在国内，昆曲确实并不令人乐观。1958年1月19日，身为北京昆研社主要成员的允和致信充和："1956年……8月间成立了北京昆曲研习社……我是重要人员之一，写了几篇关于昆曲的文章，1957年4月英文版《人民中国》就有一篇《昆曲的新生》（花开枯树再逢春），我那是研究这套的，你不在中国，我只得滥竽充数了。……现在就没有人敢唱《寻梦》。"[29]

初到美国的充和，虽然有生计之忧，但她视昆曲为知己。尽管她从未当自己的表演是艺术，并抱着"玩"的态度轻松应对，实质上在落实中并不轻松。她总是竭尽所能，全力以赴。当工作逐渐落实后，充和很快就进入了曲人的角色，且不管现在她是美国人还是中国人，也不管这里是纽约还是苏州。

对昆曲，充和始终充满着信心，这信心也是针对自己的。无论如何，她不会放弃昆曲，就如同她不会放弃自己。

曲　事

在合肥时，充和便常跟着叔祖母一起看戏；回到苏州家中，又跟着父亲和姐姐们一起看戏；上学之后还参加了曲社，时常登台亮相。她对戏早就有着独特的理解："最爱在台下看别人在台上做戏，无论什么戏都喜欢看，从生旦到付丑，门门角色都高兴看。生旦是宋元的工笔仕女，付丑是当代的漫画。漫画所抓住的一点也正是一点小花面所要抓住的一点，我要看丑角戏也正因它并不纯是教人开心，亦有讽刺与酸辛，动人处不下其他各门角色。……看世事看多了，亦如看戏看多了一样，只知道看做人的艺术，只知道应该如何涂上生旦的脂粉，唱着付丑的戏，如何开着包公的黑脸唱着曹操的戏，如何把台步走得庄严美丽，如何把局面应付得周转，可是在一个戏剧家他会明白的，在一个懂得比你更多的人他也会懂得的，只是一班最可爱的卖油者，却让你糊涂住了，我佛对众生，不该做如是观。"[30] 戏是戏，戏不是戏；人生是人生，人生犹如戏。这看上去略微有些绕口的哲学，从早即在充和心里埋下了根须。到了战时的重庆，沈尹默老师又教她书法中"虽悬并不悬，不悬却又是悬"的道理。二者亦有相通之处。现在，充和仍全身心地扑在戏上，谁能说清她是把戏当成了人生，还是说她的人生注定就是戏，只是她比谁都认真。

1965年2月22日至3月24日，充和又应威斯康星大学亚洲戏剧部主任斯考特（英国人）教授的邀请，讲授戏剧艺术课。此前，充和已用了五周时间在该校讲授戏剧艺术，并为戏剧班学生讲授和演出了《思凡》。如今，充和又开始了为期一个月的讲授。斯考特教授将充和于1964年和1965年在麦迪逊的大部讲课和演出收入其著作《中国传统戏剧》第二卷中。《思凡》和《十五贯》两剧也由威斯康星大学出版社出版。精通戏剧艺术的斯考特还在书里写道："我很感谢汉思·弗兰克夫人（张充和）的帮助，她的精湛知识和动人的表演是阐明这一问题的不可缺少的根据。"[31] 充和并不满足这一点点成绩，她有着更大的目标。充和向外国学人阐明了一个观点："昆曲不是士大夫得文娱活动，也是乡村得戏剧活动。"[32]

后来因为昆曲，充和又去了一趟好莱坞，还见到了一位明星。"好莱坞的环球制片厂还请我去吹笛子，赚了五十元外快。做了一天刘姥姥进大观园，见了不少大明星，可惜我一个名字也记不得，只是要我合作的主角查里斯·劳顿（英国人，大概你也看过他的片子）他大概有七十岁了，仍是第一等明星，可是现在电影事业让电视抢了去，因为家家都有电视，也就不去看电影了。"[33] 充和从来没想到自己会进入好莱坞，严格来说，那是流行文化的范畴。尽管昆曲古朴高雅，但远没有像电影一样"广普"，但就其深远的历史而言，昆曲又有着独特的优势和不可企及的高度。充和并非只顾低头演戏，她很清楚自己身在何方,这里是西方戏剧的主要舞台,电影明星查里斯·劳顿就出自赫赫有名的英国皇家戏剧学院,其创办者正是一位莎士比亚戏剧演员。"知己知彼,有容乃大",在昆曲的世界里,充和从不保守,她并不排斥用现代手段传播昆曲,也不会刻意拒绝用昆曲获得应有的报酬,能够保障吃饭的艺术又何尝不是真正经得起检验的艺术呢?

在现实的世界里,她又博爱得像个大家族的外祖母。曲友王定一的母亲辈即与张家姐妹为知音、好友。王定一自1965年在台湾与充和拍曲后,立即成为忘年知音。曲终后,充和填了一阕《临江仙》给定一的长辈,有句为"伯氏风流笛韵在,随歌小阮双双,寻声万里谱霓裳,山河虽异代,此曲自泱泱"。告别时,充和一再对定一说,到美国一定要来找我。三年后,到美国读书的定一终于走进了充和的昆曲之家。"第一次到新港(New Heaven)汉斯与充姨家,才进门,充姨就迫不及待地要我拿出笛子,为她伴几曲。充姨特将前面那阕《临江仙》书写了送我,并加了一段跋。自1968年至1971年,我几乎每个月都到新港。充姨仔细地为我讲解南北曲咬字、行腔的异同。我以前吹笛,能放不能收,知连不知断,自是学得:何处须收,何处该断,始能将唱腔中的抑、扬、顿、挫衬托出来。且改正了我吹笛的指法与运气,要我将搭头垫腔虚化、简化,'吹干净些',以免搅乱唱腔,让曲子的意境能更深一层的表达出来。又将书法的要诀:'初学分布,但求平正;既得平正,务追险绝;既得险绝,复归平正。'告诉我说:'曲笛的境界亦是如此。'"[34]

定一不愧为充和的昆曲知音,在与充和女士拍曲的过程中,总会有令人惊喜的细节迸发出来,让定一深切感受到了艺术的无止境:"当时在美,几乎没有昆曲演出的文武场伴奏,而整个乐队,就是一支笛加上录音的武场。演出者需要用脚步身段去配合锣鼓点,其间辛苦,非如今有整个文武场的伴奏演出者所能体会的。最令我吃惊的是演出后的自由讨论时,观众所提出的问题。初始,我以为外国观众所注重的是:亮丽的头面、锦绣的服装以及飘长的水袖。

一九九一年张充和手抄昆曲曲谱《寄子》,现保存在中国昆曲博物馆。《浣纱记·寄子》讲述了吴国大夫伍子胥冒着身死族灭的危险死谏吴王,并把儿子寄养在齐国大夫鲍叔家的情节。一路上父子触景伤情,深情对唱,最后惨然离别。家国情怀,父子情深,在舞台上演来都是动人的情节。张充和也很喜欢这样具有历史情怀的剧作,到美国后还在演出此剧,而她精心抄写的昆曲曲谱更是成为曲界内外的热门收藏。

没有想到观众所提出的问题却是:眼神与手指的关联,身段与音乐的配合;伴奏为何平行于唱腔,且不用和声;为何乐曲中没有华尔兹(三拍)的节奏等等。我方知:尽管老外不懂中文,音乐与舞台表演艺术却无文化隔阂,是相通的。"[35]

定一与充和在台上前后合作近二十年,可谓见证了充和在美讲演昆曲的历程,也亲身感受着昆曲演出的微妙变化:"近年来昆曲演出的伴奏,为与乐队中其他乐器的配合,亦改用十二平均律(不平均孔)笛,'苏州夫人'就此退休。充姨另外送我两支笛:一支是玉屏笛'玉萍夫人',此笛音色细腻甜美,高音亮亮,转折运气尤顺,极宜吹奏国乐。另一支是充姨自制的亚克力管笛,染成琥珀色的'琥珀夫人',此笛膛音深厚,极宜伴奏老生、官生戏。充姨同时亲手缝制了两个笛套送我,一绣金龙,一绣银龙,大方雅致。转瞬,这三位夫人与我相伴已四十三年。因知我手头缺少曲谱,所以送了我一整套线装的《集成曲谱》(金、声、玉、振四函,共三十二册),并亲手题签。这套曲谱,提供了我研究曲笛不可或缺的工具。"³⁶ 当定一新婚时,充和也赠予了他们别样的礼物,"充姨因知我极喜《牡丹亭·游园》的词与曲,就将《游园》的曲牌、步临川原韵,填了一整套六支曲,并以工笔小楷书写,送给我与佩珍做贺礼。因知佩珍喜弹钢琴,故有'箫声琴韵深深院'句。这是我们一生中所收到最贵重的礼物,也是充姨所作唯一的一整套曲"³⁷。

定一还记得几年前见证到充和作曲的一幕:"1969 年,国学大师饶宗颐(字选堂)先生到耶鲁讲学,常到充姨处谈天。饶老精通音律,喜听充姨唱昆曲(我在则由我司笛)。饶老亦善抚琴,我曾听他用充姨所珍藏'紫阳朱氏'的'寒泉'古琴(系古琴名家查阜西赠给汉斯与充姨的结婚礼物)弹奏,意境清远,琴韵高雅。饶老亦为词宗,用美成原韵填了一阕《六丑》。充姨极喜此词,特为制工尺谱,并用毛笔写商《六丑》的词与曲:这是我所知充姨唯一所作的曲。"³⁸

1968 年 5 月 6 日,耶鲁大学海伦哈特莱会堂里传来了美妙的昆曲。舞台上演出的是经典曲目《游园》《思凡》,在中国一些地方几乎是家喻户晓了,但在这里,故事和旋律都还有点陌生,很多人是第一次听到和看到。来美国已经快二十年的充和此刻正活在晚明大小姐杜丽娘的身体里,一举一动,一颦一笑,每一步都是那么古典,仿佛她身处的正是晚明的园林,晚明的天空,以至于观众们有些恍惚。李卉的春香,入戏精确,意韵十足。解说缓缓,语言富有张力:良辰美景,赏心乐事,光阴易过催人老,辜负青春美少年……曲终人散,余音绕梁。观众中有一位叫伊丽娜·玛丽的学生还即兴写了一首诗。³⁹ 充和的昆曲之旅已经打破了地域的界限,不管在美国还是法国、德国、加拿大,也不论是校园、公园、社区还是公共场合,她不再囿于某一个场合,可以象牙塔,也可以小菜园。昆曲是属于所有人的,不只是中国人,也不只是知识阶层,没有阳春白雪,也没有下里巴人,有的只是曲人、曲友、曲会。

站在曦光照耀的北港小园里,花红菜绿,充和的生活看上去是

218 一生充和

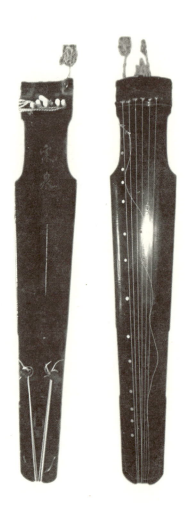

查阜西赠给张充和的礼物古琴「寒泉」(严晓星先生供图)

"美式"的,她爬上爬下地打理园子、修理树枝,但她情绪里蕴藏的还是中国古调,她禁不住会吟唱曲词,结果很快引来了知音:

小园即事(之九)
乳涕咿呀傍笛喧,
秋千树下学《游园》。
小儿未解临川意,
爱唱《思凡》最后篇。

1983年9月,张充和与傅汉思回到中国,回到阔别的古都北京,与曲友赵荣琛、许姬传、朱家溍等人拍曲,曲惊四座。随后又来到了古都南京,在座的曲友有爱新觉罗·溥侗、爱新觉罗·溥绮、甘涛、胡忌、刘致中、朱继云等,笛子伴奏是江苏省昆剧院的笛师孙希豪。几个人轮番唱曲后,迎来了充和的《惊梦》,依然是[山坡羊]:没乱里春情难遣,蓦地里怀人幽怨。则为俺生小婵娟,拣名门一例、一例里神仙眷……当她唱到"则为俺生小婵娟"的"俺"字时,突然笛师跟不上卡住了。"只见充和女士低声向笛师说了几句,就又继续唱下去。笛音悠悠,歌声委婉动人,余音袅袅。一曲唱完,大家热烈鼓掌,充和女士含笑欠身致谢。这时致中问我,为什么唱到'俺'字时笛师'卡'住了。当时在场的曲友恐怕也很少有人知道原因。原来充和女士是按《遏云阁曲谱》的腔格唱的,而孙希豪吹笛是按《粟庐曲谱》腔格吹的。'则为俺'三字,'则'字是阴去声,'为'字是阳去声,'俺'字是阴上声。王季烈《集成曲谱》这一句与《遏云阁曲谱》同。著名书法家、曲家欧阳中石说充和女士'无论字、画、诗以及昆曲都是上乘,很难得。她一贯保持原有的风范,格调极高。像昆曲,她唱的都是纯正的,没有改动过的。"[40]欧阳先生可谓知音。

充和似乎总是会遇到知音,国内的曲家丁修询先生出版的《昆曲表演学》曾偶然得到充和的题签;秦淮河畔,丁修询也曾聆听充和的昆音,"一旁听她唱曲,掇、叠、撒、嚯、气口、腔格,规矩俨然,

二十世纪四十年代，张充和曾与昆曲艺术家俞振飞先生多次合作演出，留下了很多的经典桥段。两人的昆曲艺术都是出自苏州，他们有着共同的爱好和话题，因此当两人于一九八七年在美国再见面时，有着说不完的旧话，张充和尤其喜欢俞振飞与言慧珠合作的昆曲，特地买了老唱片来听

的是华夏正声"[41]。对昆曲传承如此严谨的背后是充和如履薄冰的谦逊，"上周在纽约看了我自己的有彩有声的电影，人人都觉得好，我不满意，因稍快，收头得有点火气。在纽约戏不好唱，你一张口就来录音，一登台就是电影，错一点都记录下来了"[42]。正因为对录音录像的重视，对昆曲正统的敬畏，艺术日臻成熟的充和仍然是紧张的，下功夫的，以至在演出结束后胃病大发，"上周有一个下午呕了约二十次，从此便不能饮食正常，因而夜间亦睡不好"[43]。

20世纪60年代初，身在国内的大弟张宗和一再督促四姐多录音录像，留下唱段和身段，"不是吹牛，我觉得你的唱是下过功夫的，可以成'张派'。我学你处甚多，可惜那时你要我配戏，我总懒洋洋的，不用功。美国若能找到小生希望你多录几出戏留着，而且要早,老了嗓子就不嫩了。有些制成彩色胶片更好,你们有条件搞这些"[44]。"张派"显然指的是戏曲名家已经形成的艺术风格,对此充和一如既往地低调、淡然:"来信说'张派'不敢当。只是到现在还是曲迷,有暇时仍是哼哼唧唧。"[45]

但是充和还是满足了大弟的要求,为他写画了《断桥》的身段,并详解其中妙诀:"初演《断桥》时曾想过是否要带妖气,但马上即取消此念,白氏既已为人,亦将为人母,除了不得已时(如水斗)才拿本领出来。小青张口咬许仙是蛇性未改,亦破坏剧情。川剧不知你看过没有?根本上小青是花脸,放烟火,变脸数次,早有意如此。亦很好。而且十分紧张,台下并不哄堂。汉剧《断桥》是否我同你去看的,出场最为动人,白氏小青各由上下门背面退出,边退边摸水,边相呼唤,在水中摸到后相拥痛哭。此次复兴班来纽约演《貂蝉》《断桥》,十分海派洋派,是给洋人看的。故其中杂耍甚多。"[46]

出于视昆曲类似信仰的精神,充和希望心在艺先,若不是十分虔诚,便不能对得起这门古老的艺术。她见过一代代人对此的付出和诚恳,但最后她还是妥协了,一切都是为了昆曲,为了"喜欢昆曲":"我仍然喜欢昆曲,大概你不会记得我有两句诗,'十分冷淡存知己,一曲微茫度此生',此二句董作宾曾用甲骨书成寄我,让我丢了。"[47]直到年过九旬回到苏州时,充和还在强调这两句话的意义:"三分冷淡不行,要十分才行,在昆曲中度过余生,不是很有价值吗?"当然,遇到好弟子,充和更是欢喜,"此间一位张太太张光直太太,同我开拍昆曲,看样子都是诚意学,我第一次教她《小宴》"[48]。此后,张光直[49]的夫人李卉常常来学,成为充和满意的弟子之一。后来李方桂和徐樱又加入,更让充和觉得释然。李方桂在张充和的指教下,"勤学苦练,竟成了名笛手,能吹并常吹的曲目达四十出之多"。徐樱学了充和的很多身段,尤为充和所器重。青年时期她们曾在苏州一起游玩观前街,现在徐樱在美开了店,还要喊大姐元和到她店里工作,往来热情。只是后来徐樱自驾车时心脏病发,车祸身亡,在车上的元和亦受重伤,充和为此伤感很久。[50]

去国十三载,充和已经听不到国内的曲声,她在国外所做的一切,究竟结果如何,她自己心里也没有底:"睡在床上,自己像个镜子,反照过去,总觉得一事无成,也不能说不用功,也不能说笨,就只是走岔路。"[51] 由此她致信大弟:"你想昆曲之命运如此,亦无可如何了。我抱住'一曲微茫度此生'。"[52]

笙　歌

充和喜欢总结曲友们身上的特点:哪位弟子适合梅派,哪位曲友适合俞派。"前日在纽约见到项馨吾,他要我同他唱《小宴》,他是多年不登台,一是因为无笛子,最近他好像训练一个吹笛子的。他老给京戏票房里当老旦,实在很可惜。他倒是真正俞(粟庐)派,振飞非常京派。"[53] 她总是看得很准。

对于昆曲前辈,充和一直心怀敬仰。她期待听到那些久违的声音,如同对那个时代的畅想和追忆。她托大弟宗和"调查一下贵州

充和女士从不觉得昆曲就是中国人的艺术,她欢迎并热心教授洋学生来学来演。图为二十世纪七十年代,张充和扮演杜丽娘(右一),宣立敦扮演陈最良(中)。宣立敦非常喜欢中国文化,研究过石涛的《画语录》,他能与张充和同台演出昆曲《牡丹亭》的选段

的唱片中有无俞粟庐的那十张百代公司的老片子","有《拾画》《三醉》等支曲,若有慢慢想办法把它转录下来,我近来听什么昆曲都不过瘾,一回想起那十张片子,可真是踏实健康的昆曲"。[54]

《墙头马上》是元代白朴的作品,说的是婚姻自由、复原人性的故事。据说取意白乐天的诗意:"妾弄青梅凭短墙,君骑白马傍垂杨。墙头马上遥相顾,一见知君即断肠。"充和在美国听到昆曲《墙头马上》的录音带,主角为俞振飞、言慧珠,双笛为"传"字辈的传人,"可是唱的是南曲,音录得甚好,比'梅言'[55]的《游园惊梦》好得多了。但不知是谁编的,一定是个新编的戏。再有欧阳予倩的《思凡》我是没听过他的昆曲,说是俞平伯的笛子,场面都不错,唱得干干的,高处已不行,但还规规矩矩。这两个戏都能到美国,亦真是不易。若能得到《墙头马上》的剧谱道白就好了。你可写封信去问赵景深,可否给我寄一本来。并问著者谱者,千万千万。你若能给我赵的地址更好,我有许多关于昆曲上的问题要请教他"[56]。

充和在国外唱曲的同时,并没有忽视对国内曲界的关注,似乎他们天生就是一家人,就如同她关心自家姐姐一样。她连续读了梅兰芳的《舞台生活四十年》、盖叫天的《粉墨春秋》、徐凌云的《昆曲表演一得》等书,故国尚留有此音,无疑让充和欣慰,这种曲折折的音讯就如同家人的只字片言。有慰藉,也有伤感;有伤感,也有激励。1962年元旦前夕,同样是曲人的二姐允和从北京来信,她正生病,她想念四妹充和,"二姐说她近日病得不轻,同时有伤感语,她从不作伤感语,忽然末尾一句'恐怕这一辈子再也见不着了',真叫人鼻酸。本来已是想家,何况由病人口中说来。三姐一家也真是倒霉,除小虎外,个个有病,留得青山在依旧有柴烧,总有一天会见面的"[57]。

充和初到美国曾抽烟,但是没多久就戒了:"我戒纸烟已有八九年之多,当初抽烟还不太多,到了做工时用脑子就不断的抽,抽到胃病无可收拾。有一天,我抽屉中有整条烟,桌上有半包,忽然我就不抽了,从此连饭后也不想抽。许多抽烟朋友都觉得我伟大,实在是我忽然悟道。我想，这是一种束缚，一种不自由，什么习惯（不管是好的还是坏的）都是枷锁，因此我桌上有烟，抽屉中有烟，也不送人，也不甩，看到它们，倒真像解脱了。后来客人断续的把我烟抽完。以后任何客人来也不敬烟。戒烟的好处多得很，一是不必自己洗烟灰碟子，再二是不用记着要买烟，三是胃病好了起来，四是病中不痛苦（病中又想抽又是怪味）。在我戒了后，这几年全世界证明肺癌由抽烟而来（不抽烟的人也有得此病，但可能性少）。我的身体强起来，也许是这个原因。"[58]

身体好转之后，充和随着傅汉思一起去了比利时、法国、加拿大、荷兰、德国、日本等国家，她要尽可能地使自己开阔、丰富。在域外，充和透视的眼光还是中国式的，但这并不妨碍她对世界文化的博览和吸收，还不忘借机展示昆曲。1964 年，傅汉思在法国讲演《中国叙事诗》时，充和就演了一段《思凡》，颇受好评。在法国，充和还遇到了经韩世昌指点身段的曲友吴似丹，此人具有较高的文化和艺术修养，能唱《游园》《闹学》《刺虎》等戏，交流之后，常令充和怀念。同时让充和怀念的还有莱茵河夜景、水上舞会："此次由比利时经荷兰玩两个古城，一个叫阿亨，一个叫克安，都是千年以上的历史。克安有个教堂雄伟华丽，从 14 世纪开始建筑，一直到 19 世纪才完工，是德国最大的教堂，里外全是雕塑。窗子是彩色玻璃凑成图画种种故事，再配合光线透视，比画还好看。阿亨城有一王宫王墓，亦去参观，在历史上此艺术很重要。那个教堂就整个是个艺术博物馆。我们参观后即在对面火车站晚餐看教堂外景。教堂是位于莱茵河畔，我们再度行走莱茵，愈觉美丽。无怪诗人要赞美她。"[59]

充和走着，看着；她出去，又回归。她渐渐发现了自己的变化，脾气、心性、眼界、境界。她不时总结，然后又接着回到实践去。她不是为了赶时髦跟上什么，而是根据具体需要丰富自己。

1983 年，充和终于走回到余英时诗里的"故国"。她受邀来到北京昆曲研习社，它的前身正是充和参加的清华谷音社。重提旧话，她娇小的身体更轻盈了："我到国外已经三十四年了。初到美国的时候，提倡昆曲的，项（馨吾）先生在东部，我在西部，还有李方桂夫妇，我们在三个地方，联系不多，我很奇怪，那里有些中国人听到昆曲竟哈哈笑，但美国人却不笑。这使我很不好意思，心里很难受。有些中国人学了点外国音乐，并不了解什么叫民族音乐。这些中国人不大看得起自己民族的东西。我想我要发扬昆曲艺术，不从他们开始，因为他们'崇洋'。我从另一个途径，教外国人。开始教他们我们的民族音乐、戏剧、舞蹈。主要从文学、音乐、舞蹈开始。……我有两句诗寄托我的感情，'不须百战悬沙碛，自有笙歌扶梦归'，是说不需我一个人在那里苦战了。今天带着我的梦来听你们的歌，把我的梦扶回来了。"[60]

充和的出去不是为了囿于某一处发达的领域，正如同她的去国离乡不是为了刻意寻找开放的世界，只是希望能有一种理想方式丰富自己的中国心灵。她始终醒着，她知道自己是中国传统的继承者，明白自己是一个曲人。

故国如今无此音

1968年春，充和带着弟子李卉在哈佛大学音乐厅演出昆曲《思凡》和《游园》。一位当时在哈佛大学任教的中国学者听完充和演唱后，陷入沉思，并即兴赋诗两首。他是余英时，祖籍安徽安庆，曾师从钱穆，他对明代的士人及思想史的研究享誉海内外。

> 一曲《思凡》百感侵，
> 京华旧梦已沉沉。
> 不须更写还乡句，
> 故国如今无此音。

显然，余英时教授关注的不只是艺术本身，还有它所处的时代、氛围。这带着同情和伤感的诗作，恰如其分地体现出了昆曲背后的弦外之音。

只是有人似乎不太同意其间的情绪。十年后，也就是"文革"结束后，二姐允和与俞平伯在北京主持昆曲研习社，她也多次登台演出。那一年她到南京观看昆曲后很快致信四妹充和，充和回信时将余英时的诗文寄回来，允和读后颇为感慨，立即和诗：

（一）
十载连天霜雪侵，
回春箫鼓起消沉。
不须更写愁肠句，
故国如今有此音。

（二）
卅载相思入梦侵，
金陵盛会正酣沉。
不须怕奏阳关曲，
按拍归来听旧音。

看到二姐的回诗充满了希望，充和为之动容，亦起了诗兴：

（一）
委屈求全心所依，
劳生上下场全非。
不须百战悬沙碛，
自有笙歌扶梦归。

（二）
收尽吴歌与楚讴，
百年胜况更从头。
不须自冻阳春雪，

第八章　美国：走出仕女图　227

元和与充和演出《游园惊梦》，俞平伯评价说这是「最蕴藉的一张照片」。

允和赴美，与元和同演《游园惊梦》

>　　拆得堤防纳众流。

允和一直关注着在异国传播昆曲的四妹:"我知道她觉得昆曲形成一个大剧种,就是融合'吴歌楚讴'和诗辞歌赋的。如果不让它僵化,让它发展,还是要吸收现代各剧种的长处,以昆曲传统艺术作为基础,继续发扬、改造、前进!"[61]

在美国,余英时是比较了解充和艺术内核的学者。他们既算是同乡,又算是同门(钱穆)。余英时尤其赞成沈尹默评价充和时所说的"能者固无所不能",他似乎同样也在充和身上看到了已失却的古意。他说充和是"以通驭专",说"充和与古典艺术精神已融化为一"[62],并送诗给充和:"绝艺惊才冠一时,早从烂漫证前知,便携歌舞到天涯。闲写兰亭消永昼,偶裁凤纸寄相思,任他镜里鬓添丝。"因为一曲,他们成为知心好友,这份友情延伸到彼此的师亲好友。

充和与昆曲的关系,就像是一句俗语:"取之于曲,用之于曲。"但充和并不觉得自己对昆曲贡献有多大,甚至自觉还不够用功,"谈起写字与唱曲,我却是十寒一暴,没有以前用功,有时也发愤,但几天就支持不住了。因杂事过多,两个孩子是费神的时候。因此也就自己原谅自己"[63]。

任何爱好都有意兴阑珊的时候,充和也曾遭遇过这样的曲折和困顿:

>我现在是写字唱曲两无聊,没有人在一起研究,兴趣就差了。现在常与你在信中谈谈写字唱曲,真给我精神上莫大的安慰。……我关起门自己干,好在有碗饭吃,也不想在艺术上赚钱生活,不然除自己用功外,还得一笔莫大的精力去斗争,去广告。我一生重朋友,重义气,现在这一点也消磨尽了。你热心对人,人以为你在下本钱。在物质文明的社会中想找朋友不易,找艺术朋友更难。你来信说生病时有很多人关心你,来看

你,可是在美国,除非你进医院开刀,才有几个朋友来张张。这一月来,我们四人流行感冒,以元整一个月,先是高烧一周,然后鼻血流了八次,然后双目红肿,出脓,最近耳朵又聋了(医生说是暂时的),用了盘尼西林才好起来的。汉斯更是滑稽,无缘无故的泻肚,倒是以谟发两三天热就好了。我的感冒虽轻,因日夜不得休息,所以也拖得长久。至今尚未好清。朋友们听说你家有病,生怕传染,不要说来帮忙或看望,连个电话也怕打。真是习惯了,要是你们来此,才觉得寂寞呢。老舍临走时告诉我们,在美国再呆下去要寂寞得发疯。一个由农业国家处处受到温暖处处是人同人之间的感情交流的人,怎么习惯如此社会生活。好在我还有个弟弟可以发发牢骚,真是幸福了。[64]

充和对大弟的"牢骚"中充满着无奈,只是不如此,又如何?有段时间,充和太想家了,甚至一度动过回国的念头,连房子、汽车事情都想过了,但最后考虑到了公公婆婆的事情就放弃了。[65]

在这样的情况下,朋友的到来,是充和最为快慰的事情。1960年夏,钱穆到美国,充和与傅汉思亲自驾车到旧金山邀请这位师友到家里住宿,畅谈旧事。她第一次发现钱穆"一句英文也不会讲",但是看他面色如旧,每天清晨起来打太极拳,充和就跟着他一起打拳:"我很相信太极拳,至少是肌肉锻炼。"[66]充和为此还向生病中的大弟推介太极,要他在其中只抱定一点:"我还要坚强地活呢。"

每一位朋友的到来,都会对充和构成一种无形的鼓励。充和总是善于从别人的生活中吸取什么,尤其是她欣赏的人。当老友张大千到来时,她更是欢欣,邀请他及家人来到自己的小园,"那天看他画画,恐怕真是最伟大的画家了,若三句不离本行来说,'文武昆乱不挡',画家中境界最广的是他,笔力最强的也是他,功夫最深的也是他,才气纵横的也是他……"[67]不吝赞美之词。好友张大千来到北港小园,挥笔泼墨,点染丹青。他爱极了这盛开在异国的芍药,因其像极了殿春簃的芍药。大千挥毫之际,充和默默静观一幅画似的旧照,那是大千在敦煌饲食伤雁的场景。充和吟出了不知出处的古人词句:"你自归家我自归,说着如何过?我断不思量,你莫思量我。将你从前与我心,付与他人可!"

1984年10月,张允和陪同周有光去美国访问,趁机去看望大姐元和、四妹充和。她们的聚会,也是曲人的聚会。在美国西岸奥克兰元和大姐处,阔别三十多年,允和感觉大姐老了,"她老了,我也老了。可是一谈到儿时被父亲关在他的小书房里,请尤彩云拍曲子、搭身段的事,还是眉飞色舞,仿佛回到儿时。那书房外的小院子里,太湖山石上的芭蕉,在我们眼前依然很青翠"[68]。通过昆曲,允和也看到了不一样的四妹,却又是真真实实的四妹。同样,通过昆曲,充和也看到了大姐、二姐身上很多如梦如戏的东西,也看到自己因为昆曲而发生的微妙变化。

允和的到来,让充和感到无比地欣慰、欣然,这让她想到了几个姐妹在家里拍曲的情景,有些"玩票"性质,但却是认真的,一板一眼。她们喜欢互相切磋,琢磨戏,探讨一招一式、一句关键的唱腔,那是她们姐妹间的另一种沟通和交流。三姐妹在一起,延续久违的家庭曲会。她们在一起研究身段,拍摄身段剧照,单单为允和就拍摄了一百多张昆曲剧照,"用的是元和、充和的'软头面',

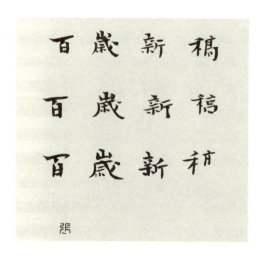

张充和女士为周有光先生的《百岁新稿》题写书名的草稿,她非常认真地题写了好几遍。周有光先生一直说充和是个才女,书法、昆曲、诗词样样都会,因此当请他为充和文集写几句话时,老先生一再推辞,说写不了

有些身段是老师尤彩云的,有些则是经过了四妹充和的加工。在四妹家拍曲多次,曲友聚会本该是欢事,我听安娜吹笛,四妹唱'花花草草''生生死死'时,我便'酸酸楚楚'哭了。她们愕然,我却消了数十年的烦恼和积困"[69]。

在美国期间,允和与充和谈到两位曲友,她在日记里记载:"曲友陶光在台湾饿死。曲友中吴南青[70]被打死。"提起两位非正常死亡且英年早逝的曲友,充和的黯然和伤神可想而知。允和曾在充和的《曲人鸿爪》中留下了这样一首:"暮云江上咽寒潮,冷月波心漾桂桡,无言悄立小红桥,怕凝眸,一半儿凄凉,一半儿娇。"

和以致福

在1957年,已过不惑之年的充和迎来了新的人生,她和汉思拥有了第一个孩子,洋娃娃,英文名Lan,中文名"以元"。"和以致福",这是合肥张家的辈分,虽然是洋娃娃,充和还是按照旧时辈分为儿子取了名字。正如同她将先生汉斯的名字改为了"汉思"一样,其中必然寄予了什么。一元复始,万象更新。为了这个孩子,充和曾一度想过辞职,"寄上儿子以元(洋名Lan)照片三张,便知我为什么无暇写信了,我仍工作,白天孩子寄在人家,下半年如无好人家可寄,就只得辞职回家了"[71]。1959年夏,傅汉思从加州大学辞职,转到斯坦福大学教中文(以前是半职,现在是全职),他们的生活才稍微稳定一些了,充和才得以暂时辞职带以元。"以后暂时不做事,以元正是淘气的时候,教育亦是重要时期,如我做事,他的教育健康都成问题。如能抽出时间来练字画画就是幸福了。"[72]

咿呀学语的以元已经能够清楚吐字了,他断续地喊出了中文的哥哥、姐姐、舅舅、伯伯、阿姨,只是一听到充和唱起忧伤的曲调就莫名地流出眼泪,可谓心有灵犀。没多久,充和一家搬到加州Palo Alto,家里又添了个女孩,"名叫以谟,比以元更健壮,第二个有了经验也照顾得不错,我是早罢了工作,专在家烧锅煮饭,浆洗

二十世纪六十年代,张充和一家四口在北港房前合影。

张充和对两个孩子的教育从不放弃中国的传统,当然,两个孩子最后接受的主要还是美式教育,同时傅汉思比较重视他们的冒险意识和勇敢精神。以元长大后成为飞行员,曾经飞越了很多国家,有一次飞印度,半途被伊拉克误扣,用三架战斗机使其迫降,扣留了五日。充和为此担心了好长时间。女儿以谟成为医生,充和有段时间还想着女儿将来可为中国医学效力。

张充和在美国家中与儿子以元、女儿以谟合影。充和总是记得两个孩子的所有生活细节,并乐意与亲人一起分享。

衣服，似乎比在外面做事时忙得多。但是精神上十分愉快。……大概我们不会再有孩子，也不再需要了。汉斯在斯坦福教书，薪水刚够吃住……以元是两岁另五个月（还未到），也还聪明，我试教他字块，两个多月来认得了约两百多字，每字均会应用解释，倒是过目不忘。只是身体太瘦，是个神经质，幽默异常。有点像小弟弟小时。大头，小脸，大眼睛。……以谟的谟字是纪念我们朱老师谟钦，字朴石。我得他益处不浅，可惜已去世（在合肥时大概你也见过）。无以为报，即将她命名如此。以谟也是大眼，但胖得很，如将来不瘦下去，很可忧虑。很像汉斯的小妹妹，典型的不甚秀气"[73]。

此后，充和一家四口搬家多次，汉思专心教学，充和家里家外带着两个孩子，她坚持教他们汉字，"现在是早上五点，我起来为以元写字块，他已认了八百单字，二百多复词，共千余字了。今天是正式教他'采采芣苢'，以后选《诗经》中容易的教他，似乎比唐诗还容易解释。汉思只是担心他小脑筋弄坏，他这个脑筋太活跃，若不给他记住点字，就只出主意做淘气的事。他很喜欢读诗，我也问过医生，他们都说不必强迫，随其自然。累时就不认字。以谟会走，会吃，同我吃得差不多（才十七个月）。只会叫妈妈、爹爹、哥哥，恐怕比以元说话要慢得多"[74]。在儿子以元的"关关雎鸠""桃之夭夭"声中，以谟也跟着学习朗诵汉字诗歌。只是两个孩子也不时调皮捣乱，充和有时会稍微教训他们一下，以防事态恶化。

此时他们已经搬到了美国东部北港，这里生活便利，文化业态也比较发达一些，只是充和有时也会生出茫茫困惑，"每次换一个新地方，总觉得前途茫茫，现在年长了，交朋友也不易，泛泛的应酬朋友倒不少，但只是有害无益"[75]。

于是，充和曾一度把更多的时间给了两个孩子，只是她突然发现自己的思维已经跟不上孩子了。"以元像小平[76]小时的聪明，求知的欲望也大，可惜我们都不会科学，他一问就把我们都问倒了。……他的中文程度把香港课本小学三四年级的书自己都会念了。……以谟同汉斯都爱吃肥肉，她刚会说话时即说'肥一个肉'，意思是吃一块肥肉。现在此话已是传家的专语。"[77]

以元对机械类的东西很感兴趣,喜欢冒险,常常动手拆装东西,只是囿于经济状况,家里总不能满足他的渴望。有一次小家伙在商场里看中了一辆四门卡车,想买,就趴在充和的耳边轻轻说了,但充和纹风不动,四岁的小家伙就自顾自地说:"吃重要,穿重要,玩不重要。"说时眼圈红了,自己克服了欲望,但充和几乎心碎了:"我第一次被他感动。平时总是我不顺从他们,有时我觉得也太凶了些,可是你不知道美国的商场里,除了女人就是孩子的东西,若不是我凶,这点薪水连饭都不要吃了。"[78]

张家大弟宗和的孩子也是"以"字辈,充和就鼓励两个孩子与未见面的中国表兄妹通信:

> 以珉表姐:谢谢你写的信,我也想你们,我们有猫,名字叫咪咪,好玩,是朋友。以前在加州我们有一黄的,叫黄帝,灰的叫徽宗,太好了。再以后有一个猫聪明极了,名字叫玛瑙,它会用大尾巴打音乐拍子,常常在客人来时表演。可惜死了。
> 你们没有蜡笔颜色铅笔,若要,我叫妈妈寄给你们。
> 祝　安好
>
> 　　　　　　　　　　　表弟以元上
> 　　　　　　　　　　　妹妹以谟问你们好[79]

充和这样的要求,对于并不懂事的孩子来说,他们可能只是觉得有趣、好玩,但是当有一天他们长大后,他们一定会理解母亲为什么希望全家都能紧密地与中国、与中国文化联系在一起,似乎那就是冥冥之中注定的根系。

不因人瘦咏黄花

到美国多年后,充和做菜的水平大为提高,只是平时忙于生计无暇烹制,只有客人来时才卖劲做几样。欣慰的是,汉思和孩子们都不算挑嘴,以前在国内,充和对吃上颇为讲究,尤其是注重口味和烹饪方法,"我现在不挑嘴了,肥肉也吃了。不过觉得腻一点。但是谁做呢,还得自己做,做了就又不想吃了。普通洋人不大吃猪肉,尤其是怕皮,汉斯见到就是命,狮子头也是命。可是六七年来我就做了一次,是上次李济之来了,点了我的狮子头,吃后剩下的吃了两天。我们总是一个菜翻来覆去的吃,省的做菜,实在没有工夫"[80]。现在她不但不挑嘴了,还像当年总舍不得剩饭的张家保姆一样惜食,"总是他们不吃的我吃,像高干一样,否则就得甩了"。1961年她致信宗和:"这些美国生活大概你们有的可想,有的亦无法想象。从文多年前来信说'我们都无法想象你们的生活'……可不知若非身受,却不知苦多甘少。"[81]

充和总善于在日常里寻找诗情,在寻常里发现画意。居于美国西部时,前途未卜,生活简陋,但到底还有自然的景象:"我现在要描写一点我的住处。风景不差,小山谷叫做夜猫涧,坐山面涧,屋子四周一道木栏,隔不住山色,此处不是文化区,但野趣横生,有鸟鸣,有马嘶,汽车路过也不闹。我们的地皮有 100 尺 × 50 尺大。园子总够忙,回来就忙着拔草,花倒是一年四季都有,玫瑰有四五棵,太费人工,我没有栽培得好,所以虽有也不大。有一株老橡树,现在我们都在树荫下写东西。屋内不舒服。我们种了梅树(冒充的)、枫树倒是正东方的,甚美。去年插的垂柳,今年也有一人高了。其他洋花洋草,我也不知道怎么种。"[82]

工作之余,打扫家里,充和与汉思两人各有分工:"汉斯用机器吸屋子的灰,换床单子,我管洗衣。下午就在园中工作。大概一周的工作就是做园子工作最快乐的。锯树,挖土,搬运石块来挡住土,我们有玫瑰、剑南、蝴蝶花……现在菊花已经有尺来高了。我的手气种菜不利,种花无一不利。我买了香菜的种子,种出的真可笑,苋菜也种不出,但是我还得再实验几次。"[83]

生活一直维持到1959年,他们到美国已经十年了。傅汉思拿到了博士学位终于进入斯坦福大学任教,此时充和稍微松了一口气。她休整了两年。家庭、孩子、未来,充和太累了,她要好好地理一理思绪。就在充和休整期间,1961年,好消息又来了,耶鲁大学东亚系聘请傅汉思任教——副教授,由此,充和举家移居康涅狄格州,定居汉姆顿。[84] 从美国西部搬迁到近纽约的繁华地区,生活、学术研究似乎都便利了很多,很快充和也被耶鲁大学聘任,新开昆曲、书法课程。只是充和并不为此感到太乐观,她对开始讲演昆曲时的哄笑、误解以及同胞的不了解记忆犹新。她要自己更"入戏"。到美国没有几年,充和就考了驾照,"我学会了开车,经过考试得到了开车证。这是第一件事,感到自由了,否则汉斯这次开刀我就糟糕了。三公里以外才是公共车子"[85]。

二十世纪五六十年代,充和即开始使用洗碗机、电气灶、烤箱、割草机、冰箱等,还可以在家里观看电视。充和发现,机械化、电气化的好处,可以节省时间和生活成本,同时还可以了解新的信息。她尤其喜欢看一些新式技术的片子,如科技类。有一次她和汉思看了有关医疗科技的片子,认为最有价值,"是一个九岁的孩子开刀补心房,是一面在开,一面在放送,把周身的血放在另一个机器里用人造心脏代替工作,医生护士共六人,配合得天衣无缝,医生的手指如何进到心脏里面去,我都看的清楚。这片子医学会准备了三个月,现在这孩子已十五岁了。这种心房有缺口的孩子没有精神,不能跑路,一到发育时就非死不可。自从这种人造心脏发明(是斯坦福大学医院的一个医生发明的),救活了无数孩子"[86]。

虽然生活艰难,充和还是尽可能地利用在美国生活的超前和便利为国内亲友邮寄有利身体的用品。在科技较发达的国家,她突然感受到了自己思维的变化:"我总觉得我跟着孩子们一同长。多少事他们知道的,我不知道,旧的文物我最喜欢,新的机器我更喜欢,我在这两种文化中享受(很多因两种文化冲突而烦恼不尽)好了。"[87]

充和所说的享受应该也包括她的付出,尤其是对昆曲的付出。现实生活如同一折一折的昆曲,有时会结着伴一排排地倾轧过来,充和要一个个去应对解决。有段时间,充和自发感叹,忆起从前到张家来帮工的佣仆,自觉与之相差无几,"汉斯同我这十二年的生活要是同过去比一下,我还不如当日的老张,汉斯不如当日的金荣黄三之类。我们除了做粗事外,还得做办公室教书的工作。从买到做洗地板到做园子,又岂是一两件机器能代替的"[88]。

经济紧张,充和首先在伙食上下"功夫":"我们的饭桌上若无客人,总是一个菜,荤素一起。早饭是麦片一样,有时面包(鸡蛋一星期一次)。午饭是冷食,吃点生菜面包。晚上才真正是一顿热食,有时饭有时下点面条。但是总是吃得够。孩子们第一,我们第二。在加州水果便宜,我们便不炒素菜,这儿水果贵,素菜也贵,譬如一棵白菜要四毛,我们便吃罐头素菜,因为养料是一样,味道真是糟。我们到东部后,买了个 refrigerator,这样在一切食物上可以省钱,到菜市去,记得减价而好的肉或素菜或水果,买回来冻起来,可以搁到三个月或一年。但必须有这种常识,某种东西可以冻,某种不可以冻,冻时必须有预先准备,怎样切,怎样装包,怎样煮一煮,或在开水中过一道。各有不同,也是专门的学问。否则解冻时不能吃就糟蹋了。这样一来,我们每月可以省二十元左右。可是这 freezer 是二百六十元买的,分期付款,一年多可付完,就是一年后在食品才可以省钱。"[89]

紧张的日常之余,充和还是会想家。有一次演出后,充和忽然接到合肥姻亲刘麟生大表叔的信和词,即兴附和:

> 剩有高情到晚香,
> 不因人瘦咏花黄,
> 任他时样日千妆。
>
> 滴滴案钟秋夜永,
> 娟娟庭露客襟凉,
> 已无枝叶傲寒霜。

>   闻道词人鬓欲丝，
>   昼何短短夜何迟？
>   人间无益是相思。
>
>   梦浅不妨春草绿，
>   忧深未许忆归期，
>   温凉惟共酒杯知。

再［鹧鸪天］二首：忆战后归吴喜逢诸曲友

>   旧日歌声竞绕梁，
>   旧时管色逞新腔，
>   相逢曲苑花初发，
>   携手红氍酒正香。
>
>   扶断槛，整颓廊，
>   干戈未损好春光，
>   云裳蠹损翻新样，
>   一顷良田一凤凰。[90]

戏里的分分合合，离离乱乱，像极了现实中的模样。戏外的情愫、哀伤，无疑也是戏里的反射映像。充和有时也不免陷入迷惘，但她看一看周围，便马上明白了一些东西。[91]

当充和有了第一个孩子后，她突然发现了一件奇妙的事情，关于昆曲的。充和虽然没有明确的信仰指向，但冥冥之中她还是信一些东西的。

以元现在是二十三个月不到，会说断句话，中英文全来，在家里总说中文，不怕生人，尤其是男人，最喜欢开大车及泥水匠等，其次是普通男人，见到女人就躲到汉斯两腿间，原因是邻居一家有四五个女孩子，有一天见到以元，就从山顶上冲下来，像似战场冲锋似的，一窝蜂来同他玩，他吓得大哭，从此连经过都怕。他会叫所有家属的称谓，如伯伯，阿姨，舅舅，姐姐，哥哥等等，而且有几个字带合肥音。上次代广耀来总很喜欢跟他玩，所以舅舅开始从那时叫起。

昆曲我也不敢开口，从以元三个月起，我一哼，他就伤心，现在还是一样。徐樱说也许是那个昆曲鬼来投胎。记得小龙几个月只是哭"都只为相思萦绕"一曲，但不久也就停了，以元听另外怨伤感叹之曲（不管是那种文字）都要伤心流泪，岂不怪哉。[92]

袅袅之音，来自遥远的国度，横跨着深远的太平洋，但孩子似乎还是听懂了什么。昆曲本身有时并不需要理解词意，有时连故事也可以忽略，其韵律本身就是故事，就是传奇。充和唱曲时一定蕴含着对家国的情愫，这曲本身，便蕴含着东方家国的丰富世界。以元一定是听懂了什么，那看似与他尚没有太大关系的乡音，还有那太过于陌生的楚腔吴调。但不论如何，这一切将和他产生必然的关联，就如同母亲和儿子。

贪听人间曲

1962年6月11日，耶鲁大学举行毕业典礼，很是热闹，连总统都要来参加，都在耶鲁任教的张充和与傅汉思却把入场券给了邻居，转而去了清闲的地方休息。"昨天耶鲁行毕业典礼，照例请要人演讲，教授们穿上大礼服，方帽子摆阵，汉斯总不去，这次是总统来演讲，又给他名誉博士，所以我们的票子就让邻居去了。他们觉得我们奇怪，怎么这么好的机会都不要。我们只得逍遥处且逍遥，像那么热的天气真是划不来。我有一句名言，有一次在加拿大，别人要介绍一个阔人给我做朋友，我拒绝了，说'有钱可不是传染症，我认了他做朋友，也富不了'。"[93]但充和始终会铭记一些师友。在国内时，充和曾多次得到胡适先生赏识。当胡适先生在加州大学伯克利分校担任客座教授时，充和就在这所大学图书馆工作。胡适先生常常来借书，却不会填表申请，充和则为之代劳。闲余，胡适还常到张充和家做客。傅汉思本就是老友，胡适前来用充和现成的笔墨写字也觉得顺手。充和称胡适为"胡先生"，说他的撇捺拖得长长的，一看就是郑孝胥的风格。胡适笑而默认。胡适为充和留了两份贯酸斋的《清江引》，由此还引出一段一段的赝品闲话。充和每遇有人来求证，都会很认真地解释一通，后来还专门在国内刊物上发文澄清事实，似乎也在一遍一遍追忆与胡适、赵元任等人相聚的场景。

胡适有一个学生叫严倚云，是严复的孙女，胡适曾在美国为她做媒。1961年元旦，充和遇到了这个北大同学，非常高兴。严倚云在美国高校任教多年，还在西雅图开了中国烹饪课，每一次都要带着学生品尝地道的中国菜。她的爱好无疑与充和"不谋而合"，两人携手烹饪，"她抢着做个螃蟹，蟹是海蟹，自然没有淡水的好，但好处在大，易于剥，我做了一个名菜叫'还珠'，意思是珠还合浦，有一天大家都回国的意思。'还珠'的蚌肉与猪肉混合再回蚌中放在烤箱烤熟，倒真是美味"[94]。这美味勾起了充和的思乡情，让她回味起了苏州的螺蛳肉。这次华人太太们新年聚会的话题一直围绕着"吃"展开，她们发现当地的油条稀饭都不正宗，都在想方设法制作更有中国味的食品，可惜总不能对味。

1965年1月，"传"字辈演员顾志成（顾传玠）在台湾病逝。充和的老师们即"传"字辈，而这位"传"字辈则是充和的大姐夫。大姐元和，同样也是一位曲人。充和获悉后，立即从美国赶到台湾看大姐，帮着她安了一口假牙，还帮着她的儿子联络学校，赞助他到美国好的学校就读。几年后，充和又把大姐接到了美国康州客居，主动承担起照顾大姐的事情：一方面她觉得只有她具有这样的便利，一方面她能够理解大姐的昆曲情结。她觉得大姐不该远离昆曲，可能大姐心里从来没有远离过昆曲。

大姐来到美国后[95]，经常参与昆曲演出，她随充和进入十几所高校演出，有时演杜丽娘，有时演春香，有时演张君瑞，有时负责打鼓和后台监督。昆曲，让远离舞台的元和突然年轻了许多，曲友们的相互来往，更让她恍惚之间回到了正青春的苏州。她是家里第一个学习昆曲的，她一生钟爱的也是一位杰出的昆曲演员，她爱他的人，更爱他的艺术。

在美国，元和开始整理夫君顾志成的昆曲事迹，并做了纪念册印出来赠予曲友们，成为海内外曲迷追忆那个帅气小生的凭据。与此同时，元和也在曲友们的建议和帮助下，现身拍摄了一套正统的昆曲身段谱，身段谱出版后，很受追捧。"大姐来此已两年。一切平静。她在此看了六十种曲，元人百种及其他种种小说，又写了四折戏身段谱出版，大概是她一辈子最清闲读书最多的了。"[96] 直到元和在美国取得永久居留权后，充和还在为大姐的生计忙活。充和帮她在美国介绍工作，还托到了曲友李方桂的夫人徐樱。每次国内亲友来信，充和总是会建议他们给大姐写封信。充和总担心大姐太过寂寞。她能够真切地理解大姐的心思，因为她自己也是身处海外，越是历久，越是理解。充和常常陪着大姐一聊就是到深夜，她喜欢和大姐说说从前的事，一起背背合肥歌谣，背《三字经》，闲话那时的家人，那时的昆曲往事。

看着大姐为儿子的将来操心，充和就主动帮忙联系签证，让元和的儿子到美国来寻求发展机会。忙完了儿子，又继续协助在国内的大姐的女儿凌宏来相见。凌宏说："我做梦也不会想到这辈子还能见到阔别三十一年的生母，更没想到会来到美国。"1980年11月1日，凌宏带着儿子来到美国，与母亲相聚。再后来，为了照顾母亲，凌宏也来到美国参加工作。如今，全家生活在美国的凌宏说，"三十年来，汉思、充和对我们的恩情真是一言难尽"，是"改变我们命运

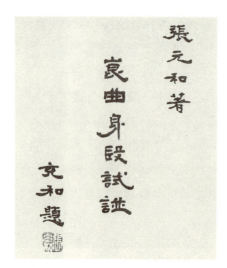

这本出版于二十世纪七十年代的《昆曲身段试谱》为元和女士所作,充和女士为此题签,并给了必要的建议,可谓尽善尽美

一九八三年十月,傅汉思到奥克兰探望元和(左一)凌宏(右一)。充和在美国一直挂念在台湾独自一人生活的大姐,于是设法将元和接到美国居住。后来移民成功,元和的女儿凌宏也得以进入美国。凌宏女士永远记得,找工作时四姨父傅汉思帮了不少忙,还帮着租房子,亲自为她们搬家居用品,是一位称职的长辈,非常可亲可敬

第八章 美国：走出仕女图 243

一九八六年，张元和、徐樱、王芝泉、张充和、岳美缇（从左至右）在美国加州的合影

二〇〇〇年，沈红赴美学习期间，在充和女士家中与一众亲人的合影，前排左起张充和、傅汉思、张元和，二排左起傅以谟、凌宏、沈红、和鸣

一九八〇年,沈从文与傅汉思在美国重聚。

此时,傅汉思已经能够胜任沈从文研究会的翻译和讲解员了。

傅汉思总想多与这个温和的连襟说说话,可惜访美时沈从文的时间总不属于他自己

一九八〇年十月,张充和女士与三姐兆和女士在美国合影。一九八〇年,沈从文的访美之行历经曲折,直到十月才有眉目,但紧接着沈从文先生的健康又成为中方担忧的问题,而美方又因为沈从文先生的年龄过大而不能担保。时间迫不及待,一天充和问傅汉思:「你敢不敢负这个责任?」「当然敢,尤其有三姐同来。」或许也只有充和能够体会到汉思这个掷地有声的承诺吧。沈从文与兆和女士的美国之行就这样落实了

第八章 美国：走出仕女图 245

一九七八年，沈从文先生的境遇逐渐有所好转，入中国社会科学院历史研究所任研究员。这一年，充和女士也得以从美国申请回国。沈从文以行书写了五首七言绝句赠充和四妹，诗作作者有唐朝诗人、农民起义首领、宋朝僧人等，五首诗由自然景象延展开来，各有情绪意境，读来可见沈从文先生组合诗词的高明和别致的大恩人"。为此,虔诚信仰基督教的凌宏夫妇以特殊的方式答谢四姨充和:"我们常向四姨传福音,每次在她家一起用饭前,必一同祷告谢饭;因为我们一生最大的祝福是信了耶稣,多么想把自己最好的礼物给她;也曾多次对四姨说要信耶稣。她总说:'考虑考虑。'今年4月我们看望她。那时,她说话少,平时只回答'嗯'。当和统问四姨,要不要信耶稣?她大声清楚地回答说'要'。我与于萍阿姨也听到了,我感动得流泪,我们一起跪下,为四姨祷告,相信主耶稣已接纳了她……"[97]

充和还常常带着大姐出去自驾游,看看自然山水,只是为了省钱常要住在帐篷里。此时,充和才发现,某种程度上说,她比大姐更能吃苦。但这不是说大姐吃不得苦,只是大姐从小即受宠爱,长大后也比较顺利。经历即人生,经历常常也会影响具体的生活。"我们去加拿大一路是住在车子中帐篷中,大姐不习惯硬车、蚊子,写信告诉二姐说不如以前外出游山玩水,住旅馆,吃馆子舒服。我们是从未因出外游玩而住旅馆,露营从五毛钱起现在涨到三块,虽是坏的旅馆,也得每人十元一天。你想哪能一个教书人住旅馆一周。所以诸如此类大姐未免不能了解。"[98]

如果说单身时期的充和一度被奉为不食人间烟火的仕女的话,现在她已经完全"迫降"到了人间烟火堆里:"我们早中饭比你们还简单,早上咖啡面包,有时吃鸡蛋,中午吃冷食,大姐来后我们吃头天剩菜,到晚上才开火。孩子们早中饭我差不多不管他们,他们随时在冰箱中找点冷食喝杯牛奶或橘子水。大都不坐下来吃,这也是美国风气如此。不在厨房多搞,生活上不花时间,这边一般中国人家有的同美国一样,有的一辈子也改不了。……我们这几年来在生活工作经济上都十分有压力,薪水来后,几张支票即完事,说起来人也不相信,吃穿都是非常简单,娱乐方面可以说是没有了,除了自己唱唱曲子以外。"[99]

或许也只有曲事,才能让身处异邦的充和找到些许不同于人间烟火的地方。只是,那一幕幕演出来的、唱出来的又都是人间曲事。

充和喜欢把昆曲与生活"混搭"在一起,尤其是在忙的时候:"我的忙法不是劳心,你与汉斯便不同了,我做家事,一面唱曲子,而且吊嗓子,不然我哪有工夫唱,每出戏至少也是十五到三十分钟。做细点事便唱细曲子,如《牡丹亭》,若拖地板扫地便唱《刺虎》《断桥》一类的曲子。前天王季诠(九如巷隔壁王公子)、项馨吾以及我的学生在我处曲叙一下午,他们见我又做砚台,又做笛子,又写字画画,便问我,'你有两个孩子,这一屋子以及一日三餐如何有工夫做这么多笛子及其他兴趣上的事?'我答以'惟忙者能乐此,不忙者惟有此不乐也'。因我以此作为休息,否则人即毁了。他们初大笑,后即以为真理。季诠的夫人能唱曲,能画,就是不能入迷,故在此觉得受不了,精神崩溃,凡所好即迷,寄托就有了,也不管成就,就只是一股劲的向前进,怎能不进步呢。我一辈子打磨不少,可是愈磨愈锐,年龄是到了,可是还心不老。……我独自一人可唱四小时曲子(都是边做家事),我还得大声唱,若哼哼就把嗓子哼哑了。我最近在温《瑶台》提曲,又在开学女弹词,即是套词,十分好听,还没听人唱过呢。"[100]

或许是受了母亲的影响,充和的两个孩子早早学会自立,还出去"赚外快":"以元一周给邻居割草地赚到零用钱,以谟能做事,但是不叫不做。两人身体还健康,一个十四,一个十二,个子都比我高了,他们懂的是另一套,我们已是老了,不合时宜了。以元赚了钱,不爱吃,只把所有的钱都花在他的小车子上,他用一个割草机的旧引擎改了一个小汽车,花了很多钱,他中午到学校的早餐钱也省下来买零件。但是此车并不可在街上走(不许可的),只是一种学习。在停车空场上开。一天到晚迷在这个上面。一身都是脏脏的,工具遍地。我虽不胜其烦,但一般说是好现象。比其他中学生搞女朋友(此间最早)、抽香烟及其他毒剂要好得多。"[101] 对待孩子,充和像对待她的植物一样,给他们养料,也给他们自由,当然,更要给他们合适的方向。

充和常常善于为别人考虑问题,当她自己碰到实际问题时,却只能向万里之外的大弟求援,这可能缘于她不想自己的病成为家里的负担,尽可能地自己解决:"我咳了四五个月,在7月里用灯光照看气管在左手膀上打了三针麻药针,至今手臂不能抬一抬。更有一条肌肉凸出很疼。我不能去问医生(这里若无大重病连护士就先拒绝了),请问文思有无什么办法。谢谢你。"[102]

在美国期间,充和多次生病,可谓"伤痕累累",肩膀小关节脱臼,她用"头悬梁"治疗法,受苦受罪不说,还要心疼未知的账单。还有一次,充和的眼鼻之间交通阻塞,"时而红肿,终究要开刀去骨。……医生说不开刀除了眼睛不好外,又会使伤风菌存留不出去,故伤风不易好,又易伤风"。后来这左眼泪孔塞住长达六年,"时而眼角红肿,经常流泪,医药无效,有的医生主张开刀,我坚持不肯"。突然有一天,忽然通了。无病一身轻,充和的精神终于得以恢复。

充和身上有着这样那样的巧合和奇遇,且最终都能化险为夷,这一切看起来像戏剧一样奇妙,但充和内在的自修和自谨却是显而易见的。

1976年7月3日,充和忽得急性盲肠炎,"即时开刀,盲肠已全烂了,若再迟就严重了"。这病让她自然想到了在重庆病逝的小侄女小禾,当时小禾就是此症极度恶化导致突然去世,因此充和自觉"真算幸运"。七天之后就出院了。虽不能练习书画和唱曲,她自言"因祸得福"。每天只是看看书看看信。手术后不久,充和即能自己下床行动,还指挥女儿烹饪。她的伤口愈合之快令医生惊讶,说是第一次看到这样的病人,充和以为"都因我平时喜吃骨头汤与蹄筋一类东西,胶质无论对老少都好"。住院期间,充和依旧担心汉思和女儿的饮食是否得当,因此她想着早点出院。

此时,她现身说法劝解在国内的大弟宗和,因他也总是受病折磨:"你近来身体如何?心里放宽些,天下之大,比我们更苦的人多的是,像我在医院中,哪有不疼之理,一见到更多的病痛及重病之人,我便觉得我是幸运的,便也不觉疼了。你的睡眠不好,也许因为动得太少，要多走路，开始勉强些，屋前屋后，打起精神做事是要紧，却不可有甘心自退之心。不教书绝无关系，但得找点事做做。如家事园事一类，样样都是有用的。对身心也是有用的。如果你觉得还有用处，即心满意，睡眠也跟上好了，我在纸上谈兵，鞭长莫及。若能稍近，我以我法治病那就容易点。"[103] 充和还苦心向宗和传授"养生之道"，"养生之道很不容易说，要你放松，而不是懒，更不能以为自己老。'放松'是做事时不紧张，'懒'是不想动，老的等进土，这是我的看法。我病也不怕，你是知道的，现在我承认'老'而行为上不向老的方面做。我还能跑能跳，也不怕跌。累了就休息"[104]。

充和在劝说别人的时候也会"自省"，对于昆曲普及的过度投入也让她觉得疲惫，"我的毛病照例是一股劲做事，做完后便倒了。在学期中又上课又准备演戏，是有些累人，所以学期一终了，我便大松一下，松了后又觉提不起劲来做事，事不上轨道，心里就烦，愈烦就愈不想做事"[105]。于是，充和学会了静坐，不在乎外界的声音，做到一个人的沉静；或是像一个没有意义的字，这样整个人就轻松了。

充和渐渐感受到了"自己的力量"，这是她在长期的艰苦经历中陆续悟到的一种力量，她劝生病的大弟宗和："你知道我的挫折，我自己克服，困难自己解决。坚强不屈的性格连病也克服了。……我们都是五十的人了，我的毛病我知道，只要兴趣好，一切便不顾了，但近来也自知了。磨好了墨，想练字时已经累了。摆出录音机（灌的笛子）想吊吊嗓子，已经累了。若说是病，一点没有，实在是生活太忙了，精神用多了。但是我也很满足，能坐下来磨墨，洗洗笔，看看桌上的文具，也叫我高兴。不一定要拼命练字。听自己吹的笛子也能过瘾，不一定要唱。倒真达到一个境界，弹无弦之琴了。"[106]

有一天晚上，充和看电视看到一个欧洲人学印度人练气功，这种气功与中国的相同，"运了气后灵魂出窍四分钟，两把剑剑锋向上横放在两个架子上。两人把他抬在剑上（如戏上挺僵尸），一剑横在背上，一剑横在小腿下，然后放块水门汀在他身上，再用钺锤子打。醒来背后腿下丝毫不伤。此人已七十八岁，自己是个医生。他说一句话很重要，这是一种力量，人人都有，但你们没有发现"[107]。充和并非是盲目信任一种气功，她只是觉得表演人的一句话点中了"穴道"。运气包治百病，未必合乎科学，"反之最科学化的靠药物不如靠自己的力量。这种气功治疗第一就要相信这不是神奇，是自然中必有的。你身体中必有的。我当初一点也不懂，但是只抱定一点'我还要坚强的活呢'"[108]。

充和常常吟唱的昆曲角色中不乏向善、坚毅、执着的，凭一股吐纳有力的真气，尝试着恢复固有的元气。她的无师自通，她的"久病成医"，反倒成为巩固她身心矫健的机缘和实力。充和的心和她的诗词一样，看似柔婉、端丽，实则隐隐充满着一股现代性的力量。难怪萧公权先生称其诗"断无雌伏之理也"。杨联陞先生常致诗充和，倾吐生活忧烦，充和的诗作也总是能够给朋友们以慰藉和力量。

1974年3月1日杨联陞先生有感而发，赋诗《寄张充和》：

> 郎染髭须侬染发，平生娇鬓丝如油。
> 师姑自有旁人做，留得青山到日头。
> 谁染髭须谁染发，镜中衰鬓任霜侵。
> 师姑重唱《思凡》曲，认取当年少女心。

"从中国走出来"不仅是地域和传统的概念，充和要把自己置身于世界的舞台。她要抵触和一步步祛除内心的狭隘，尽管有时看起来这只是习惯而不是狭隘；但她的高度自省决定着她的高远。她尝试着改变自认为不好的脾气，心中坦白，尝试着融入更大的一个世界。这一切，像是一折戏，又像是一个轻松的游戏。

有时候，充和在美国会突然想起她在北京香山碧云寺养病时的情景，恼过，怒过，恨过，但最终还是归于了淡然。她作了一曲：

菩萨蛮

小轩凉纳千山绿,
当窗有个人幽独。
弄笛做新腔,
还吹《豆叶黄》。

老僧闲倚竹,
贪听人间曲,
何日化虹霞,
幻成九品花。

有时候想想,充和会觉得,自己贪恋的,不过就是那一幕幕人间曲。她带着她的昆曲,走过了千山万水,最终落户在了异国的北港,她把家庭曲会称为"也庐曲会"。人们都知道,那是学府耶鲁的谐音;但人们更知道,那不仅仅只是一个名字的谐音,而是戏剧里的"化境":结庐在人间,何处不家园?

小 园

充和的小园看上去总是充满着田园诗意,尽管这诗意的背后有着生计的考量,但这种考量本身就是面对生存的一种坦阔,一种随意。从离乱里脱身而出的四小姐已经走进了人间的小园,她自己构筑的小园,如同她一笔一画写出来的人生小楷。

今年春天来得晚,六月间才种菜,往年西红柿已吃了,今年才刚开花,唯有韭菜,在美国又贵又不好,我家韭菜可管四家吃,暑中我们平均每隔一天吃一次。纽约韭菜卖八毛五一把,

一九五四年,张充和女士在美国加州家门前拔草。在自家小园里,张充和亲自维护和管理着她的杂树荷花、各种蔬菜。她像是一个寻常农人,又像一个隐居的词人

约半斤,我又种了黄瓜豌豆荚(连头吃的),不知何时可以吃到。说起蔬菜,你们在国内的人不知道,也觉得不值一谈。我们几个当家婆,一见面即谈蔬菜,那处好那处便宜,我因喜种花菜,所以一年就有三四个月可以自备。[109]

就算是劳累,就算是无助,就算是压力重重,但充和一到了小园里,便释然了,可以爬树锯枝,可以挥锹铲土,可以搬石头固基。种树、种菜、种花,充和总是乐此不疲,小园里似乎寄托着充和童年种下的一个秘密,是合肥的公馆宅院,还是苏州家居的小园?从美国西部搬到东部后,充和放不下的还是"小园情结"。

我的园中种了白菜、黄瓜、菠菜、空心菜(不长,你可以教我种,若不会种请教人,我几年都种不好)、雪里蕻、水疙瘩、小红萝卜。还有几种美国菜,都是平时买不起的。我每天至少

两小时拔草,上肥、清理、下种、分秧,忙得很,但非常高兴。心里一烦便去园中做工,身体就很健康,也看出成绩。看草木生长,可以增长生趣,尤其近几年来蔬菜奇贵,你们无论在中国那一省也想象不到。以谟今年十四岁,几年前说:"等我赚了钱,我要吃一棵整的生菜。"你们听了可好笑吧。[110]

"采菊东篱下,悠然见南山。"充和曾熟读陶渊明的古意,尤其爱诗人的《归去来兮辞》。忙碌在小园里的充和,常常固执地旗袍加身,一身朴素,远远望去,分不清是哪个时代的女子。莲叶深处谁家女?转身进屋,她又会转变成一个会使用冰箱、洗衣机、洗碗机、电视机的现代女性。她主动地参与到每天的柴米油盐酱醋茶里,那是中国纯正的开门七件事。她为一家的吃喝拉撒忙碌,欣慰坦然。她看待飞涨的物价,多少带点戏谑的把玩。"惹不起我还躲不起吗","离了张屠夫,还不吃猪肉了",这些中国的传统谚语,拿来形容充和的心思再合适不过了。她不是对抗、敌视、对弈,而是选择了"我有我可以"的主张。这主张里不是坚硬,不是碰撞,而是一种柔软的太极。充和总是知道戏曲里的乾坤所在,须弥芥子,一花一世界,一叶一如来。这或许也是充和的小园所在。异国的小园给了她新的灵感,而小园本身也是她的作品之一。她一口气写下了十首《小园即事》,如:

  窥户饥禽未有家,不难相与忆中华。
  一冬雨雪三秋叶,可有春泥再种花。

  当年选胜到山涯,今日随缘遣岁华。
  雅俗但求生意足,邻翁来赏隔篱瓜。

  枯藤曲干写秋蛇,有日春来满缀花。
  闻道普贤不退转,为何岁岁换袈裟。

站在小园里的充和，有一种回家的错觉，恍然三十年过去，不经意间她又哼起了那句娴熟的唱词："梦回莺啭，乱煞年光遍。人立小庭深院。"只是四海之内，何以为家？充和来自中国，傅汉思来自德国。身处异国北港，更多的是"他乡是故乡"的恍惚。他们手拉着手漫步小园内外，"携手遣岁华"。一畦一畦的杂花时蔬，正一节一节地诉说着他们的长篇故事。冬去春来，春华秋实。晚辈们去看望他们，看他们携手漫步在复活节静谧的街道，看他们在山顶依偎看海，看他们在小园一隅品味往昔，"四姨爷爷思维敏捷，记性好。在四姨奶奶的长篇故事的停顿处，他会突然插进来个把小段子，或者帮助她把故事讲得更具体准确。他们配合得真好！"[111]

　　小园附近的街道安静怡人，"他们那条街道特别安静，或者说宁静，没有车马之声，没有烟尘之扰，适合静心做事……很有些'穷巷隔深辙，颇回故人车'的意思"[112]。这样的场景安逸、平和，但也总会勾起充和的一些陈年记忆。让她会突然想到几位老友，或是一段久远的往事。

　　1981年仲夏，充和陪着傅汉思回德国慕尼黑客居三个月。在德国，充和突然忆起她还欠着国内的文友黄裳一幅字——一个三十年的宿诺。她研磨、铺纸、执笔，信手而成。写的是陶潜的《归去来兮辞》，柔中带刚，由充和的另一挚友卞之琳从美国带回转送。年过花甲的黄裳仔细端详充和的书法，猜测是背书的，因有缺字，但重要的句子一句都不少。充和践了"宿诺"，这个过程又让黄裳想起了温和善良的朋友章靳以，可惜的是他早已经不在人世。

　　很多年后，章靳以的女儿章小东女士第一次去探望充和，一见如故。充和说："小东，你以后不要叫我张先生，就叫我姨妈，我和你爸爸是非常近的朋友，我们之间无话不谈。"[113]时为2004年。年过九旬的充和女士对章小东也是无话不谈。她谈到了与靳以在抗战时的种种逸事，在北平时捧名角儿，在苏州时听昆曲。他送她一块清朝的古墨"黑松使者"，她为他抄写《闻铃》曲谱，为他书写杜甫的《赠卫八处士》："人生不相见，动如参与商。今夕复何夕，共此灯烛光。少壮能几时,鬓发各已苍。访旧半为鬼,惊呼热中肠。焉知二十载,重上君子堂。昔别君未婚,儿女忽成行。……明日隔山岳,世事两茫茫。"

此时章靳以已去世五十年。

充和向章小东谈起了抗战时与章靳以、方令孺一次次聚会的趣事。方令孺出身桐城派世家,但也开了新诗的先河,早在20世纪20年代初即赴美留学多年,攻读西方文学,只是她对美国印象不好。[114] 方令孺与充和同为皖中人,性格本就正直、善良且坦诚。她比充和大了十几岁,对充和关心备至,三人在重庆时常常煮肉言欢。1949年5月20日,方令孺自上海寄信到美国给充和:"充和,我看到你的信流泪了,你不该走,你是过不来美国的日子。你游历一趟也好,还是回来,我们储蓄大堆友情等着你!我读你的信当时感觉就像读一首乌孙公主远嫁的诗。……你在那儿,人家把你当作古董看,而且他们(美国人)又懂什么?现在你也不必太急,多把握文字语言,读些书,到大学去听讲,不管听懂听不懂,听多了也就抓到些什么。……我觉得你总是那么生气扑扑的,冷静平常的生活你也过不来。……充和,我每天实在在想念你!"[115]

章小东女士曾当面问及充和姨妈那幅书送黄裳的《归去来兮辞》,充和未答,倒是念念不忘靳以的诞辰和去世纪念日,并亲自手书纪念。章小东女士告别姨妈回到家里,不禁想起了父亲的一件藏品:"家里真品、精品无数,父亲单单把这幅印刷品挂在每天都会看到的地方,那就是父亲挚爱的了。可是有谁可以告诉我,父亲为什么喜欢这幅立轴? 这一天,我第一次仔仔细细阅读了这幅跟随着父亲、又跟随着我几十年的立轴,上面印刷的是:陶渊明的《归去来辞》。"[116]

> 寒暖分明土最佳,及时培种洛阳花。
> 归来见叶知花瘦,去后无人护短芽。[117]

小园里香椿的清芬已经飘向街巷，淡淡的中国味，那是来自南京中山植物园的特有品种，是充和四弟宇和培育的成果。充和每每向友人赠送香椿时都会叙述四弟小时候在九如巷的小园打手电捉害虫的故事。此时，他们已经都成了祖母祖父。但充和不服年岁，"她依然健巧灵活，爬高上低，做出些我绝对禁止我家奶奶做的危险动作。孩子们不在身边，样样自己来，美国人的独立性真让人钦佩"[118]。

至此可以说，那个小坐蒲团的乱世佳人已经从《仕女图》里走了出来，那个附身在《游园》里的大家闺秀已经从舞台上走了下来。古人说"渔郎更觅桃源路，除是人间别有天"，曾经的少女，也有过这样的句子："海底有我美丽的梦，我应该去拾一堆玉蚌的遗骸，守着它们，过一个黑漫漫的长夜，让幻想的灵光在我的脑子里照一个透彻，别让这世界所谓的光亮在我眼前扰乱，我怕亮，也别再等到东方有晨曦，也别给人瞧见我，我需要一个黑色的浪花把我卷进海的怀抱里，那里有爱，有温情，有人间已丧失的平静。"[119]后来，她发现，再也没有比人间更平静的地方，如磨细了的水流，声声入耳，声声入心。她不禁跟着哼了起来，幽雅婉转，流丽悠远。

一生爱好是天然

1962年秋，充和在纽约一个中国书画展览会上看到一幅熟悉的画作《乔仲常画〈后赤壁赋〉》，连同一大批从唐到清的作品，都是一位美国收藏家的藏品。这幅《后赤壁赋》，充和曾在北平临过的，当时的主人是好友王文伯。1927年充和与家人游览黄山时，王文伯用汽车接送他们，还亲自驾车送他们去天目山。后在北平再见时，王文伯已是大收藏家。充和因而得以借来临摹，现在再见名作，百感交集。充和以为此画的特点在于："1. 宋人画宋人故事。2. 中国画中第一个见到有人影子的'影在地'，三个人影清楚雅致。3. 居虎豹，攀虬龙，虎豹是石头形状，虬龙就是老藤子。此画在宋画中笔画清楚，老练，笔笔可临。"她所谓百感交集是"永远再不能用手摸着了，不说在身边一星期去临它。美国收藏家除了展览外即在银行保险库中"[120]。

充和对艺术的评论和关心总是捎带着人间温情。她总是会从艺术回归到人性。她觉得艺术从来不是单独浮生的，而是会附着在一段段鲜活的人生中："这几年来书画荒疏，刚到时开过展览后倒卖了好几张画。这里卖画全不像以前中国是打秋风式的。尤其是我最恨的靠朋友、靠名家来提拔你，来捧你，若是个女人就更了不起。画字的本质一概不管。在美国吹牛的人亦真多，除了骗洋人，骗钱外，亦不过骗自己而已。我的字比画当然有点小功夫，但是谁人来欣赏呢。除了中国人外，能够卖钱的只有画。所以我得在画上用功夫。这多少年做事带孩子，虽不动笔，却留心观察古今中外的画，近日全世界之抽象画不难于学，只是不欢喜。其实中国从工笔到写意墨戏已是抽象的路子了。苏东坡说'画梅求形似，见与儿童邻'，这里多少画国画的人都转向抽象路上去了，如王季迁，如曾幼荷等。张大千仍旧，我至今连彷徨都没有过意在画园中进一步，未免不通世故。眼看换一种方法可以迎合心理赚钱，但是又有多少意思呢。"[121]在展会上，充和还意外地遇到老朋友王文伯，只是他的变化太大了，令充和大为吃惊，"他用两个手来握一个手，可是只有四个指头，原来七八年前，酒后抽烟烧得大半死，今日脸上亦不是当年了"[122]。

到美国十几年后，充和还记得她在呈贡时的一次题字，"我记得呈贡县的老县长用女人轿抬我去写'奉法守公'大匾给什么人，后来他升官时别人又请我写什么（我忘了），吹吹打打的把匾又送到龙街我们住处来。……我当时觉得可笑，又觉得得意，这些人弄神弄鬼的"[123]。对于画画，充和则常自言是生活劳累后的调节，她常常在夜里睡不着时起来画画，作为健怡之道。对于写字，更是一种性格的修养，充和曾对苦练书法的大弟宗和说："写字发急可划不来，为着是没有事才写的。以它养性，我万事都性急，只写字不急，今年我练的字都留着，往年的全烧了，丢了。"[124]

初到美国时，曾有人要买张充和女士的画作，充和也曾出过几幅，但始终认为画得不够好。再后来她坚持要以书法为主，她致信大弟宗和说，目前生活还过得去，不必以卖画为生，且有丈夫养我，就此再很少售画。有好事者曾将充和女士的画作印出，这是当时充和寄给大弟宗和的一幅印刷品

第八章 美国：走出仕女图 259

一九七〇年，张充和在美国所画的梅花。张充和女士一生绘画作品不少，但留下来的却很少，因她自己多不满意。初到美国，充和女士常作画自怡，还曾寄给在贵州的张宗和，姐弟的书画搭配，相得益彰，被张宗和奉为墨宝，可惜在『文革』时丢失了

张充和诗集《桃花鱼》封面（林道群先生提供）

一九九九年，张充和的美国学生薄英（Ian Boyden）为她出版了个人诗集《桃花鱼》，薄英为出版这本书创办了只有一个人的蟹羽出版社（Crab Quill Press）。这本诗集只印了一百四十本，却用了三年时间才完成出版，选材、用纸、制作都格外用心

第八章 美国：走出仕女图 261

张定和先生是张充和女士的三弟，是著名的作曲家，写过不少经典的抗战歌曲。他客居美国时，把收集多年的四姐诗词送给四姐。后来傅汉思先生选出十八首并翻译，出版了经典的《桃花鱼》。张定和先生收藏了第八册，四姐为他特写缘起留念，言语轻松、可爱

张充和诗集《桃花鱼》中的闲章「一生爱好是天然」

充和临过的书法有很多,她自己曾做了一个大致的清单:

篆:秦权 泰山 琅琊石刻若干篇
隶:石门颂两遍 礼器碑两遍 华山碑一遍 曹全碑一遍 乙横碑一遍 张迁碑一遍
楷:孟法师碑三遍 多宝塔一遍 颜真卿自书告身十遍 六朝墓志若干 九成宫一遍
行:虞世南临兰亭序一百三十遍 苏轼黄州寒食帖四十遍 颜争座位七遍 祭侄稿若干
草:书谱一遍 张旭古诗四帖四遍 怀素自叙一遍 高闲千字文四遍(残)[125]

充和在练习书法时,常常会对照反省,她逼着自己先做个"伯乐"。1967年时充和曾自言:"今年重心在行书,因我的行书太坏。"而且充和抱定一条原则:"我从不花钱印自己的字。"但是主动为她出版书法专集的已经有不少了,截至1967年,她已经陆续出了《陆机文赋》(楷书)、《曹植诗》(楷书)、《王维辋川集》(各体)、《睎周集》(楷书)(是近人和周清真全诗)。

有时写累了,充和就画画,她曾为人连写带画过一个册页:传统的对页,计十六幅,典雅清丽,很是令人喜爱。她也自言,喜欢以这种书画合璧的方式呈现自己的艺术。后来,充和又陆续出版了一系列的书画集,其中以《桃花鱼》为经典。张充和的美国学生薄英为出版这本书创办了只有一个人的蟹羽出版社,其中的诗词书法是充和专门为这本书所写。此书最大的特点是"取之自然,还之天然"。书的封面和封底均为木制,这三种木材分别是来自印度的紫檀、阿拉斯加的雪杉和非洲的沙比利木。在这本书里,钤有一精致的竖排红印:一生爱好是天然。

1962年10月20日,曲友项斯凤在美结婚,充和为她刻了一枚长条章:一生爱好是天然。"刻在黑塑胶上,用石绿进去。图章是红的。我们教书匠的经济与纽约生意人比起来仍是穷人。但中国礼物大概有钱也买不到。"[126] "一生爱好是天然",这是《牡丹亭》的一句唱词,是充和演了一辈子的戏。关于其中"好"的读音和诠释,各地曲友曾有着不同的解读,充和则坚持着固有的传统。爱美之心,人之天性,这是自然的,也是天然的。记得充和的昆曲弟子安娜女士在苏州寻访曲友时,曾与曲友交流说:"充和老师说'一生爱好是天然'的'好'是'好'和'美好'(名词),不是'喜好''爱好'(动词)。杜丽娘这句话的意思是说:喜爱'美好的事物'是我的天性。"

充和所理解的天然,除了美、好之外,恐怕还有爱——缘于中国人的亲情和关爱,是一种自然的情怀,是中国历史历经千年更迭而亘古不变的人文情愫,也是数百年来昆曲里吟唱追求的情感精髓。充和看似以六百年传统剧目在西方世界出将入相,以一桌一椅一支笛子为背景,简练之中实则蕴含着丰富深厚的中国式的情感世界,但充和并不打算到此为止,她浑身上下都是古老的意蕴。但她后来嫁给了西方人,毅然走进了西方世界,这已经明证着她的新锐的变化。在变与不变之间,她迷失过、困顿过,但她内心深处的本能是自然的、天然的。因此,充和常常会遵循着内心的召唤去做一些事情。

汉　思

充和将她的书法艺术成就归功于汉思的支持和贡献,她的书法作品第一"读者"即汉思。他们在美国曾合作出版《书谱两种》。汉思的著作《中国诗选译随谈》即有充和题字:"傅汉思著　张充和题",以中国书法的形式出现在英文书封面上,本身就是一种浪漫的格式,尤其是还有汉思在书里淡淡的诗词隐喻。

1949年1月,傅汉思从北平第一次来到江南之地,苏州九如巷张家,一个典型的中国世家。汉思没有想到自己会那么快离开中国,尤其是在他已经对中国传统文化开始认知的时候。他从沈从文身上感受到了中国文学的气息，在认识了充和之后，他更是对古典文学入迷。此时他已经开始动了换专业的念头。只是乱世之中，一切身不由己。

当他与充和回到美国后，他曾有过短暂的彷徨，前途茫茫。他们先去了父母所在的斯坦福大学，开始为将来打算。他的博士学位是在加州大学伯克利分校获得的，在朋友的帮助下，充和与汉思得以进入加州州立大学做事。充和在学校图书馆负责中文编目方面的工作。这里藏有大量的中日韩文图书，但由于中国变革，近五六年都没有新书输入了，对此充和不好多干涉。学校购书人曾向傅汉思询问，汉思点明了书目给他，"（对方）说第一部应该是周朝历史（文武之周），怎么没有？汉斯解释了半天，告诉他《史记》之中岂单周朝，连盘古三皇五帝都有。他还是不信，幸他有《辞海》，翻了才放心"[127]。

傅汉思在加州大学从事中国中古史文化研究，并进行《中古史译文编目》的工作。他在学校开设中古史课程，从三国讲到五代。这是他的新专业，只不过他还没有拿到这个专业的博士学位。也正因为此，使得他在此的教学是半职（一半教学一半研究）的，而不像充和那样是一份全职工作。但是傅汉思一门心思潜入他的中国文化研究中，尤其是对于中国中古时期的诗词歌赋兴趣颇浓。他以孟浩然为主题介入翻译，于1952年出版了《孟浩然传》。

傅汉思出生在德国，有着犹太人血统。德籍犹太裔文化圈出过不少文化世家，傅汉思家族即为一支。傅汉思曾经说过："要了解一个人有两种方式，你可以尽可能地努力找出关于他的童年、背景、父母、祖先、亲属、师长、朋友、同事以及反过来曾受过他影响的人的相关情况，或者你也可以接受此人现有的状态，研究他的外貌，感同身受地倾听他所诉说的一切，享受与他的相知相伴。我选择的是后一种方式。"[128] 这段话也适用于充和与汉思的结缡生活。尽管有人说他们在世家上属于"门当户对"，但这种说法或许指的是精神层次。最初，傅汉思似乎对于充和曾经显赫的家世并没有多少了解，反倒是在实际的婚姻生活中感同身受着充和与生俱来的心性和禀赋。而充和到美国初次见到公公、婆婆后，接触的只是普通的日常生活，她对他们的世家背景和学术并不了解，反倒更关心他们的生活、疾病，以及将来的养老问题。一度国内的家人要求他们回国，充和最后放不下的还是傅汉思的父母，说他们只有这一个儿子，不忍他们分开。

到美国十余年后，汉思的名字发生了变化。傅汉思原名傅汉斯，也用过汗斯，有说是充和在美国的好友、古典文学研究学者陈世骧为其改名汉思，但更多人倾向说是充和为汉思改了名字。一字之易，道出了充和的几许家国相思："我知道国家是在好转，只是供不应求，并无看不起的意思。若算我也是中国人，至少是念念不忘祖国的中国人，汉斯亦是爱护中国的。他的名字由汗斯改到汉思亦是此意。"[129] 或许改名也是汉思自己的坚持，从中可以看出他对中国古典文学的看好。他曾经深入过多个专业，他以语言学者的敏感看到了东方文化的深不可测和意境悠远。"窥意象而运斤"，汉思对于中国古典诗意的追溯，才刚刚起步。他对于中国文化的热衷本身即是对中国的热爱。他在最艰难的时候，依然坚守这个自选专业，正如他对妻子充和的朴素的爱一样，从一而终。

充和让汉思安心地做他喜欢的专业研究，她可以更多地承担一些家庭负担，因为她看到了他对中国文化的倾心和专注。功夫不负有心人。汉思终于在多年后通过发表论文和出版著作获得了学界的承认，虽然他没有拿到中国古典文学或是历史类的博士学位，但还是于1959年8月受邀到斯坦福大学担任全职教师，"到斯坦福教书是全部时间，教的是中文，从语言到文字，历史不教了"[130]。此后，汉思专注于翻译中国新旧唐书，也就意味着他的研究更专一了。至此，充和开始辞职在家。与此对应的是，他们的收入陡然减了一半，困难是肯定的，但也因此省了不少开销，譬如请人看孩子，在外面吃饭，还有他们新搬了家，这里的房子相对便宜了一

二十世纪六十年代,张充和与傅汉思在美国加州。汉思总是默默地支持着充和的艺术之路,就像珍重自己研究的中国传统世界

些。不仅如此，充和还打算"在家中做一点零工得到外快"。如此，汉思得以把精力都放在了教学上，"汉斯来斯坦福真是苦教，学生程度不高，从字句着手。看卷子做练习，都是他亲自去改，写讲义都无书记，也是他自己写，有时直到深更半夜。加州大学就比这里阔气多了，有助教，有改卷子的，有书记，有秘书。此地得一手包办"[131]。

尽管工作紧张，但对于妻子充和的昆曲讲演，汉思始终一路相伴。除了解说，还要协助演出，有时打鼓，有时负责后台，他把妻子的昆曲事业当成自己工作的一部分。他陪着妻子一站站演过了很多大学，现场气氛很是感染着他，促使他更加坚定地从事他的中国古典文学研究。他乐在其中。每次演出之后，汉思都会仔细记录下现场的演出情况，各个角色的演员、笛子、后台、解说以及现场反应、后续研究等，颇为虔诚。

看着妻子充和一天天在昆曲世界里变换角色，变得越来越像是他研究的古典世界里的人物，同时又是他认识的那个北平古城里的女子，汉思为之欣慰。他总是格外珍视充和身上的艺术气质，充和辞职在家时，他特别"规定"每周二上午由充和自己支配练习书画。有一次，充和闲着画画，临的是中国古代画家画的三峡，充和觉得"十分难看"："画完了我往字纸篓中一扔，汉斯倒字纸时把它理平说：'你不要我要。花了好几天工夫就甩了，太可惜！'后来有一人到过中国的，看了我三十张画，偏偏挑了这张，我得了五十块，这是我来美国卖出的第一张画。我每次甩画时，汉斯总提这件事，很得意。"[132]

汉思总是温文尔雅，面带微笑，一副谦谦君子的样子，说起话来声音不大，节奏也不快，孩子们从不记得父亲曾经大发雷霆。充和说汉思是慢性子，但慢性子并不代表总是被动。

1961年夏，他们全家从西部加州搬往东部康州，在耶鲁大学，汉思的汉学更为得到重视，他自己也是如鱼得水。他累积多年的研究成果斐然，成就不断。他从副教授升到教授，可见学术界对他的承认。他在唐代文人方面的研究颇为引人关注,他阅读了大量的中国古诗词,从中体味着古意的人文与自然。他对中国诗词歌赋的研究特别注重"人与自然",这一视角备受瞩目;他的著作《梅花与宫闱佳丽》颇受好评。在现实生活中,充和的弟子陈安娜女士形容汉思"像小孩一样纯真,可敬、可亲又可爱","他对中国诗词很有造诣,特别是乐府诗。他所翻译的《木兰辞》被美国迪士尼公司的卡通片《花木兰》所采用"。[133]

仔细阅读傅汉思的著作,即可知他对中国古典文学的参悟能力,解读中国古诗总是从人性最根本的一层细胞出发,紧密结合时代背景和自然规律,饱蘸着感情下手诠释,恰如他的性格:一种儒雅的干脆。他还善于将中国的诗词与西方文学进行比较研究,如将《诗经》与德国诗歌相联系,打通了中西古典文学的隔阂,理解起来更富有立体感。他说:"中国文人对于自己国家历史的热切关注是中华文明从早期开始就形成的一项显著特征。从事文学写作的人通常都是受过良好教育的学者,而他们所接受的教育的一大部分与历史相关联。历史的作用之一是可以被当作道德作为的指南。"这里似乎有作家沈从文的影子。傅汉思对于中国女性孤独感的解读,富有画面感和新意。他认为正是那些具有孤独美的女子成就很多不朽诗篇,他借用唐代张祜的诗加以说明:"故国三千里,深宫二十年。一声何满子,双泪落君前。"他发现梅花常常出现在中国文学的历史舞台上,并将妻子张充和比喻成梅花。在他的研究中,梅花就是繁花盛开的美女,可以从优雅的美女嬗变为迷人的仙女。但傅汉思更愿意接受妻子是一位诗人,他说他的写作灵感就来源于妻子张充和。

汉思对中国古典诗词的研究,也常常引发充和对故乡的思念,她尤其会想起和汉思在北平相处的时光,那是他们最心醉的时候。1968年11月19日,是他们结婚二十周年纪念日,汉思出差去了加州,独守枕边的充和作了二十首诗送给汉思,即《结缡二十年赠傅汉思》,其中不乏对北平时光的追忆。

休论昨是与今非,艳艳朝阳冉冉归。
喜得此心俱年少,扬眉斗句思仍飞。

三朝四次煳锅底,锅底煳当唱曲时。
何处夫君堪此事,廿年洗刷不颦眉。

些些小过证非贤,各不求全亦自全。
涂里相将闲曳尾,强如东海傲云天。

翩翩快步上瑶阶,笑映朝阳雪映腮。
记取景山西畔路,伴惊邂逅问何来?

五龙亭接小红桥,仿膳初尝帝子糕。
岁岁朝阳春雪好,何人携手踏琼瑶。

去来双桨叶田田,人拥荷花共一船。
三海风光无限好,可能再过半秋天。

玉泉潭水碧如晴,淡绿疎红趁晚晴。
归去失途衣渐薄,高粱瓮畔话平生。

深深中老胡同院,三五儿童切切时。
虎虎刁钻龙颖慧,四姨傅父故迷离。

　　含蓄、婉约、古典,这朴素的浪漫属于那个时期的北平,这言语不传的灵犀属于两个人的往昔。显然,汉思不愿意把妻子置于常规之下,她应该像诗人一样自由主张。某种程度上说,妻子的经历就是汉思研究中国诗歌的参照,正因为如此,他们看似寻常的相处又被赋予了神秘的诗意。

在他们的婚姻走过了近半个世纪后,周有光[134]与张允和的孙女周和庆问起他们充满诗意的婚恋时,八旬的汉思先生却是另外一种顽皮的回答。"1996年,我和张晖开车漫游东部找工作,那是我们最后一次见到汉思,算来已经是八年前的事了。有一次,我问汉思:'当年你和四姨奶奶谁追谁?'他带着诡秘的笑容,慢条斯理地告诉我'难说'。哇,真酷!"[135]

附：沈二哥在美国东部的琐琐

张充和

1980年10月27日下午7时，沈二哥同三姐到达纽约甘乃迪机场。我们兴奋得无可言喻，好容易盼到乘客鱼贯而出，好容易他们出来了，汉思一句话也是说不出，我只说：

"累吧，累吧？"

"还好，不累，不累。"三姐答。两人气色很好，不像过分疲劳，这会子我们才定下心来，因他们是生平第一次出国，第一次高空长途旅行，尤其担心的是沈二哥的心脏病。国内社会科学院领导人也极其关心他的健康问题。

当晚到家已近午夜。汉思这天日记只这么一句：

"等了三十年的一个梦，今天终于实现了。"

把他们安排住进我们的卧室，因为里间是我的小书房，他们可用，笔墨齐全，好让沈二哥还些字债。在他来前已有个请他写字的长长名单。

28日休息一天，此后就开始忙了。29日去耶鲁大学外事处登记，兼参观善本图书馆。那全用一寸来厚大理石建成的，不通风日，用人工控制温湿度，所以其中一尘不染。中为书库，四周是展览厅同休息室。晴天的阳光透过半透明的部分大理石，可不用灯光。他们上台阶走了一圈，参观些珍本展览。

沈二哥即着手整理演讲材料，写讲稿。其实他已准备得相当周到，但还坐在桌边写。第一次讲演是11月7日，在哥伦比亚，介绍人是哥大小说史教授夏志清，翻译是汉思，还有沈从文研究专家金介甫共同讨论。听众百余人。外国人中有同金隄翻译他小说的潘彼得；中国人中有个七十以上的老学生，是从老远地方来的，讲后，他站起来向沈二哥报名报到，报他是哪一年的学生。以后见围绕的人太多，没有近前握手谈话便走了。听众中有不少读者都鬓须双白，无怪沈二哥常说：

"我同我的读者都已老去。"

讲后在全家福晚餐，夏志清的主人。在座有台湾两位女记者，一是丛甦，一是朱婉清。朱坐近沈二哥，二哥手边有一卷讲稿，讲时始终没有打开来看。（以后演讲也是如此，写也要写，带也要带，像是个护身符。）那位朱女士借去马上影印寄台湾，岂知那稿子题目虽同，可不是当天的语言同组织。

以下我要略谈他在此演讲的情形。至于时间、地点，另有记录。

在美国东部几个大学，除在普林斯顿大学的演讲没有翻译，在哈佛大学一次是朱虹翻译外，其余都是汉思翻译的。朱虹听惯了她湘西丈夫的口音，英文又好，谈的又是文学本行，所以翻译得斟字酌句，丝丝入扣。

最初，汉思还看讲稿，我怕他也看不懂沈二哥章而简、简而章的字。不过他听湘西话的本领比我强，还一本正经同沈二哥事先谈谈内容及细节。但沈二哥一上讲坛，第一不看稿子，第二全是在谈话。谈话同读稿子自有差别，谈话又是流动的，更不与汉思所谈相同。所以汉思以后索性不去看稿子，也不同他谈内容细节了。但知所讲题目便得。沈二哥讲开了头，愈来愈引人入胜，也将他自己引入胜地，大有点滔滔乎其来，或是大海不择细流，或是黄河有泛滥情势，此时也，汉思必采取水利工程纳入正流。一次我坐近讲台，听汉思低低地说：

"你现在讲的是文学。"原来这天讲的是古代服饰。每次无论讲文学或考古，总离不了琉璃厂、古文物。在文学上间接受到古文物的熏陶与修养，在考古上是直接接收同研究。这个同源异派、共树分条的宝藏，永远占他生活中一部分，他永远忘不了，所以有时忘了所讲题目。一经汉思提醒，他若无其事，不慌不忙归还原题，其时听众已入胜境，亦不觉有什么痕迹，比起当年在中国公学第一次上课时，大有天壤之别了。

他最喜引用的是辜鸿铭的两句话，并学着辜鸿铭用手空挽着辫子甩圈子的姿态说：

"你们虽是剪了辫子，精神上的辫子想剪掉可不容易！"原来哄堂大笑的听众，不得不沉默了。

汉思译了几次后，也就了解他的习惯，在他忘乎其形、江河直下、不让出翻译时间时，也只好总译其大意了。但整个说起来还算忠实。有一回沈二哥提起当小兵时最得意为上司炖狗肉吃。只此一事，汉思可不能忠实译出了，糊糊涂涂的混过去没有翻，中国人吃狗肉不稀奇，可不能让外国人听到，因为他们把狗当成最亲爱的好朋友。怎么可以炖好朋友的肉吃呢？

他在麻省大学演讲文学时，提起早年写小说时的情景，很谦虚地说：

"我那时写小说，不过是一个哨兵。"汉思译成：

"我那时写小说，不过是一块烧饼。"还加了一些注，说是中国一种烧烤。洋人听了并不觉得可笑，除饿了三天，烧饼当然是不重要的。不是湘西话的问题，也不是他不懂"哨兵"二字，实在他太爱吃中国的烧饼。

在美国各图书馆，凡有东方部门，都藏有沈二哥的书，学近代小说的教授与学生更不用说都读过。一般人即使中国人也有看不懂的，有的看了后即上瘾。联合国教中文的陈安娜有一次带来一本沈二哥的"古本"《湘行散记》，书纸成了焦黄色，却没有卷角折角，还在书后写："版权所有，摸者必究。"藏书人要求作者在书上签名。沈二哥见了，在扉页上题了一段，可惜我没有抄下。

沈二哥的一个老朋友，是哥伦比亚大学退休教授王际真，他译了很多书，如古今小说选译，《红楼梦》节译等等。王一个人住纽约，是个大都市中的大隐者。沈二哥两次去看他。他那年已八十多岁，他俩谈起话来,像个哥儿俩,快乐天真无比。有的话我们还不懂,我想也许是不大雅致的话吧,因为王际真的说话是没遮拦的。说话间王忽然找出两本沈二哥20年代的旧作,初版的《鸭子》和《神巫之爱》。《神巫之爱》扉页上是沈二哥的大手笔——画——大有山洞中原始初民的风格。

第一次看王际真是在哥大演讲之前。他提了演讲材料,其中是幻灯片的盒子,步履十分轻快,把我们送到讲堂,却不听演讲,也不握别,便回去了。看来他是个不重形式的人。最近同他通过电话,想请他写点文章谈谈沈二哥,因为他是沈二哥海外最老的朋友。他说他从没有写过这类文章。我说随便你,他又说要写。他又报个喜讯给我,他在五个月前结婚了。他虚岁九十,夫人小他二十八岁。可惜我已无法转告沈二哥了。

12月23日,上午有一大伙沈二哥的新旧朋友,其中有远从南部来的林蒲,他是南部大学文学教授,沈二哥联大时代的学生,满头灰发,精神抖擞。一到之后,还没坐下就打开录音机说:

"四十多年不见,几千里路飞来(大概指华里)这个下午我要占有老师。"此后便疲劳轰炸,无了无休的谈话录音。我想这谈话一定有意思,有价值。另外朋友只好互相低声谈话,怕搅乱录音。我因忙着午餐茶水,也没有录音。

晚间这伙朋友在黄伯飞、陈葆真家中用膳。黄伯飞是耶鲁中文讲师,也是新诗作家。30年代前后,他父亲在北京沙滩开汉园公寓,那时他才十二三岁。记得清清楚楚,丁玲、胡也频住的哪两间,沈从文住的哪一间。他说从那时起,他就深深种下了文学种子,走向新文学道路,没有继父志做公寓老板。现在成了个诗人,而且多产。他退休时我在纪念册上写了两句"一任天荒地老,依然人疲诗肥"。

沈二哥在美国十五个学校二十三次演讲,从不问今天到哪个学校,见什么人,是什么人介绍。记得在哈佛演讲"古代服饰",满口贵校美术馆中商代玉人如何如何。及至归途中问:

"今天去的是什么学校?"这还是第一次问呢。以后便不听到再问了。一次在勃朗大学勒大卫教授家中晚餐,大卫穿着裙,自己掌厨做涮羊肉,忙着加汤加火,他不善于交际,那天的演讲是他主办的。以后我们谈到主人如何如何,沈二哥说:"我没见到主人。"

汉思说:"请我们到家中吃涮羊肉的就是他。"

沈二哥说:

"我以为他是大司务呢。"我这才相信王子猷看竹不问主人的故事不是谎造的。他同主人并未交谈。

他们在我处饮食非常简单,早饭是鸡蛋咖啡面包,中晚饭只两三个菜的中餐,按照他喜欢而医生许可吃的东西做。中国人请客仍是满桌菜。一次耶鲁学会请在一个考究的俱乐部晚餐,屋子旧旧,桌椅破破,灯光暗暗的,美国人认为如此才有古老情趣。因为是会员才可进去请客,价钱又贵,所以没有什么人,倒是安静异常。在还没有坐定时,沈二哥说:

"菜不要多,两三个就够。"

我虎了他一眼说:

"快别说!你连主食副食才一盘呢。"事后在座洋人问我他说什么,听后他们大笑,传为美谈,因为他们都吃过满桌中国菜的。

沈二哥的口味,喜甜,怕辣。前者为人所知,后者知道的可不多。在纽约湖南同乡尹梦龙请他在一个地道湖南馆子吃饭,事先知道他不吃辣,把所有菜中辣子去掉,他食后说,味道好极了。

偶然他尝到美国的冰淇淋,便每饭后都希望有得吃。因是严冬腊月,谁也不需要。一次我忘了给他,他说:

"饭吃完了,我走了。"

我没理会,他又说:

"我真上楼了。"这个"真"字使我好奇怪,但仍不解,他站起来作要走姿态,说:

"我真走了,那我就不吃冰激淋了。"大家哄然大笑,便拿给他吃。

除耶鲁外,每次演讲都在另一州,回来总是午夜,我同三姐在车子后已经熟睡,他同汉思还在前座说东说西,没有倦意,这对于开车人是有益的，因为黑夜长途，容易倦困。到华盛顿那回，因交通有阻碍，车子一到就上讲堂，堂已满座，没有休息就开讲。又一回，第一天到剑桥哈佛讲，第二天就到新泽西罗格斯去讲，两处距离我家都是要开三个多小时汽车。两天内来回就是十四五小时，不要说还要演讲，讨论，招待会，就是雨点般的热情也可以累倒人。一个七十八岁的人有如此精力，现在想起来都不相信。我抱怨汉思把时间排得太多太紧。至于请客，我还婉拒了多处。

沈二哥在此不论大小新旧事都有兴趣，小的如机器中换钱、买物，大的如太空博物馆，他总是不声不响的良久观察。往往考古学家，只重视古器物而忽略新器物。岂不知今之新物，亦犹将来的古物，今之古物，亦犹古之新物。他可算是兼厚古今了。

他在此往往一个人独看电视，我怕他听英文有阻碍，自以为能地来帮他解释，谁知他已知底细，反来告诉我故事的原委。因为他看尽人事，写惯小说，不必言语已知来龙去脉了。

我独自送他到芝加哥。因汉思已上课，他课比我繁重。幸而钱存训、夫人许文锦盛情招待，妥为安排演讲、翻译，又引导参观自然博物馆、远东图书馆等等，许文锦是我乐益女中初中同学。他们送沈二哥三姐上飞机西去旧金山，在握别时，我同三姐互相亲了一下，也亲了沈二哥一下，他硬挺挺的毫无反应，像个木雕的大阿福。

存训、文锦送过他们，又送我上飞机东回康州。这回真就又各分东西了。归途中什么滋味也说不出，但并没有空虚的感觉。因为他们这次来美，给我们的快乐，充实了在异乡的无聊与寂寞，即使他们永不再来，这美好的三个月，已足够我们回味了。

1988 年 9 月 21 日于加州

注 释

1 1950年10月21日刘文思致张充和的信。
2 1951年6月10日张宗和致张充和的信。
3 根据张宗和20世纪50年代初致张充和的信内容。
4 1962年10月6日张充和致张宗和的信。
5 1962年1月11日张充和致张宗和的信。
6 奥斯基与在加州大学任教的赵元任、陈世骧都是好友，赵元任夫人杨步伟曾在回忆中多有提及。（可参见《杂记赵家》，杨步伟，广西师范大学出版社2014年版。）陈世骧去世后，陈的朋友还忆起这位"意大利诗翁"，说他"地位与年岁与魏（乐克）翁相若，和世骧也是'忘年交'"。（《桃李成蹊南山皓》，史诚之，见《中国文学的抒情传统》，陈世骧，生活·读书·新知三联书店2015年版，第379页。）奥斯基曾出过线装本汉语古诗集《练习曲》，陈世骧作序，张充和题签，相得益彰。
7 《代序："抒情传统论"以前——陈世骧早期文学论初探》，见《中国文学的抒情传统》，陈世骧，生活·读书·新知三联书店2015年版，第17页。
8 陈国球：《代序："抒情传统论"以前——陈世骧早期文学论初探》。见《中国文学的抒情传统》，陈世骧著，生活·读书·新知三联书店2015年版，第16页。
9 赵新那 黄培云 编：《赵元任年谱》，商务印书馆2001年版，第307—316页。
10 1954年1月20日张宗和致张充和的信。
11 1952年6月21日张宗和致张充和的信。
12 1951年8月20日张宗和致张充和的信。
13 1955年4月24日张宗和致张宗和的信。
14 加州大学伯克利分校。
15—17 1955年7月31日张充和致张宗和的信。
18 苏炜：《天涯晚笛——听张充和讲故事》，大山文化出版社2012年版，第197页。
19 1956年8月1日张充和致张宗和的信。
20 1957年10月25日张充和致张宗和的信。
21 《胡适日记》1957年1月29日。
22 张允和：《昆剧艺术》创刊号，《后记》，20世纪80年代。
23—26 徐樱：《方桂与我五十年》，商务印书馆2010年版，第68页、第69页、第99页、第157页。

27　1955年12月10日张充和致张宗和的信。
28　从耶鲁大学、芝加哥大学、斯坦福大学、哈佛大学、威斯康星大学、华盛顿大学，到后来邀请她去明轩的普林斯顿大学，充和一如既往地一站一站讲演下来，她的身旁也多了项馨吾、李卉（考古学家张光直的夫人）、王定一、陈富烟、张元和、陈安娜等，还有她的女儿艾玛（以谟）。
29　1957年6月8日，允和还记下了参加北方昆曲剧院建院纪念的座谈会，身居文化部高位的郑振铎在会上提及："在世界性的剧场，一定要演昆曲，是我们国家最高的成就，但多少年来被忽视。"（张允和：《昆曲日记》，中央编译出版社2012年版，第79页。）
30　如旋（张充和笔名）：《看戏》，《中央日报》贡献，1937年2月11日。
31　傅汉思：《张充和在北美大学里演唱昆曲（1953—1979）》。
32　1982年12月7日，张允和收到张充和来信，谈起允和的《江湖上的奇妙船队》一文："四妹还把文章介绍给美国她的学生看，告诉他们昆曲不是士大夫得文娱活动，也是乡村得戏剧活动。"
33　1961年10月4日张充和致张宗和的信。
34—38　王定一：《曲笛缘》，张家内刊《水》，2011年5月。
39　参考附录之《张充和在北美大学里演唱昆曲（1953—1979）》。
40　朱继云：《听张充和唱昆曲》，《昆曲之友》，2014年第1期。
41　丁修询：《书祭充和》，《文汇报》2015年7月22日。
42、43　1962年7月9日张充和致张宗和的信。
44　1962年12月11日张宗和致张充和的信。
45　1963年2月27日张充和致张宗和的信。
46　1963年2月28日张充和致张宗和的信。
47　1960年4月30日张充和致张宗和的信。
48　1961年10月4日张充和致张宗和的信。
49　需要说明的是，张光直先生为著名的人类学家、考古学家，他终身致力于中国历史与考古学研究，曾在哈佛大学、耶鲁大学任教多年。他夫人与充和学习昆曲，他做研究工作也会偶尔与充和合作。1973年他们合作出版了一本大书《商周青铜器与铭文的综合研究》，可谓是对商周青铜器铭文的大梳理，根据张光直的序言称，卷上为图案，收录了四千余种商周青铜器的形制、花纹及铭文之描述，下册为研究结果的叙述。张充和在这项堪称工程的研究出版工作里主要负责"搜集资料并整理《十三经》里有关器物的词句"。这项工作前后跨度五年，联动了美国十几处大学、博物馆和美术馆等。这样的合作，既是学人的合作，也是曲友的合作。
50　1994年10月1日张充和致刘文思的信。
51　1963年5月30日张充和致张宗和的信。
52　1963年2月27日张充和致张宗和的信。

53　1963年9月5日张充和致张宗和的信。
54　1963年9月5日张充和致张宗和的信。
55　梅兰芳、言慧珠曾合作演出此剧。
56　1963年10月8日张充和致张宗和的信。
57　1961年12月26日张充和致张宗和的信。
58　1963年3月16日张充和致张宗和的信。
59　1964年8月14日张充和致张宗和的信。
60、61　张允和：《后记》，《昆剧艺术》创刊号。
62　余英时：《张充和诗书画选·序言》，生活·读书·新知三联书店2010年版。
63、64　1963年3月26日张充和致张宗和的信。
65　"提起想回国，不是简单事，房子汽车事小，房子一大串是公司的，随时可以卖。汽车也如此北京的自行车一样，有的中学生都有，观念上在这里都不能算恒产。如果另外找到事，也得卖房子。（据说越欠房债大的越容易卖，你大概不可解，我也不解）因新卖主不容易借到款，可以接旧主的债付下去。问题是汉斯父母年老，只此一子，不愿他远离。真是不得离开。将来待交通恢复后，或可同来。我也不忍说要分开他们父子，不能回来亦是因此。我虽然想家，不能比他们父母之望子。想此温情主义难免被淘汰的。我接到家中任何人信都感到快慰，但很少有人写信给我，原因我也明了，不敢妄猜。"（见于1957年9月29日张充和致张宗和的信。）
66　1963年7月13日张充和致张宗和的信。
67　1963年6月19日张充和致张宗和的信。
68、69　张允和：《我与昆曲》，百花文艺出版社2014年版，第61页。
70　昆曲网：吴南青于1964年调到保定河北省戏曲学校担任昆曲科教师，负责乐队作曲，教授生、旦唱段，悉心培养学生。不幸在"文革"期间遭受"四人帮"爪牙的残酷迫害，被诬为"特务"打入"牛棚"，身心健康受到严重摧残，于1970年9月24日含冤逝世，终年六十岁。粉碎"四人帮"以后，河北省艺术学校作出了《关于吴南青同志的平反决定》，为他彻底平反昭雪，恢复名誉。（傅雪漪、吴新雷）
71　1958年1月7日张充和致张宗和的信。
72　1959年8月30日张充和致张宗和的信。
73　1960年2月28日张充和致张宗和的信。
74　1960年12月16日张充和致张宗和的信。
75　1961年6月25日张充和致张宗和的信。
76　周有光与张允和的儿子周晓平（又名周小平，书中小平与晓平并用），中国气象学家。
77　1961年11月24日张充和致张宗和的信。
78　1961年12月6日张充和致张宗和的信。

79　1962 年 7 月 14 日以元、以谟致以贶的信。
80　1955 年 7 月 31 日张充和致张宗和的信。
81　1961 年 10 月 31 日张充和致张宗和的信。
82　1957 年 7 月 6 日张充和致张宗和的信。
83　1955 年 7 月 31 日张充和致张宗和的信。
84　陈安娜：《张充和老师生平大事记》，2015 年 7 月 21 日。
85　1956 年 7 月 14 日张充和致张宗和的信。
86　1961 年 10 月 4 日张充和致张宗和的信。
87　1973 年 11 月 13 日张充和致张宗和的信。
88、89　1961 年 10 月 31 日张充和致张宗和的信。
90　1957 年 9 月 29 日张充和致张宗和的信，信中词作用字有所不同，且纸张脆弱，有些字难以看清。此作与第 64 页所引词作用字不同，均存原貌。
91　接信这一年她还遇到了乐益女中的同学好友许文锦，许文锦跟着先生钱存训来美国从事教育工作。她们曾一起登上中学舞台演出，现在她们依然要诗词唱酬，只是"而今烂漫无愁日，输与君家雁一行"。"许文锦有三个女儿，都很聪明，但没有她漂亮。她现在长胖了，很像中年太太。但虔诚信教，幽默如前，如读到宗教便无幽默。"（1957 年 9 月 29 日张充和致张宗和的信。）
92　1959 年 8 月 30 日张充和致张宗和的信。
93　1962 年 6 月 12 日张充和致张宗和的信。
94　1961 年 1 月 12 日张充和致张宗和的信。
95　电影《喜福会》在美国筹拍时，导演要寻找一位具有传统大家气质的老太，年过八旬的元和被拉了过去，在片中扮演一个媒婆。这部影片描写新中国成立前夕从中国大陆移居美国的四位女性的生活波折，以及她们与在美国出生的女儿之间的心理隔膜、感情冲突等。深谙戏剧常识的元和扮演得惟妙惟肖，更重要的是她的气质本身就是时代的回响。她小时候就曾有机会演电影，但直到今天终于梦圆。再后来元和还参与了海外昆曲社、北京昆研社，耄耋之年还回国公演。在北京参加演出纪念汤显祖四百三十五周年诞辰时，她的柳梦梅依旧动人、蕴藉，甚至看哭了日本专家，可谓是"昆曲界的祖母"。
96　1972 年 9 月 5 日张充和致张宗和的信。
97　根据凌宏作于 2015 年纪念充和的文章。
98　1972 年 9 月 5 日张充和致张宗和的信。
99　1972 年 5 月 21 日张充和致张宗和的信。
100　1964 年 12 月 8 日张充和致张宗和的信。
101　1972 年 5 月 21 日张充和致张宗和的信。
102　1972 年 9 月 5 日张充和致张宗和的信。
103　1976 年 7 月 14 日张充和致张宗和的信。
104　1975 年 1 月 19 日张充和致张宗和的信。

105　1975 年 5 月 14 日张充和致张宗和的信。
106—108　1963 年 7 月 13 日张充和致张宗和的信。
109　1976 年 6 月 29 日张充和致张宗和的信。
110　1974 年 5 月 22 日张充和致张宗和的信。
111、112　沈红：《密执安家书》，张家内刊《水》。
113　章小东：《知音：〈归去来辞〉——九十六岁的最后一位民国才女张充和谈靳以》，《书屋》，2009 年第 8 期。
114　"我在美国住过六年……六年中我所看见的美国生活，是庸俗，是偏见，是冷酷，是麻痹，是肥皂泡，脆弱，风稍微大一点就破碎，是一场空，五光十色，是虚假。……中国学生到了美国，头一个困难是住处。果然，我们像一群流浪人，在各处寻找出租的房间，但遇到的，不是对着我们把大门砰的关上，就是冷冰冰的、礼貌的说没有房子出租。明明看见窗台上放着招租的牌子，但那牌子都好像是对我们冷笑。"（《方令孺散文选集》，百花文艺出版社 2009 年版，第 127—128 页。）
115　引自章洁思：《写在一张纸正反面上的两封信》，《文汇读书周报》，2010 年 12 月 17 日。这封信的妙处在于背景，信文的背面就是章靳以寄给张充和的信，章靳以的女儿章洁思女士形象地称为"写在一张纸正反面上的两封信"。这封信更大的妙处在于历史，时隔半个多世纪后，写信的诗人已经离世多年，健在的诗人仍沉浸在往事沧桑中，重读这封信文，总有一种恍惚之感。
116　章小东：《知音：〈归去来辞〉——九十六岁的最后一位民国才女张充和谈靳以》，《书屋》，2009 年第 8 期。引文中仍保留章小东所用《归去来辞》。
117　张充和诗作《小园即事·之一》。
118　沈红：《密执安家书》，张家内刊《水》。
119　张充和：《门》，《中央日报》，1937 年 1 月 16 日。
120　1962 年 10 月 19 日张充和致张宗和的信。
121　1961 年 11 月 1 日张充和致张宗和的信。
122　1962 年 10 月 19 日张充和致张宗和的信。
123　1962 年 10 月 10 日张充和致张宗和的信。
124、125　1967 年 12 月 30 日张充和致张宗和的信。
126　1962 年 10 月 6 日张充和致张宗和的信。
127　1955 年 7 月 31 日张充和致张宗和的信。
128　傅汉思：《梅花与宫闱佳丽》，生活·读书·新知三联书店 2010 年版，第 2 页。
129　1961 年 11 月 10 日张充和致张宗和的信。
130　1959 年 8 月 30 日张充和致张宗和的信。
131　1960 年 2 月 28 日张充和致张宗和的信。
132　1961 年 11 月 10 日张充和致张宗和的信。

133 陈安娜：《张充和与傅汉思》，2015年6月29日。
134 连襟周有光先生可谓汉思的知音之一，在他八十五岁时，"卧读汉思译词十一首并考证其是否为李白所作"有感，写下"步李白《董连成》韵寄诗给傅汉思"："汉思笔，译词成，珠玑胜似听玉笙！嫡仙何论唐与宋，今信西方月更明！神译笔，译笔神，双成不敢吹玉笙！李白原解胡人语，也叹西方月更明！"
135 周和庆：《康州的秋雨》，张家内刊《水》，2004年7月15日。

第九章 京都：木器之菊

充和最早认知日本应该是在接触小泉八云的著作之时，但小泉八云作品里的思维和结构，还是有些西方人的意蕴。东方的气息是什么？只有中国显然是不够的，日本文化取源中国，但又不仅如此。

1933年，当二姐允和与新郎周有光去日本"蜜月学习"时，充和还写了书法祝福他们。一年后他们回国，很多年后提及这次出国经历时两人还觉得收获很大。后来，充和的二弟寅和、四弟宇和都曾在日本居住学习过一段时间。日本文化对于充和一代的影响是显而易见的，只是她去日本的时间比较晚。

1966年初春，因为傅汉思到日本进行学术交流，充和随着前去，准备住上三个月。他们一行先到台湾，见到了在台湾生活多年的大姐元和，以及张家的姻亲、好友，他们大多是1949年从大陆来台。亲友相见，分外亲切。尽管沧桑已经写在脸上，但心里依然是春意盎然。

顾志成的去世，给大姐元和带来了极大的打击。见大姐苍老了不少，而且牙齿不齐，充和坚决建议她拔牙焕颜，后来元和果然恢复了风采。为此，她们在台湾的五叔叔说，仅此一功，充和即可入家谱了。

在台湾期间，让充和高兴的是还能继续拍曲。两个曲社，人数不多，但心诚则灵，关键大家意趣相投。充和一到，原本的党派之别、政治立场等全在曲场里消遁了，大家客客气气地唱，和和气气地说。美中不足的是，这些人专业水准不够，"不记得处便胡乱造，造走了不少规矩，《刺虎》简直胡来，《游园》是全武行，满台乱跑，甚至西洋步法"[1]。但充和说起这些时还是给了一个字：妙！

告别受日本文化熏陶多年的台湾，充和一行来到了京都。初到时住在旅社，后来他们想找个短租房，发现当地正闹"房荒"。物价贵，东西也不算好，充和对日本最初的印象不是太好。要知道，在美国多年，充和练字所用的毛笔不少来自日本，她还夸奖这种笔写小字和写信都很好，并对中日的笔做过比较：中国笔锋长而丰，日本短而粗。对于日本的文房字号，充和也是相当熟悉。1963年她致信大弟说:"我现在所用差不多是日本鸠居堂笔,专为中国人做的,很好。可是相当贵。我有个日本朋友两年归省一次,我总托她带些笔墨颜料了来。"[2]

京都早已经闻名海外,一度曾有"洛阳"之称,充和却发现当地"西洋人尤盛道",商场也算繁华热闹,只是不能"生出狂喜或新鲜可爱,因为它(文化)不是学中国便是学西洋,尤其商场,至于本位文化无非是木刻、木偶等等"[3]。在京都,充和看到了中国的影子,但又不是原本的中国。正如她在离开大陆十几年后来到台湾一样,熟悉而陌生。而处于战后恢复时期的日本,又使得京都不再是京都的样子。

这模糊的情结可能会勾起充和思绪里的什么,但又不是那么肯定。她需要时间继续感受,认知。

旧事与古物

在京都居住一个月后,充和渐渐开始熟悉日本。她写信给来过日本的二姐,和她交流在日本的种种感受。同时致信大弟宗和:"我们已渐习惯日本。京都的确有它的好处,就是保存旧建筑,旧手工业。我买到两方新制的砚台,是天然,不雕不琢,极尽自然之态。同时大公司也有,但小街小巷中很有意味,又干净又安静。许多古物古书,我买了些笔墨及抄曲的折子,也做得不错。"[4]

充和终于住进了租住的房子里,一家人开始在京都生活。她发现日本的肉价极贵,鱼倒是便宜。充和怕做鱼,觉得有点麻烦,而且一旦亲自烹饪就会失去了胃口,但是考虑到成本,又不得不如此操作。毕竟一家人还要在此地住一段时间。

闲暇时,充和会写信给大陆的亲人,如大弟宗和。她继续报告在台湾的情况,尤其是关于大姐元和。大姐夫顾志成已经病逝年余,大姐带着儿子维持生活,薪水尚可以对付过去,充和就包下了侄子的学费和生活费,说要包他直到可以自立。只是寄希望于这个侄子,能够安心读书。充和希望大姐能够过得更好一些,这是充和到台湾见到大姐后最大的期望。

时代已经远去,大家都有了很大的变化。充和见到了十几个在台湾的亲戚和老朋友,还有曲友。他们有的老了,有的病了,有的只剩下了一只眼睛,还有一个挚友陶光已经意外去世多年。充和为之郁郁,但又不得不接受现实。她督促留在大陆的亲友通知朋友们的家属,多给他们来信。她希望留住点什么,或者说维持一些什么,尽管她也知道,只能是维持。

身处京都,遍布的旧书店让充和陶醉其间:"我今天去书店买字帖,在文苑书店见到孙过庭《书谱》墨迹影印本,我非常高兴,买了一本送你。叫书店直接寄你,大概不到一月即可收到。我也买了很多,但是愈看愈多愈好,不知不觉把钱用光了。我买北京出的影印墨迹实是过瘾,又买了许多空白的曲折子,预备回去抄曲子。"[5]这是充和唯一能引起"购物瘾"的方面,这些文房用品让她似乎看到了什么,是昔日的生活,还是熟悉的地方?她将这些一一收入囊中,"笔我买了许多,还要去买,我实在对于这方面很贪。日本的确还可以买到中国的笔墨,如李鼎和、杨振华等,但很贵,我买的都是本地之笔,既便宜又好"[6]。

来到久闻其名的鸠居堂[7],看到琳琅满目的笔墨以及久违的传统工艺品,如扇子、纸人偶、书签等,充和有些恍惚,更带着欢喜,这让她想起了很多过去的时光。她仔细地挑选着自己要用的毛笔,她一直觉得练字的笔一定要自己去买,因为"托人买的总不对"。不但自己买,她还买了送给在国内的亲友,她致信大弟宗和:"过几天再去看看,为你找找日本艺术方面的东西。"

来日本前,充和曾做过很多打算,眼看直接回国暂时无望,便想"曲线救国"。早在两年前她就通知在国内的亲人,说她往来日本会经过香港,希望他们能到香港一聚,并说她愿意招待他们。这是她的一个夙愿,也是她的一个梦想。与家人相见也成为她去日本的借口。

在京都的三个月里，傅汉思接触了好几位久负盛名的汉学教授，他们都对中国文化研究至深，且各有建树。有的还亲自到访中国多次，甚至比汉思还要早好多年。这样的经历无疑让汉思产生学术的种种共鸣，再一次启发着他向纵深处去。他的代表作之一《梅花与宫闱佳丽》即在参考文献中列举出大量的如青木正儿、花房英树、市野泽寅雄、一海知义、伊藤正文、入谷仙介、近藤光男等二十几位日本知名学者的中国古诗研究资料，其中包含白居易、杜牧、李白、韩愈以及汉诗、宋诗等编撰和研究方向。日本学者的执着、严谨和敏感，会给同样来自以严谨、执着著称的国度的汉思带来很多灵感。他的学术在去了日本之后，有了很大的进展。他与日本学者、日本学术交集的过程无疑也会感染充和。

在此间，在宁静的岛国，充和不仅仅只是一个旁观者，她还是亲身体验者和参与者。充和的京都之行，浮光掠影，有其偶然，但似乎又充满着隐喻和宿命，如刻在木器上的菊。

望 乡

在京都，充和起先与汉思、孩子们住在京都大学附近一个叫清河庄的地方。3月的京都，宁静而缤纷，樱花初绽，姹紫嫣红，依稀可见。河流不紧不慢，水质清澈，两岸建筑古朴，颇有几分苏式园林的精巧和雅致。碰巧，细细的春雪疏疏落落，为整个绮丽的美景渲染了几分朦胧。

只是，此地非故乡。

充和坐在租住的房内，一个小长条桌，再加两个凳子，其中一个凳子是充和用木板自己钉的。这样的场景似乎有些熟悉，战时的昆明，云龙庵堂里就是两个汽油桶盒子组成了一张案子。现在孩子们趴在上面涂涂画画，充和就开始抓空写信给距离此地最近的亲人们。

此时的贵阳花溪，春意盎然。贵阳师范学院的杂树莳花陆续开放，俨然是个大公园。人们徜徉在桃李、紫荆、海棠、樱花之中，有人急不可耐已经下水融入自然了。在此教课养病的宗和时常收到四姐充和来自日本的信件，只是他的回信还要通过在日本的亲戚转达。与四姐畅谈日本文化，宗和也颇有兴趣，"病中看过不少日本江户时代的浮世绘，觉得还很有味，虽然那些美女现在看来并不美。你们在日本要住三个月，空时收集些画片，可不要日本人的中国画"。后充和从日本为大弟寄来了《书谱》，笔法细腻，印刷精美。

在信中，姐弟还曾相约在充和转道香港时，见上一面，尽管这种可能性不大。此时形势有点紧张，隐约之中似有大风暴来临之势。张宗和教授已经受到了全院的"批判"，他的神经严重损伤。他已经做了无数次自我批评，但是他的"走动"也还是不自由的。

这一切，充和可能无法感受到，她只想见大弟一面。他们通信最勤，也是在一起相处最久的一对姐弟。看着四姐充和送给自己的一小朵墨梅，宗和向她请求写一个字幅来。他欣赏四姐的字，正在试着向四姐学习书法，也算是自疗的一个方式。

充和的一朵墨梅，像极了日本的插花，简约、自然，充满着"道"的意境。充和终于有机会静下来好好观察日本，这是一个充满古意的地方，朴素、静谧。当地人的谦虚、礼仪，让人难以一下子将其与战争刽子手对上号，那些血淋淋的历史似乎全都奇迹般地被敛起了。看着他们对一切的专注和极致的认真，充和觉得他们骨子里隐含着一种肃然的秩序。

战后的日本，发展方向已经出现了转向，一切都在恢复之中，物质生活并不富有，只是他们对待工艺，对待文化传统仍是那样虔诚和仔细。充和看着他们印制的书画出版物，为之心动。其中有本《支那南画大观》，她想了很久，因为经济原因多次"失手"。还有那么多有关中国书法的出版物，纸张、印刷、制作、色调等，都让人觉得这个民族对中国文化充满着崇敬。尤其是中国古代文化，他们恨不得当成自己的文化去敬仰、传承。这骨子里的认真打动了充和。充和有一本铜版的贺知章所书《孝经》，她每天都临写。她从早就打听到真迹在日本宫内省珍藏着，真是心向往之。

宗和没有去过日本，仍对这个"小气的国度"心存误解。宗和还专门去查看了京都的园林画册，画册上的京都建筑，他觉得很像中国宫殿，却不似苏州园林。这样的想法无疑会给充和一些联想和灵感，日本文化取法中国古典，却又触类旁通，这样的奇葩，令人不可能忽视。此时，一切都看似在往好的方向而去，尽管宗和还是身不由己，但他信中还是希望四姐转达他的建议。他建议大姐元和带着孩子从台湾回来，无论如何，大家都会帮他们，因为亲人都在这里。

姐弟之间提及日本饭菜，宗和还颇有体会，因早期在国内也曾尝试过，"腥膻得很，我对之不感冒"。宗和对于日本人的性情也不大"感冒"，说"日本人本来很小气，你请他是该的，要他请你可不容易"。显然这样的习俗差异和误解是有趣的，其中也透出了宗和对于中国特有的人情味的留恋和继承。

但是对于日本技术，宗和却是另眼看待，"不过日本的许多小玩意很好，小巧玲珑，据说化学工业也极发达，如'尼维龙'等产品极好"。他还与四姐探讨起日本利用科技解决人们切实生活问题的情况，希望能够了解并学习，譬如家庭生育问题。这个话题直到十几年后姐弟俩还在探讨。充和对于日本的服饰、饰品颇感兴趣，发现这些货物在美国之所以畅销，就是因为比港台的要精致时尚，她还曾建议做生意的侄子留心学习。再后来她发现，日本的电器开始在美国畅销。科技的、人工的、设计的，方方面面都曾让充和关注。这个国家的发展，总让充和觉得有值得吸取的地方。至少，在文化的坚持上，在个人意志的坚守上，在心境的自觉遵循上，在待人接物的方式上等，京都都给充和留下了印象。

诗意的京都，也令人惆怅。淡淡的如窄窄的河中流水般的日子，让充和总生出些思念的情愫，她的心开始朝向一衣带水的地方，那里才是真正的家乡。如今，却又像隔着遥远的天界。樱花已经进入末期了，纷纷花瓣散在河面，临花照水，有一种盛世的落寞之美。

京都这样的地方太适合思乡了，它总是会忠诚地提醒着你，这里就像是故乡，但仅仅"就像是"而已。

那么近，那么远。昔日，他们隔着大洋；现在，他们隔着大海。充和与宗和分开已经近二十年了，但从未断了书信来往。充和曾在重庆写过一首词，那时因为抗战无家可归；现在她身处日本中心，却有家难回："忆昔午桥桥上饮，坐中多是豪英。长沟流月去无声。杏花疏影里，吹笛到天明。二十余年如一梦，此身虽在堪惊。闲登小阁看新晴。古今多少事，渔唱起三更。"[8]

端午节临近，异国没有粽子香。宗和致信四姐用了贵州的谚语："吃了端午粽，才把棉衣送。"当充和一家到达香港时，他们一家与宗和是那么近，这是他们在实际距离上最近的一次。箬叶已飘香，龙舟号正响亮，但由于中美双方都不允许出入境，他们终究无法相见。在这里，充和只是过境人，形同过客，望向故乡，只能吟唱："高咏楚词酬午日，天涯节序匆匆。榴花不似舞裙红。无人知此意，歌罢满帘风。万事一身伤老矣，戎葵凝笑墙东。酒杯深浅去年同。试浇桥下水，今夕到湘中。"[9]

与充和中断通信后不久，宗和即被打成"牛鬼蛇神"和"反动学术权威"，遭遇抄家，被赶出家门，郁郁寡欢，1977年端午节前夕病逝。

充和错过了与大弟宗和最好的见面机会，也是一生中唯一的一次机会。

为了这个约会，充和筹备了近两年。那时，充和还想着能见见二姐允和或是家里的哪位亲人。写信时她的思绪已经飞到了香港，飞回了故土："外面雪下得很大，但见一片茫茫，叫人想起当年在北京虽下大雪，亦是骑车飞跑，甚至越是大雪越是想出去。"[10]

如今，当京都的天空飘落着细雪时，充和到底在想什么呢？

注 释

1 1966年2月16日张充和致张宗和的信。
2 1963年9月20日张充和致张宗和的信。
3 1966年2月16日张充和致张宗和的信。
4 1966年3月15日张充和致张宗和的信。
5、6 1966年3月19日张充和致张宗和的信。
7 鸠居堂其名据说来自《诗经》"鸠占鹊巢",谦指本店顾客(鹊)才是真正的主人。该文具店于1663年创业,总店即在京都。每当日本在美国进行文化展览活动,充和都会前往观展,并购买一些画册、文具,一是自用,二是寄给国内的亲友。因为当时中日尚未建交,要购买日本的用品尚不易。
8 [宋]陈与义:《临江仙·夜登小阁忆洛中旧游》。张充和行书写于抗战时期的重庆。
9 [宋]陈与义:《临江仙·高咏楚词酬午日》。张充和行书写于抗战时期的重庆。
10 1964年1月28日张充和致张宗和的信。

第十章 贵阳：白头他日定重逢

1947年9月25日晚，张充和在上海与俞振飞演出昆曲《断桥》，那是张宗和最后一次见四姐。

1948年11月19日，张充和与德裔美籍教授傅汉思在北平结婚。

1949年1月，张充和、傅汉思随撤侨人群离开中国，到美国定居。不久，北平宣布解放。

此时张家大弟张宗和，正在中国西南贵州山区任教，这个原本在家中最受宠的孩子，放弃父亲在苏州创办的私立学校的校长职务，独自跑到贵州教书，用他的话说："我要做一世祖。"此时的贵州，依旧处于国民党政府统治之下，战乱四起，时局混乱，生活不堪，物价飞涨，薪金拖欠。宗和所在学校的教师已经开始罢教了。

张宗和从清华大学毕业后，父亲张冀牖就一直督促他回到私立乐益女中代课。宗和三番五次地推辞，后来还一度躲到南京去教书。1938年，张冀牖在抗战时期病逝。1946年，张家十姐弟回到苏州，齐心协力恢复了乐益女中，大家一致推长子张宗和为校长。

张宗和在乐益女中担任校长的同时还在拙政园里的江苏社会教育学院任教。这是他的一个小心思。他总是担心一个问题，人家会怎么看他在自己家创办的学校里任职，拿的又是自家学校的薪金。为此他不断谋求外出。

1947年9月，张宗和从苏州家中出发，来到位于贵阳花溪的贵州师范学院任教，教授历史。乐益女中校长的担子就交给了张家五弟张寰和。张宗和的行动多多少少有点"逃离"的意思，只是这种"逃离"依旧继承着张家的血脉，从张家兴起的一代起，就是一代接一代地走出去。宗和虽斯文低调，但也不乏事业上的雄心。"九一八"时，尚在学校里的他就私自报名参军，要去抗日，后来偷偷跑出去几十里，还是被家里人追回去继续学业。

张宗和第一次到贵州是在抗战时期，当时是逃难路过：

> 贵阳天气真是坏，"天无三日晴"，一点也不错，才阴历十一月初，天已经非常冷了。我们从广州出来，还是夏天，一

第十章　贵阳：白头他日定重逢　　295

二十世纪三十年代，张充和与张宗和在北京西山景区

到贵阳,就变成冬天了。我们住一间小房,又脏又漏风,睡在床上,整夜不得暖。她又病倒在床上,她告诉我一种止血的药,我跑遍贵阳的各大西药房也买不到,这时候真有些穷途末路之感。[1]

张宗和带着未婚妻孙凤竹颠沛流离路过贵阳,疾困交加,后来又去求助在贵阳的文学家蹇先艾。蹇先艾与沈从文相熟,宗和与其有过几面之缘,无奈之下只得上门。蹇先艾对他们热诚相助,让宗和感触颇深。后来他又经过贵阳,住在蹇先艾家,并与蹇家人谈论起了上次的旧事,蹇先生、蹇家伯母、蹇家小妹等人都对宗和和凤竹关心备至。宗和致信凤竹说:"朋友的温情真叫人好受。"宗和后来执着地走向贵州,直到去世都没有生出过迁徙的念头。

只是因为四姐充和的缘故,宗和曾一度遥望美国的生活,他比以往都更强烈地想了解美国的一切。

沈从文与张宗和的早期合影,沈龙朱曾说:"宗和大舅与父亲的照片是一九四六年夏天在上海(或苏州)所拍摄。父亲只有那年夏天一直穿着白大褂。那时的亲友,男士中只有他穿大褂,对他来说,那件夏装已经是非常爱好看戏的张宗和常被三姐夫责备不抓紧时间学习,很多年后再见到沈从文,宗和还是觉得有点'怕'他,沈从文总是这样积极影响着身边的亲人时髦的了!"

见信如晤

四姐充和赴美后,宗和就开始密集地给她写信,向她通报国内的时局变化,介绍每一位家庭成员的动向,同时也倾诉自己的伤感和无奈。

> 四姐:先是得到大姐信,知道你在美国很好,最近得到你从加州的来信,更是高兴,国内的局势令人焦急,我们在贵州消息更不灵通,也许还不如你们在外国呢。报纸上的消息有许多都是合众社的,近来上生活日高,物价一日数变,收入不够维持,很有点像抗战那几年在云南的情形,同事为争取待遇,正在罢教,就是不知道怎样解决。[2]

1949年,全国局势并不明朗。宗和身处边远山区,笼罩在大迷雾之下,只能从家庭出发向四姐叙述现实。他谈到两个女儿以靖、以端的成长,说及夫人刘文思的主妇心思,并提到了保姆夏干干的近况。这些人几乎都与充和有关。在云南时,充和曾陪伴着以靖的妈妈孙凤竹,并见证了以靖的成长。凤竹病逝后,宗和与美丽的表妹刘文思成婚。刘文思是淮军将领刘铭传的后裔,护士专业,后与宗和在同一个学校担任校医。夏干干在张家做事多年,像很多干干一样,她们带的孩子去哪里,她们就会跟到哪里。

当然,张宗和没有忘记与四姐充和说说昆曲的事。他在教戏曲史,但唱已经没有条件了,至于说买曲子的书,更是不敢想,因为收入不济。"我们这里物资二字不必谈,只两间房,满地的灰,一不小心东西就会给老鼠咬坏了,没有钱时饭菜更无营养,厨房又小,煤灰又大,村中住了三十几家,像集中营,不像宿舍,却没有一点儿像家。一年里物价又涨了一万多,洋钱又涨成五万了,什么时候发薪水,研究费为什么还不发,和谈又不行了,长江边上又打起来

二十世纪三十年代,张充和与张宗和的合影。当时这对姐弟同在北平就读大学,一起参加了俞平伯发起的清华谷音社,常与曲友们一起拍曲,他们有着共同的爱好和共同的朋友

了,学生开会支持教授罢教,尽是些烦事。做的事呢也是非常琐碎的。在美国也许全不必人力去做的,而我们却浪费许多时间在这些日常生活上面,真是不能想,想想觉得自己真是一事无成,也不知将来应该怎样。"[3] 在感叹时局混乱、个人命运沉浮的同时,宗和更关心大洋彼岸的生活现实以及充和初到美国的境遇。

充和的信类似于新出嫁的女子向娘家说说过门后的家常,"我每周写信像是回娘家一样,接到信又像再回一次"[4]。在信里充和叙述了公公婆婆的情况,说他们是教授,待她很好。她在加州图书馆工作,平时也去兼职打短工,空闲时仍旧写字绘画,有时还看看电影。只是在吃上单调,面包牛奶,吃不到国内的烧菜。更重要的是,他

第十章 贵阳：白头他日定重逢 299

二十世纪四十年代，张充和（左一）与保姆高干干（前排中）、张宗和（后右二）、孙凤竹（前右一）、张定和、以达、以靖在重庆的合影。这应该是张充和最后一次与大弟张宗和的合影，这样的温馨场面让充和女士永远怀念

二十世纪四十年代，张宗和与刘文思的结婚照。张宗和在孙凤竹去世后续娶刘文思，恩爱一生

二十世纪四十年代,张充和与大弟媳妇刘文思(右)合影,地点应该是在苏州九如巷。刘文思是淮军将领刘铭传的后代,与张家是表亲,她毕业于医学院,学的是医学护理专业。每次张充和回国,无论是在北京、苏州还是上海,刘文思都会赶来与四姐相聚

们居无定所,还不知道下半年在哪里。充和还提到了加州的特产,说要给宗和寄一些东西回来。从此以后,从海外寄东西给宗和也就成了较为频繁的日常项目。

1949年7月,宗和致信充和,通报了一件重要的事情——苏州变局。当时消息并不确凿。宗和曾自言,那时候重大消息多由内地报纸转自美国的国际合众社。此时大姐元和已随夫到了台湾,但女儿凌宏还在苏州,与养母凌海霞在一起,仍牵动着元和的心。乐益女中还在,张家小五弟一家也在苏州,只是时局到底如何并不明了:"苏州所有的报告都说没有遭殃,只有横塘、虎丘一带略略抵抗

了一下就退了。"⁵

战事已经渐渐逼近贵州,宗和在顾及家庭生活负担的同时,仍不忘抽空整理历史资料,只是对于眼前的局势他心里没底。1949年,他致信充和:"战事已接近贵州……这几天联合国大会开会苏联又正式承认了北平政府,将来的情势还不知怎样呢。……你们知道北平、上海的情形一定比我们详细得多了。我们只看到一份《中央日报》,图书馆有一星期或是两星期前的重庆《大公报》,新杂志是一份也看不到的。"⁶

月圆之夜,宗和的儿子已经出生三天了,但经济窘迫,家里连月饼都不敢大吃,只是大家分吃两个莲蓉月饼。中秋一过,宗和忙着为充和寄她想要的工艺品:苗家人的银戒指、吊坠、四连环等。当然他也没忘记请四姐回寄一些先进的妇女用品、日常小工具以及西洋史插画片。充和在信里提及他们有了住处,房子很大,有暖气,他们还出游了一趟,旅途愉快,她有空就读读书,汉思正在翻译中国史。宗和很羡慕四姐的生活,觉得这样的环境才适合做学问,也正是在这样的情况下,他才敢向四姐要一些小东西。

无论是身处海外还是国内,张家人都在关注着最新局势,因为他们互相关心,尽管有很多人还联系不上。宗和成为充和了解国内亲属情况的信息站。"北平的人民政府成立,各部的人事也发表了,你们大概已经看到了吧。其中丁燮林、叶绍钧、巴金他们都当了官,你们和北平还通讯吧。三姐有很久没有信来了。二姐他们在上海有信给你们吗?"⁷宗和写这些信时,贵州政局已定。"这里是11月15日下午才解放的,我们看着解放军从山头上下来到我们学校花溪镇上。前几天就已经真空了,我们还轮班守过夜。解放军来也没有放过一枪,他们自己说进入贵州境还没有打过一仗,国民党军队老是逃,逃得很快,他们一天走一百几十里都追不上他们,也怕真空的时间太长,百姓要遭殃,所以拼命地赶。我们一直没有停过课,学生大半都在学校,先生没有几个人走,学校训导长前总务长逃走了。别人全没有走。现在已经在云南附近打了,你们在美国自然会比我们更清楚一点。这里的报纸还没有出,说是马上就要出。你上次说联合国已经将要承认人民政府,报上又载周恩来致函联合国事,大约美国之承认也只是时间上的问题而已了。在国民党的许多人都以为很快就有三次大战起来。在我看并不会。你们在美国怎样看法?"[8]

此刻在大洋彼岸,充和正忙着以各种方式稳住生计,同时还要贴补在法国住院的同父异母的小弟宁和。

对　望

转瞬到了20世纪50年代,北平成为北京,海内外的通信也开始顺畅起来。充和从美国为三弟定和寄了唱片,寄了昆曲录音,其中还录了她和傅汉思的对话。这一切都让宗和感到"嫉妒",因为这无疑勾起了宗和的昆曲嗜好。他尤其佩服四姐的昆曲唱腔,并开始着手教妻子和孩子了。只是两个小女儿更喜欢唱"伟大的中国共产党"这样的新歌。宗和致信充和,说他正在带昆曲弟子,并开始着手将戏曲引入教学推向大众,还推翻了自己的白话文《资治通鉴》工作。与此同时,充和介绍说傅汉思正在翻译中国诗词,如孟浩然的作品,并且停止了工作,日常开支暂靠她工作维持。为此她还曾打算卖掉一幅价值不菲的山水长卷,宗和为此惦记了很久,追问四姐是否卖了。

国内局势趋稳,但物价并没有立即平稳,"很久没有写信给你们的原因,就是因为发不起信。我们现在只拿四千多万一月,减价之后,一封国外航空信将近两万,平信也要几千,够我们买一个星期的素菜了。文思现在热心种菜,茄子、番茄、大蒜、苋菜……种了不少。没有钱时买块豆腐,大家都吃素。好在夏妈腌的咸菜、泡菜很多,好像老是吃不完似的"[9]。经济入不敷出,宗和仍旧挤出钱来为四姐购买贵州一种稀有的矿物质,连同苗族银戒指一起寄到美国。

不久后,宗和病倒了。尽管他自己并不承认生病了,但他的精神确实出了问题,这或许与他幼小的儿子夭折有关,也或许与动荡的局势有关。与充和的通信中断一年后,由刘文思接着写。

> 近年来夏妈显得衰老了,时常生病,宗哥每月也常有些天不舒服,吃不下,有时也想睡,有时睡不着头晕,究竟也不晓得是神经方面的毛病,还是生理方面的病。有时看起来一点也不像生病,课勉强也可以去上,不过下来就觉得吃力。最近一个月来都不舒服,连信都懒得写,什么事不想做,上课是叫没有办法。另外,身上酸,有点像风湿,因为这里天气不好,时常下雨,阴天多,出太阳的日子少。……
>
> 至于南京房子收租恐怕还不够缴税,合肥的田今秋大概要实行土改了,我们离得远也闹不清楚,反正不指望着那些,随便他们怎么办。苏州的住房大概也要捐税,当然那些住在里面的人捐税。
>
> 讲起唱昆曲,我们好久也没有唱了。我倒是跟宗哥学了点,嗓音不好,唱不上去不好听。《思凡》也学过,还没有唱好。你想寄衣服给我们恐怕不能寄,布贵不贵?寄费恐怕太贵,不值得。我们补补连连都可以穿。现在穿得再破些也没有人笑你,相反穿得太好叫人看了不顺眼。总之,只要战争结束得快点,日子才会慢慢好起来。[10]

时过境迁,物是人非。1951年端午节后,充和再接到宗和的信时,宗和已被安排到重庆,在西南人民革命大学学习,实际上是要改造思想。宗和在信里再忆起他们的昆曲往事,最后一次见面的情景,还有四姐充和抗战时期在重庆做事的一幕幕。

> 昨天是端阳节(你们在国外没有阴历看,自然不会记得哪天是端阳),我哼哼昆曲,唱《断桥》就想起了你们。我很记得那年在上海剧专看了四姐和俞振飞唱过了《断桥》之后我们就

分手了，一直到现在。……我们到这儿来主要的是思想改造。要改造的合乎人民的需要，合乎社会主义发展的规律，把自私自利的思想除去，建立全心全意为人民服务的思想。（这一套是我们这儿常说的，不知不觉就说了出来。说，容易，做到却并不容易。）

学"理论"实际上也是为改造思想。我和四姐一样，一向怕听"理论"，我觉得"理论"和数学差不多。有许多哲学上的名词，我到现在还是说不清。我们预定三个月学完第一门课，要考要做思想总结。关于唯物主义辩证法我们已经考过一次，但卷子不是老师批分数。而是大家评，自己评，也不评分数，只提意见。我们的第二门课是政治经济学，第三门是中国革命问题。除上大课、讨论、漫谈之外，就是学习劳动。抬水、抬米、抬煤、抬面、拔草等，差不多每星期都有几次。重庆地方，四姐是知道的，全是坡。我们的校址在化龙桥，四姐也一定知道。在坡上，抬煤到嘉陵江边，抬面到牛角沱，抬米到化龙桥镇上，全都要上坡才行。来时上下坡实在吃力，现在都好多了，也习惯了。平时是集体生活，但上午五时半起来到晚上十时，时间替你排得好好的，一点空也没有。[11]

处于思想改造时期的宗和却对未来充满了希望，他告诉四姐，"重庆街上就很少看到叫花子了。一切全是有计划、有步骤的向好的方向走"。而且昆曲也没有禁绝，四姐曾热捧的北昆名角韩世昌"不但不吃窝窝头，而且还可以有钱来接济以前捧过他而现在落魄的人。他一律被尊为'艺人'，是人民的老师，不再是被人轻视的'戏子'了"。

20世纪50年代初期，曾有国内好友致信充和邀其回国，如充和的好友章靳以就力劝充和应该回国看看这大好形势。此时，宗和在重庆遇到了几位充和的朋友，他们自然关心充和的现状。宗和深知四姐和姐夫在外谋生不易，他觉得四姐若是回来，很可以在戏曲改造工作上做一些事。

形势巨变。不到两个月，充和的海外来信就引起了关注："你来信引起了大家的注意，因为1951年的三大任务是：抗美援朝、土地改革和镇压反革命。不过你信上说得很好，思想很进步。我把你信上资本家压迫大学教授和物价涨的那两段抄了下来，又加一点帽子，作为壁报的稿子。希望你在来信时，多说一点关于朝鲜战争和美国一般人对停战的意见，此外美国的一般情况也希望多披露一点。"[12]

"三反""五反"开始，政治运动渐渐深入，张家人的命运各有不同，有的开始出现了急转弯，"现在，农村中说地主是骂人，地主成了最不名誉的名字了。我们安徽土改早已完成，文思的爸爸、八姑爷被判两年家牢，不准出去乱跑。东北、华北这些老解放区，人民已经可以过到较好的生活了。……你们以前不是说想回国来吗？我想我们是会会面的，第三次世界大战我看不会很快，希望不久我们可以见面"[13]。

这一年，宗和家里新添了一个女儿，宗和与充和商量取名以珉。这个女儿与充和有缘，虽然宗和一再强调她调皮，不像女孩子，反倒更得到充和的喜爱，常在回信中关心她。

经过思想改造回到贵阳后，宗和一再向充和介绍国内的新气象，"不说别的，单说北京没有蚊子、苍蝇，上海小菜场卖臭咸鱼的摊子上没有苍蝇这就是奇迹，我们贵大的爱国卫生学习才结束就举行大扫除，贵阳市上一人一个苍蝇拍，苍蝇也快绝迹了。我们以前梦想时事，都逐步在实现了，成渝路通了火车，贵阳通外省的火车也快了，大建设，特别是水利工程真是惊人，你们若回来得晚一点我们也许已经从新民主主义进入了社会主义了，远远地超过了美国。……我们工作都忙，但大家忙得都很有劲，听报告讨论会，汇报总结学习，这样每个人都在不断地提高进步，批判旧思想反动的封建买办法西斯思想，建立无产阶级的思想，我也希望你们读一点马列主义的书籍"[14]。

上图：二十世纪五十到七十年代，在美国定居的张充和写给大弟张宗和大量的信件，为了节省成本，她的很多信文都写在了信纸反面，就连折叠的地方都不放过，蝇头小字，却是字字用心

下图：二十世纪五十年代，张宗和致在美国的四姐张充和的信文，用的多是当时比较时兴的文雅信笺

从1949年到1976年，张宗和陆续给四姐充和发了一百四十多封信件，成为充和在海外的一种精神支柱。她去德国、加拿大、日本等地，都会及时与宗和保持密集的书信来往。对家乡的思念，对亲人的眷恋，对朋友们的牵挂，都在加剧着暂时不能回国的充和的情感焦虑，因为有些话她不知道该对谁说，而且谁又能听懂呢？宗和的信是一种缓释，也是一个通道。1955年她回复宗和的信，开头就说："宗弟：不得信，亦不敢写信，今日得书欣喜至极，知去年得如此之病，甚为焦急。过后知睡眠不佳，拟寄安眠药稍许，但此间医生不易开安眠药。即使朋友亦不易也。其他普通补药可以寄至香港。如你有熟人在香港转24日寄，盼即告我。因我无熟人。"[15]

姐弟俩喜欢说昆曲、书画艺术，但更喜欢说生活琐事。"接到信真是快活，我也是喜欢听琐琐碎碎的事，也爱说。"[16]宗和患病，精神不济，家庭出现小矛盾，工作不顺心，都会向充和倾诉一番。充和总是耐心解劝，有时还以身说法。而对于宗和的每次来信，充和的先生傅汉思也是心存渴望。当宗和信中特别提到他时，他就高兴得像个孩子。有时他也会试着回复几句话给宗和。他们谈论起了彼此的兴趣，历史、古诗；他对宗和研究苗族一个民族英雄感到好奇；他们相约，见面时一定好好吃顿红烧肉。

一切都在1977年戛然而止。

梦里依稀阿姐泪

从合肥走出来后，张充和去过苏州、北平、青岛、上海、南京、杭州等地，抗战时期，她又走过了安徽、湖南、云南、四川等地，但就是没有去过贵州。"宗弟：24日接10月15日信，真是快。贵州我连路过都没有过，我以前是飞机来回的。没有机会游山玩水。将来若有机会，我要玩桂林，贵州以及湖南。"[17]

花溪、遵义、都匀、毕节、赫章、安顺……一个个贵州的地名不时地通过文字映入充和的眼帘，有时她毛笔下的皮纸即来自遥远

空功祖西息月个天
于平民王相早弘有

淬辣有三種：（一）是有粗有細体楷體遍旁（二）是
粗壹四字（三）是第基隸體
（鄭阁、西狭代表）
（石门颂代表）
二三種都陽文都易出毛病慎第一種可先
挂歉不刚教学不知有无用窨以国寄来书清印
旧任碟处吝達,香港李宗伟表姊（一鳴的婚印每
月寄来二三件岳郁的,此宝新勒礼俾

张充和在美国多年，常与大弟宗和通信畅谈书法艺术。宗和还把自己的书法寄给充和请她指教。这是充和写给宗和的书法指导，随信寄给了宗和，至今为张家珍藏

第十章 贵阳：白头他日定重逢 309

张充和在美国多年常常寄当地出版的中国画集给大弟宗和，这是当时寄的美国出版的《捣练图》明信片

的贵州。有一次她在美国参加一个中国的展览会，拿到一张有关贵州的宣传资料。她看个不停，并致信宗和戏称自己是"神游"贵州。还有一次，看宗和信中猛夸遵义好风光，充和更起了好奇心："来信把遵义写得那么好，我记得曾见过浙大编的《遵义县志》，我翻一翻就算了。（是否浙大在抗日中迁于此处？）星期一第一件事就是去看县志。不知现在的遵义当又不同，但大概名胜略知一二。"[18] 从20世纪60年代开始，充和就不断申请回国，中途经历了"文革"，连通信也变得断断续续，再加上充和顾及是否要带上傅汉思及孩子，还有不菲的费用。事情一直拖到1973年，在"文革"中遭受批判和抄家的宗和已经被确诊为严重的神经衰弱综合征。二弟寅和又在上海突然病逝。充和加紧申请回国："你好好休养，我若能回来想到贵阳来看你们，一到北京我就要请求。若今年来不了，明年是汉斯休假几个月也可同来。"[19] 充和的回国申请一拖再拖，直到1976年，宗和已经不能写信，回复充和的任务就落在了以跟身上。

在这期间，充和动了一次手术，傅汉思也患上了与宗和同类的病症，但充和总是比常人有着更大的勇气和智慧，可以化险为夷。只是，宗和远在万里之外，她只能徒增担心。

接到四姐的信后，宗和受到了鼓励，他打起精神，亲自给充和回信："四姐：你5月、6月、7月来的信我都收到了，半年来我的病情实在是如你所说的是毛病，许多人都劝我多做一些户外活动，不要动脑筋。……7月你信上提到你患急性阑尾炎，动了手术，现在已经快到圣诞节了，该全好了吧。……以跟看了我的信，说为什么不写她，她现在在我校小学代课，上三年级的语文，外加班主任和体育，每周上十五节课。杨苏陆在贵州关岭县医院当中医，他儿子杨宗兴在贵阳工业管理学校读书，已毕业。杨苏陆来贵阳，我们照了相，现寄你一张。他已七十多了，但精力充沛，可以走几十里路，提到他使我想起'八一二'之后，苏州遭到轰炸时，他躲在长椅子下面不算，还要在椅子上面放上一个磨子。"[20]

这是姐弟俩最后的隔空对话。1977年5月，张宗和在贵阳病逝。

> 卅年消息渺无踪，羡杀长天一征鸿。
> 梦里依稀阿姐泪，街头忍对万人瞳。
> 心事满腔凭谁诉，一夜相思几处同。
> 寄语远人需珍重，白头他日定重逢。[21]

这是宗和在1973年得知四姐充和申请回国的消息时所作的诗句，特地注明是"作于'文革'后期"。"作这诗时并未怎样，现在抄给你时我却流了泪"，此时的宗和想到了最后一次见四姐是在1947年的上海，四姐与俞振飞演出《断桥》。因为昆曲，宗和与充和走得最近；因为昆曲，他们觉得此时相距那么远。

宗和去世多月后，宗和的三个女儿和宗和的妻子刘文思收到了充和的信：

> 以靖、端、珉：知爸爸逝世消息，真不知如何措手足，路远山遥，不能一见遗容，一抚骨灰，不能同你们抱头一哭。你们爸爸小我一岁十二天，我们玩得多，吵得亦多，通信亦通得多，我几次申请回国都没有成功，现在打倒"四人帮"，即使成功再也见不到他了。但是我永远爱你可敬的妈妈同你们下一辈再下一辈，愿你们健康上进，在我死前能见到你们就是幸事。听说丧礼十分隆重，你们爸爸为人是受之无愧的。
>
> 希望你们常给我来信，消息不断就是我最大的安慰。心乱不能再写。更希望你们多安慰妈妈了，保重你们自己，不要太悲伤，人生就是这么经过，经过，快乐与忧患是平衡的。心乱不能再写，以后谈。
>
> 珉珉有时间请把爸爸近年来的病情以及致命之由详细说说。如果在情绪上不想写即做罢。
>
> 四伯伯泣书 1977年8月8日[22]

> 文思妹：昨日得寰弟信知宗弟逝世消息，万分惊痛。你们三十多年夫妻，经过各种哀乐忧患，一旦死别，能不惨痛。但是你的为人勇敢有毅力与理智，你有你的事业前途。只是你一向注意别人健康，往往当大事来临，忘了自己。千万要为自己为孩子们着想，保重自己。宗弟近多少年来人人知道他不幸的病症，就是你不幸的折磨。你做整工又要照顾他，一定精神负担很大。只望今年退休换换环境，或可康复，不想他竟无此福。我们昨日刚从欧洲回来，旅行月余。寰和因怕二姐知道噩耗，故亦不早告我。言不尽意，千万珍重。
>
> 四姐 1977 年 8 月 8 日[23]

在美国申请回国不成功，充和转而去距离内地更近的香港申请回去，但仍旧没有得到批准。此时常与充和通信的除了二姐允和外，只剩下宗和小女以跟了，但允和心脏病时好时坏，信也是断断续续，以跟得空便致信四姑充和，并主动向她请教起了书法和绘画，让充和很是欣慰。她在信中保证，"只要你有信来，我会像同你爸爸在时一样与你谈谈"。只是一想到大弟宗和的去世，充和就格外黯然。她致信以跟："许多朋友过世如陶光、查阜西我都有诗，唯有你爸爸，我一个字也想不出，回忆也写不出，提起笔就不知如何是好。"[24]

曲家陶光、琴家查阜西是充和与宗和共同的朋友。两人陆续去世后，宗和与充和多次致信追忆过。尤其是饿死台北的陶光，两人均有诗词咏悼。对于陶光死亡真相的探究也成为姐弟俩独有的情感秘密，为此他们都曾在午夜里独自落泪。对共同挚友的悲惨命运的同情和追念，何尝不是对他们彼此的怀想和思念？

好消息终于来了，1978 年 7 月，充和收到了中国驻美联络处的公文，告知她 8 月即可回国，时间为二十天。当时她还纳闷，印象中今年并无申请，却意外得到批准，高兴之余，却又感慨万千，因为大弟宗和、二弟寅和是永远也见不到了。

但贵州一定要去。尽管充和被告知贵州并未对她这样的探亲外宾开放，但她坚持到了北京即申请，实在申请不到去桂林，就近与刘文思及三个侄女见见面，说说话。而她最想到贵州的目的，就是想看看宗和家的日常生活，亦可想象宗和在时的情形。

只是，等充和真正到了国内才发现，现实并不似她想象那般，未开放的地区并非她想去即可去。同时，国内亲友众多，单是北京就有很多家，苏州老家更是不能不回，再加上其他亲朋闻讯前来团聚，充和的时间已经不是她的时间。

刘文思与女儿赶到苏州老家与充和见面。众人簇拥着充和，尤其是那些曲友，他们像是见到了久违的偶像。张以䃟记得，"那次聚会人太多，我其实没有机会好好和四姑聊什么，就是很好奇，跟在他们后面玩。他们去园子听昆曲、唱昆曲，我也跟着去，但我当时一句都听不懂"。

直到充和与姐弟们一起回忆小时候的事时，以䃟才算有了兴趣。他们说着大毛怎么样，大狗又怎么样，小五狗又怎么样，后来以䃟才明白，他们称女孩儿是"毛"，男孩子就是"狗"，小五狗就是她的五叔"小五弟"张寰和先生。有一天，他们又在院子里聊天，"我在旁边插话，一不小心就说出了'小五狗'，四姑当时就批评我没礼貌"。匆匆一趟，充和回去后致信以䃟："真是，好像见面后一句也没谈，只在火车上时间较长，但却骂了你一顿，希望你不生我气。瞧，其他侄男女，我多客气。"[25]

或许正是不见外，才会不客气。宗和不在，充和似乎对他的女儿要求格外高。以䃟能明显感受到这一点。她像父亲一样给四姑邮寄东西：贵州产的笛子、箫、蜡染，还有爸爸的昆曲谱。充和指导她练习书法，为她批改习作，就像是为宗和批改书法习作一样。

人去楼不空。贵州与纽约的书信来往继续，只是充和的夙愿未了。"以䃟侄：谢谢你寄来的画，我非常高兴，你也爱字画，……以后我们之间交通没有那么可怕了。"[26] 一切都在改善，刘文思为充和寄去了一个孩子的照片，那是张以䃟的儿子，为了纪念外公张宗和，取名张致陶。和以致福。正是张家的辈分。

充和决定再回国,她要去贵州。

白头他日定重逢

1987年初春,已过古稀之年的充和终于踏上了贵州的土地,这个存在于她笔下近四十年的陌生而又熟悉的地方。

一下飞机,她就搂着弟媳刘文思,泪流满面,哽咽着说不出话来。一旁的以珉也不知道该说什么了。

充和在贵阳住了近一个月,她这里看看,那里张张,似乎总想找到些许与宗和有关的东西。实际上这里的一切无不与宗和有关,它们常常流淌在宗和的笔下,又经过不定时的漫长时间到达或永远不能到达充和的手里。坐在黔中山脚下的小居室里,充和常常夜不能寐,她望着大弟宗和的遗像,心里难以平静。她要整理宗和的日记,她有点吃力地佝着瘦小的身子,一旁就是宗和的骨灰盒,充和开始伏案抄写宗和的日记、信件,一边抄写,一边抹着泪。

夜很深了,充和也不自知,没有人忍心打扰她。灯光昏暗,时光黯然,抄至深夜,充和才去眯一会。到了凌晨四点,她又开始了自己的每日课程——练字。

白天,充和让以珉带着她去看遍宗和工作和学习的地方,在宗和任教的校园里,充和心血来潮:"有一次,我们在操场上散步,四姑让我翻跟头给她看,因为我从小学体操。我翻完了之后,她笑着说:'我也会。'立刻做了一个昆曲里的'卧鱼'身段,难极了,双腿叠着盘起来,那个腰扭的……要整个把上半身转过来,脸向上看,手的姿势也要对。我学了半天,也做不出来"。以珉看了惊叹不已。

为了迎接充和的到来,刘文思杀鸡炖汤,但充和起先听说要吃鸡,就说不吃,不好吃。刘文思还诧异呢。当充和喝下第一口鸡汤后就说好吃好吃!她后来还写信来说,美国的鸡吃化学饲料长大的,太难吃,很怀念在贵阳吃的鸡。

为了让四姑多了解贵州，以岷带着四姑上街去吃贵阳的小吃，从甜酒粑到各种粉。吃完后，充和就爱上了甜酒。回国后，以岷还经常给她寄甜酒曲去，供她自己酿甜酒。她告诉侄女，有了甜酒，傅汉思连冰激凌都不爱吃了。只是在贵州吃街头小吃时，不能被当医生的刘文思知道，以岷和充和一起瞒着妈妈，但后来还是被发现了。十年后充和还记得此事："我常常想到以岷同我上街瞒着你吃小食，晚饭吃不下，被以靖猜着，审问以岷，以后你就预备酒精棉花给我们。此事我学了。去中国镇小食店我也常常带了酒精。因为我在茶杯上见到口红。"[27]

　　与侄女以岷走在街上，充和无意中纠正着以岷的走姿，说她走路野野的，不像个女孩子。宗和生前一直致信充和说小丫头野豁豁的，不像个女孩子，当时充和是抱着宽容的态度，现在她一下子变得严肃了。她还教育以岷要保持优雅，出门要化妆，见客人衣着要端正整洁，坐下时不能跷腿，双腿合拢，脚尖不能对着客人……在贵阳街上，充和要以岷打耳朵眼，以岷不干，充和说："撒切尔夫人都能戴，你为什么不能戴？"以岷打了，充和立马把她耳朵上的一对珍珠耳环取下来给她戴上。这对耳环成为以岷的最爱。

　　在贵州，以岷还带着四姑去见了一位特殊的朋友，戴明贤先生。他是书法家、作家，与宗和为忘年交，历经乱世和平时，成为挚友。充和突然走进戴明贤的家，让他感到意外。充和对他的印象是"老实"，这俨然是对大弟的评价。当年宗和去世后，张家人编辑纪念册，收入戴明贤刻的两方印章，一方是"高山流水"，一方是"广陵散绝"。充和看到后，回国探亲时在北京买了一对五厘米见方的大青田石，让以岷转嘱戴明贤刻"平梁张氏"和"充和之印"，说是在国内有时被人请写大对联，平日用的印章太小。[28]

　　充和拿到印章后，于1978年回苏州探亲时书赠戴明贤《题谷翁九曲屏杜鹃》诗："云涛载梦逐无涯，啼遍山红日已斜。最是无声声外意，神游争如早还家。"托以岷带回。以岷额外又为戴明贤带回一幅充和的书法，自作词《蝶恋花》："冉冉归云如有接，花近危楼，坐拥山千叠。翠羽慎将好梦贴，翩翩仍作钗头蝶。闲事闲情绝去楫，杨柳舒眉，细意稠芳叶。春去春来何所业，鸦雏翻遍羊裙褶。"原来这是充和为别人写的，没有写完临时有事走开，就被调皮的以珉掠美而去。在戴明贤书房，充和站在这幅"来路不明"的作品前，并没有说什么，还仔细地看了看名士陈恒安先生在上面的题跋："明贤世兄见示张充和女士蝶恋花一阕，盖抒怀遣兴之作。其托意层深，属词高华处，远宗二晏，近法二张。即论藻翰亦清腴韶秀，甚佩。忆四十年前李芋盦兄来筑，余从其箧衍中得读充和词，知为至戚。今芋盦飘泊天涯，倘能得诵此章，当不禁庾信乡关之思矣。"合肥李芋盦为充和的表哥，曾在战乱时诗词唱酬，陈恒安与李芋盦相好，曾得见充和赠的诗书，暗赞不已。

临别时，戴明贤匆匆捡出两支笔、一块墨交给以珉转送，表达他对充和女士的一点敬意。几天后以珉来访，说她四姑已回去了。那天充和知道戴明贤送了笔墨给她，说是没有准备礼物回赠，怎么办呢？想想说："黄永玉送我一瓶他设计瓶子的酒，我不会喝酒，转送他罢！"

在贵州，充和过了一个惆怅而丰富的新年。"我在贵阳二十天，吃得好，睡得好（咳嗽是带来的），只是累了你，不上班在家陪我。……春节相聚，不能忘记。贵阳路旁的小食，早起叫卖豆浆，都时在目前。……在上海见到王辛笛，谢了他送我诗（三姐转的），也见到巴金，巴金与沈二哥年龄相仿，但精神可好多了。"[29] 充和见巴金先生自有想法，她有个特别的心愿。宗和战时苦旅曾与巴金同路多日，还向巴金借过钱。充和想把宗和的战时日记和书信集出版："本想请巴金看后写一序，不想他身体有帕金森症，不能动笔，我说'你口说几句，让女儿记录'也没有做到。所以一误再误，没有印出，我在国内外印书局没有熟人可托印，这是我一件心事。因宗弟一辈子没有一本书传世，此书虽然谈的家事，甚至只是一对患难夫妻之事，但是由此可见当时一般教书匠在战时的情形，给后人看看亦可了解。"[30] 虽然巴金先生后来收到宗和的《秋灯忆语》并没有写序，但还是勾起了他的回忆和感慨："读着它，我好像又在广州开始逃难，我又在挖掘自己前半生的坟墓。我还想到从文，……今天我仍然要说生活是美好的，因为生活里有友情，我不曾白活，我有不少的朋友。"[31]

此后，在美国的充和从宗和长女以靖手里获得《秋灯忆语》原本，她把洋洋数万字的《秋灯忆语》重新抄了一遍，以便将来印刷校对。

《秋灯忆语》写得真情实意，你爸爸做人直率坦白，文章也是，从不天花乱坠，花言巧语。……你爸爸一辈子做教书匠，抗战中颠沛流离，解放后又没有好日子过，"文革"中更是受尽

二十世纪八十年代，张充和回国后，终于来到了与她通信近三十年的大弟宗和在贵州的住处。只是斯人不在，张充和伤心不已，经常翻看宗和的日记和回忆录到深夜，并手抄了大弟宗和的战时回忆录《秋灯忆语》，一边抄写一边落泪。图为张充和的手抄本

张充和为张宗和的回忆录《秋灯忆语》题写了书名备用

苦难,就算是把你们三人养成了,但他的著作并无一本留世,我想把这本东西好好印出,第一是他的希望,第二也留给你们子孙们看看你爸爸这个时代的辛苦。我当时曾读过《秋灯忆语》,虽然流过泪,但没有像这几日,我每抄二三千字就会流泪,其中动人处太多,何况你爸爸是我亲兄弟,你妈妈是我好朋友。"[32]

事实上为了保存这些个人资料以及四姐的信件,宗和在非常时期像个特务似的在行动。以䂀清楚地记得:"'文革'期间,父亲成了封资修,我们被赶出家门,家也被封了。幸好有天一个工人来问我们,原来家里那些书啊信的,还要不要,要就赶紧悄悄去收回来。当天晚上,我和父亲挑了一对大箩筐偷偷回到家里,把书和信、日记还有照片全部转移出来,这样才保存下来的。"只是这些资料多多少少都被沾上不洁之物,似乎刻意为那个时代留下点什么痕迹。

充和不仅在美国,也在中国大陆、台湾及香港寻求出版宗和的书,并继续保持与贵州的通信。她不时地发出感慨,人老了,十分想念家人,而且越是老了,越是想家:"不知有多少话要同你们说,即使来贵阳可以吃其他街头小食,也不能吃酒酿了。我的酒药(你买的)还有不少,我仍然常做,因为有几个朋友同汉思都喜欢吃。我偶然煮鸡蛋加几小勺,有香味都好。因为我不能吃甜食了。"[33]

1987年春，充和来到贵州后，张以䟆特地为四姑用贵州蜡染的土布做了一件旗袍，当时还担心四姑能否穿得惯。2004年充和回国后，以䟆去北京、苏州见她，发现四姑依旧穿着这件旗袍会客、拍曲并出席自己的书法展。只是旗袍的下半截已坏了，四姑就把上身剪开单独穿，下摆改成了包，还笑问前去接机的亲朋："我手巧吧？"即使回到美国，充和在穿着方面仍是"贵州式"的，她喜欢以䟆亲手做的蜡染衣服，很别致。

2015年初春的一天夜里，以䟆在静心整理父亲和四姑的来往信件，旁边放着已经出版并由四姑题签的《秋灯忆语》。她突然想起了很多年前的一个夜里，四姑充和就是这么坐着伏案抄写，旁边就是父亲的遗像。她翻着父亲的日记本，发现有很多处的折痕，那是四姑充和在抄写时留下的记号。以䟆抚摸着这些浅浅的折痕，望向充和的一幅近照：一众曲友在为四姑庆祝一百零二岁的生日，慈祥的充和淡然依旧，她瘦小的身上依然穿着侄女制作的蜡染土布衣服，有点褪色，却不失光彩。

注 释

1 张宗和:《秋灯忆语》。
2、3 1949年4月15日张宗和致张充和的信。
4 1962年8月3日张充和致张宗和的信。
5 1949年7月12日张宗和致张充和的信。
6 1949年10月6日张宗和致张充和的信。
7 1949年11月5日张宗和致张充和的信。
8 1949年11月27日张宗和致张充和的信。
9 1950年8月25日张宗和致张充和的信。
10 1950年10月21日刘文思致张充和的信。
11 1951年6月10日张宗和致张充和的信。
12、13 1951年8月20日张宗和致张充和的信。
14 1952年8月10日张宗和致张充和的信。
15 1955年4月24日张充和致张宗和的信。
16 1955年7月31日张充和致张宗和的信。
17 1961年10月25日张充和致张宗和的信。
18 1957年7月6日张充和致张宗和的信。
19 1973年6月20日张充和致张宗和的信。
20 1976年12月8日张宗和致张充和的信。
21 1973年7月28日张宗和致张充和的信。
22 1977年8月8日张充和致张以䃼的信。
23 1977年8月8日张充和致刘文思的信。
24 1978年5月25日张充和致张以䃼的信。
25 1978年11月3日张充和致张以䃼的信。
26 1979年3月4日张充和致张以䃼的信。
27 1998年7月26日张充和致刘文思的信。
28 戴明贤:《黑白记》,贵州人民出版社2011年版。
29 1987年4月3日张充和致张以䃼的信。
30 1990年3月5日张充和致刘文思的信。
31 1991年12月2日巴金致张兆和的信。
32 1989年2月11日张充和致张以靖的信。
33 1995年6月9日张充和致张以䃼的信。

尾声 为惜流光挽夕阳

九如巷三号，那是充和在苏州的家，一个真正能让她魂牵梦绕的地方，也是一个说起来能让她刹那落泪的地方。

雨还是那样密，那样连绵。满头银发的周孝华女士移开木门，轻轻地走出来。她是充和五弟寰和先生的夫人，与充和情同姐妹。因为担心四姐"水土不服"，她曾亲手为充和缝制了很多衣被寄到美国。尽管充和已逾百岁，她还是一如既往地、习惯性地担心着。周孝华女士不时地念叨着，要是她回来就好了，在哪里都不如在家里呀。但是一说到充和与昆曲，周孝华女士顿时觉得欣慰很多："她一辈子就欢喜这个，所以那一年回来，我就提议去附近怡园拍曲，她唱的时候你会忘记她的年龄。"那是2004年秋，那一年充和九十一岁。这是充和最后一次回到苏州，当时五弟寰和先生还健在。

2014年冬，寰和先生去世，至此"和"字辈十姐弟独留充和。中国社科院文学研究所研究员杨早先生悼念说："小五哥也走了，不是说谁带走一个时代，但那个时代的痕迹，确实在渐渐湮灭，不是自然更替，而是失了传承……"

欣慰的是，充和还在；欣慰的是，陪伴充和的昆曲还在；欣慰的是，海内外的昆音还在。充和百岁后，拍曲活动依旧。曲人会聚在充和家里，认识的，不认识的，会唱的，会吹的，会解说的……

张充和一向喜欢安静，喜欢古旧的气息，当很多人热衷都市的繁华时，她宁愿去看废旧的园林、残破的古碑。安于静处使得她能够耐心习字、习曲，心境也比一般人更加沉着、安稳。照片为张定和先生拍摄，并做注："误几回，天际识归舟。"语出《八声甘州》（柳永），颇有深意

尾声　为惜流光挽夕阳　323

二十世纪三十年代张充和的《思凡》剧照。"男怕《夜奔》，女怕《思凡》"，是昆曲界的一句行话，说的是这两出戏都很难演，在舞台上有大段的戏只有主角一个人完成，繁复的唱做功夫颇为考验演员的功底和心理素质

笛声一响，充和的心就轻了，轻若梦境。

充和的一生充满着戏剧性，她自己也说："看世事看多了，亦如看戏看多了一样，只知道看做人的艺术，只知道应该如何涂上生旦的脂粉，唱着付丑的戏……"但纵观充和长长的一生，似戏，非戏。从童年接触昆曲剧本，到少年时期学习昆曲，到抗战时期流离拍曲，再到美国延续雅音，自有笙歌扶梦归。

我什么事都经过

2004年秋，充和回到苏州小住多日，那是她最后一次回家。她每天都住在九如巷老屋，凌晨三点钟起床练习书法，周孝华女士做好早饭喊她休息就餐。那一次，她还尝试着用铁桶在老井里打水。沧浪之水、太湖之水、城河之水都令充和无比地怀念和眷恋。张寰和先生生前曾回忆说，四姐年轻时腰包里有钱，常常请他和同学们一起出去玩。有一次带他去西湖游玩，看西溪的芦花飞雪，看西溪的土坝流水，芦花很白，流水很清，真是难忘。只是此次归来，告别成了永别，让人不禁想起张寰和生前的一段日记：

四位姐姐健在的就她一位了，姐弟情缘，分外珍惜。她多才多艺，柔中带刚，热爱生活。临别时，全家老小送到巷口，依依不舍。上车前，她一一吻别，连声呜咽地说："明年再来，明年再来……"

我到北京沈龙朱先生家中，看他为四姨手绘的各个时期的画像，淡然如水，清雅似水；在虎雏先生家听他说起四姨的往事，如数家珍，令人想起了两句话："明月松间照，清泉石上流。"四姨在他们兄弟的少年时光中占据着重要的位置。只是最后见一面的愿望成为永远的遗憾。

2011年秋，诗人郑愁予去美国拜访张充和，两人不急不慢地聊着旧事和文学。充和说："从十六岁起，我就是一个人了，我什么事都经过，抗战啊，什么困难啊，什么日子我都能过。我不大在乎，没有什么了不起的事。"细细梳理一下，张充和女士在漫长而淡然的一生里，到底在乎过什么呢？看她最后一次与家人在巷口分别时，依依不舍，拥抱来回，直到坐进车里，头低着怎么也不肯抬起来——眼窝里早已是满满的泪水。

"十分冷淡存知己，一曲微茫度此生"，不少人撰文称充和此句名言来自济慈的墓志铭："这里长眠着一个人，他的名字写在水上。"充和早期就读过济慈，而且还译过有关济慈的诗论，写作者正是来自西方的"东方学者"小泉八云。一位西方先生，因缘巧合，最终落户在了东方，成就了他的文学梦想；一位东方女子，嫁于西方人，最终在美国成就了她的国学传承。历史上的文字结缘，恐怕都是不经意间的意外吧。

一切的一切，让我还是想到了济慈生前自撰的墓志铭："这里长眠着一个人，他的名字写在水上。"是的，她的名字也早已写在了水上。

一百零二岁了

充和晚年的生活多少是带着些许孤独意蕴的。傅汉思于2003年去世后，她一直孤身一人住在老宅里。她说女儿现在在芝加哥工作，"每个圣诞节都回来看我"。充和不愿请人来家看护她，之前有一位在耶鲁读学位的中国女留学生的陪读丈夫在照顾她。有段时间，在美国耶鲁大学访学的翻译家刘文飞先生常去看充和。刘文飞是安徽人，且会合肥话，两人一对上乡音，顿时引来了充和的兴趣。"她向我打听合肥的变化，说出一些我从未听说过的街巷名称，但她提到的明教寺（俗称菱角台）我是知道的，我告诉她我上中学时这家寺庙曾变成一家五金厂，破败不堪，她闻之摇了摇头。她说她家当时就在寺庙附近，她常被寺庙中飘出的诵经声所诱惑，便跟着学唱。说到这里，她情不自禁地唱了起来，唱了好几分钟。她吟唱的佛教

四姐妹在苏州九如巷,右起:张元和、张允和、张兆和、张充和

诵经声让我震撼。"[1] 告辞的时候,"充和先生送我们到门边,和大多数美国人的习惯一样,她在我们身后便关上了门,但我走出两步后回头一看,她还在门上开出的一块长方形小玻璃窗后张望,她瘦削的脸庞像是镶嵌在一个画框里,我甚至能看到她略显浑浊的双目"[2]。

充和去世前,纽约海外昆曲社社长、充和的昆曲弟子陈安娜女士一直陪在身边。她讲起充和女士,每次都是充满着亲情的爱意和毕恭的敬。她们既是中国传统的师承关系,又明显超越了师承的关系,关乎艺术,更关乎人情,令人肃然起敬。她的《恩师张充和仙逝前后》第一时间传递到了九如巷,传递到了国内充和的众多家人眼前。他们的眼睛是湿润的。

三个月前,充和老师急诊住院。回来后,体力衰弱,无法行动,要坐轮椅。以后胃口越来越差,体重只有六十多磅。人缩小了,牙床也萎缩了,戴了几十年的假牙无法用了,只能进食流质食物,她更不想吃东西了。吃得少,体力更弱,坐不了多时,她总说:"我累了,我去睡一下。"以后她睡的时间越来越长。只有等她醒了,我才能跟她聊天。

"认识我吗?"

"认识。"

"我是谁啊?"

"你是——?"她笑眯眯地看着我。

我指着自己说:"我是安娜,安娜,安娜!"

"是,你是安娜!"她笑得甜甜的,好可爱。

我理理她的白发,亲亲她的额头,她也亲我的脸。我说:"我爱你!"她说:"Me too!"

…………

5月6号是老师一百零二岁生日,儿子以元、外甥女凌宏夫妇、我,还有两位保姆一起为她祝寿。从医院回来后,她已不能进食,需要喂食,但是那天她坐在轮椅上,看见桌前的生日蛋糕和西瓜,笑眯眯地拿起叉子,吃完整块蛋糕和几块西瓜,看见她胃口这么好,大家好高兴,忙着咔嚓咔嚓照相。过一会儿,她说:"我累了,要睡一下!"她睡了以后,以元和凌宏也走了。

我坐在床边看书,看见她醒了,又跟她聊天。

"你今天过生日,高兴不高兴?"

"高兴!"

"你几岁了?"

"我一百岁。"

"不,你一百零二岁了!"

"哦,我一百零二岁了!"

"是啊,你已经好老好老了!"

她不回答,转头往旁边看了看,然后跟我说了一句她许久不会说的长长的句子:

"如果,如果,如果我想的人,我都可以看见,那样,那样多好!"

"是啊!"我口里应着,心中一酸,眼泪就忍不住了。我知道老师太寂寞了,而寂寞也让记忆超凡的老师头脑越来越迟缓了。[3]

或许正是因为看到了别人看不到的老师的寂寞，安娜女士细心地安排着小型活动。5月12日，她邀来了昆曲社的艺术家尹继芳、史洁华、蔡青霖、闻复林、徐菊光和曲友贾景玫，从纽约开车到老师家为她祝寿。那天，老师漂漂亮亮的，高高兴兴的，"尹继芳对我说：'你告诉我老师精神不好，不想动，不想讲话，我看她很好嘛！'我说：'因为她喜欢你们这些老朋友啊！'"[4]

五天后，充和入院。

> 6月17号上午11点，我到充和家，看见她脸色晦暗，我到床前摸摸她，亲亲她，听见她喉里有痰，保姆Lily说，她痰咳不出来，要滴药水把痰化掉，要不然她会吐。12点40左右，她儿子也来了。这时老师的痰在喉咙里忽上忽下，发出呼呼声。老师皱着眉，神情痛苦。Lily又滴了药水，老师一下子吐出黄黄的水。我们赶紧帮她擦拭，我注意到老师的眉舒展了，脸也平和了。我说："你舒服一点了吧？"1点整，特别护士来了，摸摸老师的颈动脉，说："她的脉搏快停了，要走了！"我和以元哭起来，我赶紧对老师说："充和、充和，我爱你爱你！"并亲她的额头。以元说："Mom, I love you!"亲她的脸，老师已经没有反应。我们守在床边。快5点，殡仪馆的人来把老师带走，我们跟她吻别，这时老师的脸已凉了，皮肤又细又白，鼻子挺直，闭目垂眉，比她所画的弹琵琶的美人更美。[5]

老师的去世，突然让安娜无所适从，那位艺术上的灵魂导师，那位对她生活关心的长辈，已经远去了，永远的。

> 星期四下午，我摸摸老师留下的空床，捧着以谟交给我要我扫描的老师抗战时表演昆曲的照相簿，离开了我度过四十多年美好时光的老师的家，回到纽约。我先生到中国去了，家中

只有我一人。我什么事都不想做，也不愿想，只是一个人静静地思念充和。眼泪来了就抹掉，抹掉了，又来了。如此接连两天，沉浸在悲伤中。[6]

安娜女士再次品味着老师讲解过的曲词"一生爱好是天然"，一字一句，字义、渊源、辩证……她突然有些释然了。"她（张充和）和她的二姐夫沈从文一样，都是另一类的人，他们是自然人，不是我们这样的俗人。他们从自然来，虽然经历战乱磨难，丝毫不受这个尘世的污染，留下许多的美与好，然后返回自然。"[7]

归梦蓼花红

记不得有多少次了，在外的充和总是做着归家的梦，从懵懂髫年，到年逾百龄。只是当她一次次面对回家时，却又会陷入无限的怅惘中："年年做尽归飞梦，待到归时意转迷。"没有任何一个人能够体会到充和女士对于家的概念。1946年初春的傍晚，充和站在重庆北碚嘉陵江畔，望着汹涌江面的燃烧一般的霞光返照，她的心却异常平静。因为，终于要回家了。想起了充和的一阕《鹧鸪天　车行》：

> 合眼浮沉小梦庄，
> 不寻常事已寻常。
> 无边风雪人来去，
> 有限寒温路短长。
> 村暧暧，野茫茫，
> 雷奔轮转若为忙。
> 云山倒退知何意，
> 为惜流光挽夕阳。

2015年6月18日上午，当我在异国的新干线上接到张充和仙逝的消息时，有些茫然。我想到了充和女士在去国多年再还乡时，说自己一个字都写不出来了。这种情况还出现了一次：张家大弟张宗和先生于1977年病逝，与大弟跨国通信二十八年却始终未能相见的张充和听闻后，怔怔地说："这一次，我一个字都写不出来。"这一切就像九如巷那口老井，沧桑不失明秀，看上去是沉默的，却在无言地倾诉着什么。老井不远处，原本是张充和青春时期的闺阁，它消失在非常时期，消失在了充和与故国故园几乎隔离的年代。张寰和夫人周孝华女士每想到此便觉惆怅，如果充和能回到故里，那该多好……但想到充和一生如此丰富，如此开阔，抬头看看家里悬挂的四姐的《秋思》，不禁豁然：

> 万山新雨过，凉意撼高松。
> 旅雁难忘北，江流尽向东。
> 客情秋水淡，归梦蓼花红。
> 天末浮云散，沉吟立晚风。

合肥四姊妹
（一九四六年，上海）

尾声 为惜流光挽夕阳 331

注 释

1、2　刘文飞:《耶鲁访张充和》,《文汇读书周报》,2014年3月8日。
3—7　陈安娜:《恩师张充和仙逝前后》,2015年6月21日。

附录一 张充和个人年谱简编

1913 年 5 月 17 日生于上海图南里（美国证件出生年月日为 1914 年 5 月 6 日）。

1914 年，八个月大时，被叔祖母释修（注：也有写作"识修"）收养为孙女，带回安徽合肥龙门巷抚养。

1921 年，八岁，母亲陆英在苏州去世。

1930 年，十七岁，叔祖母逝世，返回苏州与家人同住，并入学张家创办的私立乐益女中。

1931 年，在苏州参加幔亭女子曲社、道和曲社，从"传"字辈老师沈传芷、张传芳等学戏，并从堂名笛师阿荣（李荣鑫）唱曲、学吹笛。

1932 年，考入上海务本女校。

1933 年，考入上海光华实验中学。

1934 年，考入北京大学国文系，经常参加清华大学谷音曲社活动。

1935 年，病休，回苏州养病，并参与经办父亲开创的乐益女中和其他一些工作。

1936 年，受胡适邀请任《中央日报》副刊《贡献》编辑，先后发表诗歌、散文、小说数十篇。

1937 年，抗日战争全面爆发，回合肥老家避难，先后辗转多地后抵达成都。

1938 年，父亲张冀牖在合肥去世。

1938 年至 1940 年，赴昆明，和朱自清、沈从文等一起编撰教科书，前后约两年。

1940年，转往重庆，任职教育部音乐教育委员会，从事古典音乐和昆曲曲谱研究。

1946年，抗战胜利，返回苏州老家，在苏州为联合国教科文组织表演昆曲《牡丹亭》。

1947年，到北平，居住在三姐兆和、姐夫沈从文家，受邀在北京大学开设昆曲和书法课。在沈从文家结识在北大教授罗曼斯语的美国教授傅汉思。

1948年11月19日与傅汉思在北平结婚。

1949年1月从上海乘船去美国。

1949年至1959年，定居美国加州伯克利，傅汉思任教加州大学伯克利分校，张充和任职加州大学伯克利分校图书馆。

1959年到1961年，傅汉思任教斯坦福大学中文系。

1961年，傅汉思应耶鲁大学东亚系聘请，举家移居康涅狄格州，定居汉姆顿。张充和开始在耶鲁大学艺术学院教授中国书法。

1978年，张充和与傅汉思阔别中国近三十载首次回中国探亲访友。

1981年，应普林斯顿大学浦安迪（Prof. Andrew H. Plaks）教授邀请在纽约大都会博物馆明轩演唱《金瓶梅》中的昆曲，陈安娜吹笛。

1981年，三姐张兆和、沈从文夫妇访美，前后三个月时间，充和、汉思全程陪伴。

1983年，七十寿诞时，张充和又书写对联："十分冷淡存知己，一曲微茫度此生。"

1985年，从耶鲁大学退休。

1986年，与大姐元和参加北京"纪念汤显祖诞辰三百七十五周年"大型公演，在政协礼堂演出《游园》《惊梦》。充和饰杜丽娘，元和饰柳梦梅，北京昆研社欧阳启名饰春香。

1990年，担任纽约海外昆曲社顾问。

1995年，与傅汉思合著 *Two Chinese Treatises on Calligraphy* ——

书,由耶鲁大学出版社出版,介绍孙过庭的《书谱》。

2003年8月26日夫婿傅汉思病逝。

2004年10月,张充和书画展先后在北京、苏州展览。张充和回苏州老家小住,并录制"昆曲唱腔十六首"光盘一卷。

2011年,赠送苏州昆曲博物馆手抄昆曲谱一本、昆曲点翠头面一套、《游园》红斗篷一件。(捐赠事宜由陈安娜女士代理)

2012年,上海辞书出版社编印出版《张充和手抄昆曲谱》,一函十册,附张充和唱曲和张充和笛韵光盘两张。

2013年5月5日,海外昆曲社主办"张充和百岁生日庆祝会"。6月9日,海外昆曲社在哥伦比亚大学米勒剧场举办"唯曲是宝·张充和百岁祝寿公演"。

2015年6月17日(北京时间6月18日)张充和女士于美国康涅狄格州诺斯黑文(North Haven)逝世,享年一百零二岁。

注:以上年谱根据陈安娜女士《张充和老师生平大事记》、张寰和先生自订年谱、张家刊物《水》等整理。

附录二 张充和在北美大学里演唱昆曲
（1953—1979）

傅汉思

1. 1953年2月24日，在加州大学妇女俱乐部午餐会上演出《思凡》。

2. 1953年7月30日，在加州奥克兰市米勒学院为配合陈世骧教授中国文化课的讲授，由中国研究所主办，演出《牡丹亭·游园》，表演者：充和，介绍：陈世骧。

傅汉思注：陈世骧（1912—1971），曾在加州大学讲授中国语文和文学课。

3. 1954年8月15日，在州立旧金山大学新校园小剧场演出《牡丹亭·游园》，为配合陈世骧的中国文化课，由中国研究所和州立大学主办。表演者：杜丽娘——充和，春香——徐樱，笛——李方桂。

注：李方桂教授在华盛顿大学讲授中国文学及语言学，徐樱为其夫人。

4. 1955年4月17日，在芝加哥大学主办为期一周的艺术节上，充和演出《思凡》。笛子先期由充和录音。

5. 1955年4月29日，在加州贝克莱（即伯克利）的马克圣公会，为筹备1955年9月举行的中国学生会改组基金，由加州中国学生主办，演出《思凡》。

6. 1957年7月23日，在贝克莱加州大学丹尼厅115室演出《西厢记·佳期》《牡丹亭·寻梦》《白蛇传·断桥》和《思凡》。由大学中戏剧、文学、音乐委员会主办。由充和个人表演。题为"中国戏曲之舞蹈"（作为"亚洲舞蹈的第二部分"）。先期由充和笛子录音。

说明——傅汉思。音响装置不够好。

允和注：傅汉思，张充和的夫婿，耶鲁大学东方语言文学研究所所长。

7．1957年7月30日，在同上地点重演四个剧目。

8．1960年4月18日，在加州斯坦福大学为介绍昆曲艺术演出《牡丹亭·学堂》。

9．1962年5月10日，在马萨诸塞州，剑桥—哈佛—燕京学院礼堂主演《思凡》和《游园》。由哈佛大学音乐系及哈佛—燕京学院主办。扮演者：杜丽娘——充和，春香——李卉。介绍：赵如兰。

注：赵如兰为卞学镛夫人，她是赵元任的长女，在哈佛大学教授中文和音乐。李卉是张光直夫人，她在耶鲁教书，教授中文，并从充和学昆曲。

10．1964年2月至3月，充和应威斯康星大学亚洲戏剧部主任A. C.斯考特（英国人）邀请，用五周时间讲授戏剧艺术，对戏剧班同学讲授《思凡》，并在大学中心演出《思凡》四次（2月7、12、14、26日）。

11．1965年春或1964年春，由耶鲁大学海伦·哈特莱学院主办，在该院演出《游园》和《思凡》。扮演者：杜丽娘——充和，春香——钱家骏，笛子——项馨吾，介绍——李意田。

注：钱家骏曾在耶鲁教中文，从充和学昆曲，经常参加充和的昆曲晚会。项馨吾先生是著名业余昆曲爱好者，在纽约工作，特地到纽黑文参加这次演出。现在他已退休，住新泽西州田纳西。李意田过去是耶鲁大学中国文化和中国文学教授，现在俄亥俄州州立哥伦比亚大学。

12．1965年2月22日至3月24日，充和又应斯考特邀请，在麦迪逊威斯康星大学教授戏剧艺术课，为时一月。她于1964年和1965年在麦迪逊的大部讲课和演出，均已收入斯考特的著作《中国传统戏剧》第二卷。《思凡》和《十五贯》两剧也由威斯康星大学出版社出版。斯考特在前言中谈到《思凡》时写道："这出戏是我在威斯康星大学教授戏剧的主要剧目。我相信,这出戏对研究西方的学生是有启发的。因此,我邀请现在美国居住的张充和到我的班上来和我共同工作一个时期。她是这个古老剧种的权威和天才的表演家。这个经验对学生是有益的,他们的一些最有价值的评论可以在这里引用一下。一个学生(W. 麦克利亚)写道:'有人会觉得,女演员动作的逼真性就像东方模拟哑剧,但区别是明显的。女演员并不试图模拟实在的东西,就像尤金·奥涅尔的戏剧那样。她也不像西方芭蕾舞那样,幻梦似的避开真实性,也没有西方哑剧的一些严重缺点(缺乏交流及其手段)。她利用手势加强语言和音乐,而不是取代语言和音乐。'有趣的手势,也就是具有巨大戏剧冲击力的方面,有鲜明的舞台价值。观众为精彩的演出所征服,并不是仅仅为了她的华丽、漂亮,而是由于从美学角度上讲是真实的。中国女演员表现出来的巨大魅力,就是对我国演员的一种评判。对比之下,我国演员不由得感到震惊。现在我至少明白,中国戏剧要比我初次接触时所能理解的要好得多。我发现我有一种落后感。在我们自己的剧院中,虽然很少有人能真正了解那些身段动作的丰富含义,但是我们在实践上和演出中也没有足够的训练来充分运用它们。"在同书中斯考特又写道:"我很感谢汉思·弗兰克夫人(张充和)的帮助,她的精湛的知识和动人的表演是阐明这一问题的不可缺少的根据。我还要感谢周策纵教授,当我在威斯康星大学时,经常给予帮助和支持。最后,我必须对著名演员俞振飞表示敬意,他是我的朋友,也是顾问。他的精美绝伦的舞台艺术永远留在我记忆中。A. C. 斯考特 1964 年 6 月于威斯康星大学。"

注:周策纵是威斯康星大学中文教授。

13. 1968 年 4 月 19 日,在华盛顿大学演出《游园》。杜丽娘——充和,春香——艾玛。介绍——斯坦利·斯派克和汉思。张一峰从伊利诺伊州乌尔班纳来协助后台工作。

注:斯派克是华盛顿大学中文教授,他在耶鲁大学教中文一直到 1967 年,经常到我家参加充和的昆曲晚会。

允和注：艾玛是汉思、充和的女儿，演出时九岁。

14. 1968年4月30日，在哈佛大学音乐厅派思堂演出《思凡》和《游园》。杜丽娘——充和，春香——李卉。余英时为这次演出赋诗二首（允和有二诗）。

允和注：我仅有一首。

注：余英时自1968年在哈佛教中文，1976年离开哈佛来耶鲁教中国历史，曾率"美国汉学代表团"于1978年10月访问中国。

15. 1968年5月6日，在耶鲁大学海伦·哈特莱会堂演出《游园》及《思凡》。杜丽娘——充和，春香——李卉，解说——李意田。

观众中有一位伊丽娜·玛丽的学生写了一首诗：
我激动，我惊奇，我感到迷惘，
在西方，我还少什么，我曾这样想。
我们的歌剧我熟悉，
我一向得意洋洋！
现在我知道我的耳朵受了骗，
它不是意大利的咏唱。
我的情绪按捺不住，
我的心弦在振荡。
这曲调只能飘扬在东方，
它流丽悠远，不同凡响。

16. 1969年1月28日，在康涅狄格学院演出《游园》。杜丽娘——充和，春香——艾玛（十岁），笛子——王定一，舞台监督——李卉，解说——汉思。

王定一为新汉泼州（新罕布什尔州）达特茅斯学院毕业生，今在阿罗荷马州（俄克拉荷马州）波尔多工作。

允和：王定一为许姬传外甥，能演能吹笛。

17. 1969年2月13日，在普林斯顿大学亚历山大学堂演出《游园·惊梦》。杜丽娘——充和，春香——艾玛，柳梦梅——王定一，解说——刘文健、傅汉思。

注：刘文健是普林斯顿大学历史教授。

18. 1969年4月19日，在米涅沙塔大学纽曼会堂演出《思凡》和《游园》，杜丽娘——充和，春香——艾玛，解说——理查·马特和汉思。

注：理查·马特，河北保定人，为米涅沙塔大学语言文学教授。

19. 1970年3月底，在加州大学演出《思凡》和《游园》，杜丽娘——充和，春香——艾玛，解说——奥倍林学院达尔·约翰逊教授。

这次演出正值"中国演唱文学研究会"举行年会（为美国学者组织，总部设在康奈尔大学）。

20. 1970年4月24日，在乔治华盛顿大学中心剧场演出《游园》和《思凡》。由华盛顿大学及大学舞蹈系联合举办。杜丽娘——充和，春香——艾玛，解说——汉思。

21. 1971年1月23日，在康涅狄格耶鲁大学国际学生中心，演出《邯郸梦·扫花》和《游园》。何仙姑——张元和，杜丽娘——充和，春香——艾玛。艾玛正感冒，演出仍良好。艾玛时年十二岁。

22. 1971年2月27日，同上地点演出《游园》，国际学生中心主办，杜丽娘——充和，春香——李卉，笛——王定一，后台监督——张元和。

23. 1972年10月24日，在州立纽约大学博物馆举行，是朝鲜一位音乐家Sur先生安排的，演出《扫花》和《游园》。何仙姑——张元和，杜丽娘——充和，春香——李卉，笛——王定一和艾玛。

24. 1973年2月16日，在康州威斯兰大学演出《扫花》和《惊梦》。由威斯兰大学音乐系及威斯兰亚洲学会主办。何仙姑——艾玛，杜丽娘——充和，春香——徐樱，柳梦梅——张元和，鼓板——陈富烟（《扫花》《惊梦》）和王定一（《游园》），笛——李方桂（《扫花》《游园》《惊梦》）、王定一（《扫花》《惊梦》）和陈富烟（《游园》），解说——汉思。

注：陈富烟是威斯兰大学民族音乐学家。

25. 1973年4月29日，在陆特岛私立勃龙大学李斯特大厅演出

《西厢记·佳期》和《思凡》。由勃龙大学主办。张君瑞——张元和，杜丽娘——充和，春香——艾玛，解说——汉思和黄琼璠，由黄做剧目介绍。

注：黄琼璠是勃龙大学民族音乐系毕业生，现在伊利诺伊大学任教。

26. 1974年3月6日，在耶鲁大学达文堡学院演出《游园》。杜丽娘——充和，春香——李卉，笛——陈富烟和艾玛，鼓——张元和，解说——汉思。

27. 1974年3月24日，在加拿大多伦多大学清唱《长生殿·小宴》，由该大学史清照先生解说。

28. 1974年4月9日，在康州私立纽黑文大学演出《游园·惊梦》。杜丽娘——张元和，春香——充和，柳梦梅——陈富烟，演出主持和讲解——陈富烟，另有五位美国学生唱做《咏花》。

29. 1974年7月15日，在私立密特勃兰大学演出《断桥》和《游园》，由该大学中国研究所主办。白蛇——陈慰萍，青蛇——李卉，杜丽娘——充和，春香——张元和。

注：陈慰萍在密特勃兰大学教中文，又曾在耶鲁大学教中文，并从充和学昆曲。

30. 1975年4月4日，在耶鲁大学荷赛会堂演出《学堂·游园》。由雅礼协会主办（该会成立于1901年，为半独立的群众组织），陈最良——宣立敦，杜丽娘——充和，春香——李卉，笛——陈富烟和艾玛，鼓板——汉思，后台监督——张元和和陈安娜。

允和注：陈安娜是北京昆曲社海外曲友，她曾参加1982年苏州两省一市昆曲会演并撰文在香港《抖擞》杂志谈苏州会演。

注：宣立敦为耶鲁大学中国文学副教授，现在洛杉矶加州大学教中国文学，宣曾在1976年随福特总统访问中国，他专攻中国小说与戏剧，从元和、充和学习昆曲。陈安娜（吴章铨夫人）是对中国音乐戏剧业余爱好者。她从充和学昆曲，吴章铨先生在联合国秘书处任职。

31. 1978年4月21日，在纽约蒙诺社区大学演出《思凡》和《游园》，由汉思介绍。

32. 1979年4月7日，在州立伊利诺伊大学音乐厅演出《思凡》。由伊利诺伊大学音乐系主办。当时正举行民族音乐会议。充和参加演出，艾玛吹笛（她刚从依文斯顿回来参加演出。她是西北大学学生）。在此期间，充和亦参加民族音乐讨论会，并为学生讲课，又演出《思凡》一次。

张允和女士注：上面是我的四妹张充和廿六年中在北美洲二十三个大学里演出、演讲昆曲的情况，是由她的夫婿傅汉思教授日记中摘录的。我请北京昆曲研习社曲友徐书城、李小蒸同志翻译出来。……1980年以后的没有来得及收集在内，这四年中最重要的活动是参加一次《金瓶梅》曲子的演唱，由张充和演唱，其中没有谱，曲是由和谱的，由陈安娜吹笛。

转载自《昆剧艺术》创刊号、《我与昆曲》（张允和 著，百花文艺出版社2014年版）。

附录三　张充和诗词题目录

张定和整理

1. 荷珠
2. 鹧鸪天（1939 年于昆明）
3. 1930 年由安徽到苏州后作
4. 蝶恋花（1935 年卧病北京香山碧云寺时作）
5. 江安晚步（1941 年作）
6—13. 七绝八首
14. 浣溪沙（1942 年作）
15. 浪淘沙
16. 江神子（1941 年作于四川江安）
17. 凤凰台上忆吹箫　咏荷珠（1945 年作）
18. 趁着这黄昏
19. 充和十岁时作（1923?）
20. 缺
21. 充和十四岁时作（1927?）
22. 挽琴人彭祉卿
23. 临江仙·咏桃花鱼
24. 缺
25. 临江仙·卅五（1946 年春别蜀中曲友）
26. 寄天臞
27. 临江仙·题双鱼图（1945 年作）
28. 云龙佛堂即事
29. 菩萨蛮（1935 年卧病北京香山碧云寺）

30. 咏蟋蟀

31. 鹧鸪天·东归（？美国由其西部回东部去）

32. 谢陌地生诸君子

33. 喜闻文锦存训将来，拉杂成韵匆匆代简

34—35. 奉和宣阁表叔浣溪沙原韵

36. 八声甘州　选堂来不自携琴因借与寒泉阜西所赠也闻其已归道山乃共听其乐音为唏嘘者久之（作于1970）

37. 八声甘州　前调　闻阜西尚健在喜极依前韵（作于1974）

38. 八声甘州　吊阜西

39. 蝶恋花·用竹垞韵答选堂（1976年11月15日）

40—42. 有光兄七十生日奉此祝双寿

43. 金缕曲　忆天膑（1973.1.29.大雪）

44—45. 鹧鸪天　得家书谈霁晴轩旧事即寄 1972

46—48. 题《独往集》陶光死约四十，被师范大学解聘，又与其夫人离异。贫病忧愤，最后饿死，倒在小桥上，死前不久寄来诗词一份，题曰《独往集》，附和周邦彦《兰陵王》一首，并云"此最后作未及印入"。后得消息已过世。此最后二字成谶，十数年后方知其饿死真相，再读《独往集》并题。

49. 兰陵王　答陶光"最后"一首，仍用清真原韵。

50—69. 1968年11月19日为汉思与余结缡二十载时汉思因事去加州十七日归余病兼旬未能稍备尊俎追思往昔历历如昨因枕上口占二十绝以赠

70. 吊二弟寅和充和 1973年5月2日夜二时作

71. 得失偈

72—76. 龙门巷读书纪事

77. 和叶嘉莹女士观我哈佛演剧诗

78—79. 答允和二姐观昆剧诗，遂名曰《不须》

80. 天膑书至云观昆剧十五贯并赠我早归因和原韵

81. 丁巳十一月廿二日题谷翁庐山画册九曲屏杜鹃

82. 此诗前半首充和所作，1978 年 8 月后半由张天朧续成

83—85. 闻周总理扬骨灰有感，1976。

86. 八声甘州 和梛广四表兄

87. 小园即事（十首录其一）

88. 浣溪沙（1935 年卧病北京香山碧云寺时作）

89. 渔家傲（1935 年卧病北京香山碧云寺时作）

90. 虞美人（1935 年卧病北京香山碧云寺时作）

91. 青城杂咏·菩萨蛮（1938 年作）

92. 青城杂咏·浣溪沙（1938 年作）

93. 鹧鸪天 上轩辕台归时迷路（1938 年作）

94. 鹊桥仙（1938 年作）

95. 浣溪沙（1941 年作于江安，三十年秋于江安卧病）

96. 临江仙（1945 年 9 月 15 日作）

97. 鹧鸪天（1945 年 9 月 15 日作）

98. 临江仙 9 月 17 日

99. 临江仙（1945 年 9 月 19 日作）

100. 醉吟商小品 十月十四日为红叶题琵琶园

101. 望江南 题蒋风白竹菊图（1945 年作）

102. 调寄寿星明 贺何伯母寿（1960 年 6 月）

103. 陌地生 惜别行

注：这篇文献是张充和三弟张定和先生于 1983 年 3 月搜寻整理（刊登在《水》复刊第 36 期）的，其中还特别说明"不全，待增补"，全文转载，不做改动。这在与张充和女士相关的出版物并不多的时候，相当珍贵，到现在，其中还有一些作品未能看到原文，不能不说具有一定的文献价值，尤其是对于研究张充和女士的生平和艺术历程。

后　记

说实话，这本书写得很不轻松，我大病了一场。在病的时候我就想起了张充和女士一家在病中煎熬时的场景，感同身受。欣慰的是，病是会好的。只是对于故去的人，却总有一种难以释怀的情绪。写完这本书后，我时不时地回想起一位忘年交老人，慈祥的张寰和先生。在他去世的那一年，我似乎还没有这样地思念过，但随着年岁的增加，总觉得人要故去是一种难挨的规律。

对于张充和女士的最初印象即来自张寰和先生，他会自然地扭头望向夫人周孝华女士，关切地问："最近四姐有信吗？"他沧桑的表情里总有着难以割舍却又充满无奈的思绪。令人动容。从此以后，他一次次对我说起了与四姐在一起的场景，游玩、战乱、复校、聚会、久别重逢等等，至今难忘。

实际上，周孝华女士从未停止过对四姐的关注和关心，接待回家，邮寄东西，制作衣服，转达祝福等等，润物无声。而她与四姐的故事也有很多令人神往的一面，在张寰和先生生前与去后，她经常娓娓道来。

再以后，我见到了张宗和的女儿以跟，说到博学、苦难的父亲时，她言必称四姑，似乎他们是一对孪生姐弟，实际上他们有着太多鲜为人知的故事，每闻每黯然。四姑对于她的成长，也是举足轻重的，她与四姑，总是心贴着心，刻骨铭心。

元和的女儿凌宏女士常奔走于中美，她见证了四姨的很多生活经历，并得益于四姨一家的照顾。她每次回来提及四姨充和，总像是在讲述她的福音故事，虔诚十足。龙朱先生、虎雏先生、和庆女士等充和亲人无意中提起的往事，都像是散落在尘世的珍珠，令人惊喜。

　　充和身边总是会围绕着志同道合的曲友和书友，尽管她自己并不以师自居，但很多人是乐于继承她的美好传统的。她的弟子陈安娜女士，多年奔走于中美，为昆曲的事业付出了很多很多，她总是乐此不疲，每次到苏州也都会到充和的家里看看、坐坐、说说，如同家人。充和的昆曲助理尹继芳女士，对于充和的昆曲事迹了如指掌，每次都能说出一段段风雅往事。现在，她们正与海外昆曲社一道，继续着充和的昆曲事业，蔚然成风。白谦慎先生对于充和诗书的解读可谓专业、得体，实在有助于读者去了解和理解。

　　应该说这本书远没有达到充和的气质，她的精神气质、艺术气质，但我之所以斗胆记录下这些，是因为我的知道，几乎全部来自知情者的慷慨，无以为报，谨记于此。

　　本书中所述引文多根据原件而来，但也有缩印本，如《中央日报》，因字迹极小且是繁体，模糊难认，排版穿插，在辨认和抄写过程中难免出现谬误，还请方家指正和谅解。在此我还要再次感谢周孝华女士，她曾将张充和女士发表的文章抄写一遍，方便阅读。在整理时，她负责抄写，我负责打字，从而得以较高时效地完成了整理工作。书中所引诗文、日记等，尽力存原文原貌。期待在今后工作中继续甄别文中存疑字词，并修订其中的谬误。前插图片中张充和女士的书画与印章多转自西雅图美术馆的《古色今香》画册，在此一并致意。

　　感谢郑培凯先生、余心正先生、陈子善先生、严晓星先生、杨早先生、孙小宁女士、王润文女士等，还有很多老师、朋友的帮助值得铭记和感谢，在此不作赘述。期待更多的学者继续关注张充和女士的艺术精神和传统之美。

王道　乙未冬于金鸡湖畔